Paul Manwaring

Die Herrlichkeit Gottes

PAUL MANWARING

Die Herrlichkeit Gottes

WAS SIE IST UND WIE UNSER LEBEN DAVON
GEPRÄGT SEIN KANN

GLORYWORLD-MEDIEN

Originally published in English under the title „What on Earth is Glory" by Destiny Image, 167 Walnut Bottom Rd., Shippensburg PA 17257-0310, USA.

1. Auflage 2014

Bibelzitate sind, falls nicht anders gekennzeichnet, der Elberfelder Bibel, Revidierte Fassung von 1985 entnommen. Weitere Bibelübersetzungen:

HFA: Hoffnung für alle, Basel und Gießen, 1983
LUT: Lutherbibel, Revidierte Fassung von 1984
NEÜ: Neue evangelistische Übersetzung
NGÜ: Neue Genfer Übersetzung, 2009
SLT: Schlachter 2000

Das Buch folgt den Regeln der Deutschen Rechtschreibreform. Die Bibelzitate wurden diesen Rechtschreibregeln angepasst.

Übersetzung: Julia Dickerson
Lektorat: Elisabeth Mühlbauer / Manfred Mayer
Satz: Manfred Mayer
Umschlaggestaltung: Kerstin & Karl Gerd Striepecke, www.vision-c.de
Foto: fotolia
Druck: CPI books GmbH, Leer

Printed in Germany

ISBN: 978-3-936322-15-6

Bestellnummer: 359215

Erhältlich beim Verlag:

GloryWorld-Medien
Postfach 41 70
D-76625 Bruchsal
Tel.: 07257-903396 (ab 1.12.14: 02801-9874200)
Fax: 07257-903398 (ab 1.12.14: 02801-9874201)
info@gloryworld.de
www.gloryworld.de

oder in jeder Buchhandlung

Stimmen zum Buch

Das eben gelesene Buch versetzt mich in zunehmende Aufregung. Dieser Mann ist wirklich von der Herrlichkeit Gottes ergriffen und hat dadurch ein so klares Verständnis von ihr, wie mir es noch nie begegnet ist. Vor Kurzem war ich dabei, als jemand den Inhalt dieses Buches vorstellte, und konnte so aus erster Hand die gewaltige Wirkung dieses Buches erleben. Ich bin nun mehr als gespannt, wenn ich mir vorstelle, welch massiven Einfluss dieses Buch in den kommenden Jahrzehnten auf die Welt haben könnte. Möge der Leser es mit Begeisterung in einem Zug verschlingen, dann zurückkehren und es langsam verdauen und danach immer wieder von seinen Seiten zehren.

Jack Taylor,
Präsident von „Dimensions Ministries“ in Melbourne, Florida

Seit den Tagen Moses haben Mystiker in die unaussprechliche Dimension der Herrlichkeit hineingespäht. So wie Fotografen ihr Teleobjektiv auf etwas in der Ferne einstellen, das man kaum erkennen kann, justieren sie immer wieder die Blende, um etwas schärfer zu sehen. Bei Paul Manwaring ist es so, dass er die scheinbar unwirklichen Eigenschaften der Herrlichkeit Gottes in den Fokus rückt und klar beschreibt. Er lässt uns die tiefgründigen Elemente der Herrlichkeit verstehen und praktisch anwenden. Wenn Sie dieses Buch bis zum letzten Wort des letzten Kapitels lesen, werden Sie am Ende nicht nur schlauer, sondern auch verwandelt sein.

Prof. Randall Worley,
Headwaters Ministries

Dieses ungewöhnliche Buch enthüllt die absolute Summe der Eigenschaften Gottes – seine Herrlichkeit –, zeigt jedoch auf leicht lesbare und praktische Weise, wie man Gott mit seinem eigenen Leben hier auf der Erde Ehre erweisen kann. Dieses Buch sollte Sie lehren, wie Sie Jesus ähnlicher werden können und in Ihnen das Verlangen wecken, ihm mehr Ehre zu erweisen.

R. T. Kendall
Ehem. Pastor der Westminster Chapel in London

Wenn wir an Gottes Herrlichkeit denken, haben wir mystische Bilder vor Augen wie zum Beispiel, dass ein violetter Nebel über dem Volk Gottes schwebt. Paul Manwarings Buch: *Die Herrlichkeit Gottes* schließt unseren Geist für neue Dimensionen von Gottes Wesen auf. Dieses Buch ist nicht in erster Linie eine theologische Abhandlung, eine hebräische oder griechische Wortstudie, oder eine geschichtliche Beschreibung von Herrlichkeit; es ist vielmehr ein offenbarender Bericht von Gottes Majestät, die in den täglichen Handlungen seiner Menschen sichtbar wird.

Pauls einzigartige Erfahrungen als Krankenpfleger in einer psychiatrischen Abteilung, als Leiter eines Gefängnisses und als Pastor bescheren ihm aufschlussreiche Perspektiven darüber, wie Gott auf übernatürliche Weise seine Herrlichkeit offenbart. Dieses Buch ist ein Wegweiser zu den himmlischen Sphären und ein Reiseführer zu den Aussichtspunkten der Höhen in Gottes Königreich. *Die Herrlichkeit Gottes* könnte Ihr Leben revolutionieren! Ich empfehle dieses Buch jedem Gläubigen.

Kris Vallotton
Stellvertretender Leiter der Bethel Church,
Redding, Kalifornien (USA)

In letzter Zeit wurde die Herrlichkeit Gottes auf das Sichtbarwerden von Gold, Federn und anderer äußerlicher Zeichen reduziert. Paul Manwaring ist darauf bedacht, sich über die kleinsten Äußerungen von Gottes Gegenwart und Herrlichkeit zu freuen, jedoch auch tiefer darin einzutauchen, wenn sie sich in größerem Maße zeigt. Pauls Buch erweitert unser Verständnis von Herrlichkeit und wie diese das nächste Kapitel der Menschheitsgeschichte beeinflussen wird. Gottes Herrlichkeit wird sich nicht zu einem Nebeneffekt irgendeiner Konferenz beschränken, sondern letztlich ganze Städte verändern. Für alle, die sich nach „mehr vom Herrn" sehnen, gibt uns Paul eine Landkarte in die Hand, die uns zu Orten führt, an denen wir Gottes Herrlichkeit nicht erwartet hätten. Lesen Sie selbst, folgen Sie diesen Wegen und werden Sie zu einem Gefäß seiner überfließenden Herrlichkeit!

Steve Witt,
Hauptleiter von Bethel in Cleveland

Mein lieber Freund Paul hat ein lebensveränderndes Buch geschrieben. Ich musste weinen, als mir aufging, wie herrlich dieser Gott ist, der seine Kinder in die Herrlichkeit führen will. Mein Herz brannte, mein Denken wurde erneuert und meine Augen sahen aus der Perspektive des Himmels viel klarer. Die gesamte Schöpfung wartet auf die herrliche Freiheit der Söhne Gottes (vgl. Röm 8,21 f.).

Sie sind *herrlich*, weil das *Maß der Herrlichkeit in Ihnen liegt!* Seien Sie, wozu Sie bestimmt sind, und tun Sie das, wofür Sie erschaffen wurden ... das ist Herrlichkeit!

Aus der Herrlichkeit zu leben, nicht zu ihr hin – das ist eine Offenbarung des Königreiches Gottes, die eine herrliche Verwandlung zur Folge hat. Schauen Sie in dieses Buch hinein, und es wird Sie durchschauen!

Leif Hetland
Präsident von Global Mission Awareness

Es ist zu einfach, sich mit dem Zweitbesten zufriedenzugeben. Wir geben uns oft damit zufrieden, es besser machen oder Gott besser kennenlernen zu wollen oder von der Wahrheit, die wir glauben, überzeugt zu sein, doch haben wir Angst davor, diesem Gott wirklich zu begegnen.

Paul Manwaring lüftet den Schleier und ruft uns aus unserem Schattendasein heraus. Er besteht darauf, dass man Gott mehr als nur vom Hörensagen erfahren kann.

Paul verlangt von uns, dass wir Begegnungen mit seiner Gegenwart suchen, mit der echten Herrlichkeit Gottes – in der bunten Vielfalt der persönlichen Erfahrung.

Einige Bücher werden Ihre Ansichten erweitern, andere verändern vielleicht sogar Ihr Denken – dieses Buch aber verspricht, Ihr Leben zu verändern.

Wenn Sie in diesem Jahr nur ein Buch kaufen wollten, um es von der ersten bis zur letzten Seite zu lesen, dann dieses eine. Denn dieses Buch fordert jeden, der sich nicht mit dem Zweitbesten zufriedengeben will, zu einer völlig neuen Lebensweise heraus.

Clive Calver,
Leitender Pastor der Walnut Hill Community Church
in Bethel, Connecticut,
Autor des Buches „Dying to Live“

Inhalt

Widmung

Sue, du bist die Liebe meines Lebens. Dein Mut gab unserer Familiengeschichte einen neuen Verlauf, und deine Liebe gab ihr eine neue Gestalt.

James, mein Sohn: Deine aufopfernde Liebe ließ mich der sein, der ich bin, und ich freue mich sehr über deinen wachsenden Erfolg.

Luke, mein Sohn: Deine unermüdliche Begabung, mich in jeder Situation zum Lachen zu bringen, und deine Hingabe an unseren gemeinsamen Weg sind unbezahlbar.

Amy, meine Schwiegertochter: Ich kann mir unsere Familie nicht mehr ohne dich vorstellen. Du bist James' vollkommene Ergänzung und eine wunderbare Ehefrau, Lehrerin und Mutter für Aidan.

Douglas Edward Manwaring, mein Vater (12.10.1921–28.02.1973): Du hast mir ein Fundament gelegt; deine DNA brachte mich ins Management, zu den Zerbrochenen und auf die Kanzel.

Ruth, meine Mutter: Danke, dass du stets an mich glaubst und nie an Gott zweifelst.

Ivor, mein jüdischer Gefängnischef: Du hast mich gelehrt, die Familie an erste Stelle zu setzen.

Pastor Bill und Pastor Kris: Euer Glaube und Vertrauen haben mir diesen unglaublichen Zugang zur Herrlichkeit gegeben. Ich bin euch ewig zu Dank verpflichtet.

Meine Töchter: Ihr wisst, wer ihr seid! Ihr habt mich unbeschreiblich ermutigt.

Und an die zahllosen Leiter, die mir vertraut und mir ihr Herz geöffnet haben, während ich auf dieser neuen „Dienstreise" unterwegs bin.

Schließlich widme ich dieses Buch meinem himmlischen Vater: Ich kann nicht glauben, welchen Weg du mit mir gegangen bist, aber du hast es getan!

Dank

Angefangen von der Liebe meiner Familie und Gemeindefamilie, dem Bethel-Leitungsteam in Redding, bis hin zu den Hunderten von Freunden, Kollegen und Glaubensgeschwistern auf der ganzen Welt: durch eure Unterstützung und Ermutigung bin ich ein gesegneter Mann. Mein besonderer Dank gilt unseren beiden Hauskreisen in Redding: der erste ermöglichte unseren Umzug, der zweite wurde für uns zur Familie.

Ein Buch zu schreiben, ist eine seltsame und wunderbare Erfahrung zugleich – besonders, wenn es um Grammatik und Rechtschreibung geht! Viele haben mir dabei geholfen, aber besonderen Dank bin ich Charity Reed und Chelsea Moore schuldig, die ihre Verantwortung darin sahen, mir Tag für Tag in diesem Projekt zu helfen und mich zu ermutigen. Danke an Ken Williams und an mein *Global-Legacy-Team*, die mich in diesem und allen anderen Projekten in meinem Leben ermutigt und unterstützt haben und wahrscheinlich mehr getan haben, als nötig gewesen wäre. Ich danke auch meinen Söhnen für meine beiden Lieblingsgeschichten mit den Titeln „Nie und nimmer!" und „Mir ging's wie dir, Dad".

Einen geradezu herausragenden Beitrag leistete Allison Armerding, die das Buch bearbeitete. Ohne sie gäbe es dieses Buch schlichtweg nicht. Du bist ein Genie! Und schließlich – Danke an Dann Farrelly und Pam Spinosi für eure Bereitschaft, mein nahezu fertiges Schriftstück zu lesen und zu vollenden.

Ein ganz besonderer Dank geht an meinen Vater, Douglas Edward Manwaring (12.10.1921–28.02.1973). Das Manuskript einer seiner Predigten habe ich als Kapitel 13 eingefügt. Es ist mir eine Ehre, seinen Namen weiterleben zu lassen, denn er ist durch die himmlischen Tore geschritten, bevor diese Welt wirklich erkennen konnte, wer er war.

Vorwort

Die Nachfrage nach *Selbsthilfe*-Büchern ist groß und wächst ständig. Sogar christliche Buchhandlungen sind voll davon. Manche sind gut und nützlich; sie vermitteln uns Prinzipien des Königreiches Gottes, die uns helfen, uns in bestimmten Lebensbereichen zu verändern. Wir alle müssen uns verändern. Manchmal erreichen wir jedoch das, was wir wollen, am besten, indem wir etwas anderes anstreben. Es geht um die Frucht, nicht um das Ziel. Das gilt, so glaube ich, für den gesamten Prozess der *Selbstfindung*. Am meisten lernen wir über uns selbst, wenn wir nach Gott streben. Gott zu finden, ist der beste Weg, sich selbst auf eine Weise zu finden, die Ewigkeitswert hat.

Viele Gläubige machen vom wahren Nutzen der Guten Nachricht keinen Gebrauch und leben weiterhin in seelischer Armut. Diese Defizite muss es bei uns nicht geben – nicht, wenn wir entdecken, wie sehr Jesus uns wertschätzt und was er tatsächlich um unseretwillen vollbracht hat. Weil sie das nicht wissen, leben viele in Gefangenschaft, obwohl sie doch völlig frei sind. Als Kind erzählte mir mein Vater die Geschichte, wie früher Hühner von einer Farm zur anderen transportiert wurden. Man band sie an den Läufen zusammen und setzte sie auf einen Laster. Nach der Ankunft wurden sie wieder auseinandergebunden. Seltsamerweise lagen die Hühner dann weiter auf dem Boden, obwohl sie frei waren. Sie dachten, ihre Füße seien immer noch gefesselt. Viele Gläubige tun es den Hühnern gleich – sie sind frei, und leben doch noch wie in Fesseln.

Menschen erkennen meist gut, dass sich ihr Herz nach mehr Leben sehnt. Oft verbirgt sich dahinter ein innerer Schrei nach Identität und Lebenssinn. Doch durch die Wege, die manche wählen, um diese Leere zu füllen, sind sie nach der Heilung oft schlimmer dran als mit der Krankheit. Manche rufen die Hotline eines Hellsehers an, andere jagen nach einem gefährlichen Kick – und das alles in der Hoffnung, etwas zu finden, wofür es sich zu leben lohnt. Identität und Sinn fehlen in unserer Kultur weitgehend. Die Versuche, uns gegenseitig zu stimulieren, damit wir an uns selbst glauben, sind bestenfalls kurzlebig und vergrößern auf lange Sicht das Problem nur. Es ist schwierig, auf Dauer so aufgeputscht zu leben. Deshalb ist der Bedarf an echten Vätern so groß wie nie zuvor. *Gesunde* Väter rufen dieses Element von wahrer Identität ins Leben. Wir sind in Wirklichkeit eine Nation von Waisenkindern. Wir brauchen geistliche Väter (und Mütter), die *den* Vater kennen. Gott zu finden, ist der Anfang echter Selbstfindung.

Deshalb lässt Gott gesunde Väter aufstehen: dass sie uns helfen, unsere wahre Identität zu finden, indem wir den wahren Vater erkennen. Diese Väter sind von Gott verändert worden und sind sich ihrer Rolle sicher. Das begeistert mich ohne Ende, denn während diese neue Jesus-People-Bewegung beginnt, werden Väter da sein, die mithelfen können, das zu heilen, was uns so lange gefehlt hat. Auf diese Weise werden wir einer Bewegung Langlebigkeit verleihen können. Genau an dieser Stelle kommen Paul Manwaring und sein wunderbares Buch *Die Herrlichkeit Gottes* ins Spiel. Paul ist ein echter geistlicher Vater. Er spricht zu uns, als wären wir seine Familie, die sich um den Weihnachtsbaum versammelt. Großzügig verschenkt er die wunderbarsten Geschenke an jedes seiner Kinder: Identität und Sinn, verpackt in einer unvorstellbaren Bestimmung. Er ist dazu in der Lage, weil er selbst entdeckt hat, was sich der Vater im Himmel für seine Kinder erdacht und was er für diesen Planeten vorgesehen hat – und es ist etwas Gutes!

Vielleicht ist dies das ermutigendste Buch, das Sie je lesen werden. Die folgenden Seiten sind gespickt mit Reich-Gottes-

Prinzipien, die den Leser fest in einer biblischen Perspektive des Lebens verankern. Klingt das vertraut für Sie? Ich wünschte, es wäre so. Denn leider wird dies meist versäumt. *Die Herrlichkeit Gottes* steckt voller Einblicke, spannender Möglichkeiten und befreit bei alledem das Herz, erneut zu träumen. Dieses Buch ist eine Einladung, dem Vater des Lebens zu begegnen. Sie werden sich zweifellos selbst in diesem Prozess wiederfinden – nur wird Ihnen dieses Mal sogar gefallen, was Sie entdecken. Kommen Sie mit auf dieses große Abenteuer – sagen Sie *ja* zu der Reise Ihres Lebens!

Bill Johnson
Pastor der Bethel-Gemeinde
Redding, Kalifornien

Einführung

Die Herrlichkeit Gottes ist nicht gerade ein Buch, das man von einem ehemaligen Krankenpfleger für Psychiatrie und Allgemeinpflege, der auch Gefängnisse geleitet hat, erwarten würde. Wer mit meinem Dienst vertraut ist, würde zudem zurecht erwarten, dass ich über Organisationsmanagement, Persönlichkeitsentwicklung oder strategisches Planen schreibe. In diesem Buch geht es aber darum, was hinter alldem steckt, was ich tue und lehre. Es ist, wenn man so will, eine Veranschaulichung der großen Idee Gottes – sein strategischer Plan, seine Vision und Mission.

Ich habe auf meinem Weg mit Gott, beginnend mit meiner Errettung mit 15 Jahren, stets ein großes Bild von ihm und der Welt, die er erschaffen hat, gehabt – ein Bild, das sich langsam mit Farbe gefüllt hat. Als Krankenpfleger habe ich mich um sterbende Krebspatienten gekümmert und Gottes Werk darin gesehen, dass er Menschen die Fähigkeit gab, medizinische und chirurgische Fertigkeiten zu entdecken. Als ich in meiner kleinen Wohnung im Krankenhaus-Wohnheim nach der Arbeit ein Buch von Kathryn Kuhlman las, erfuhr ich, dass Gott auch noch ohne Ärzte heilt. Als psychiatrischer Fachkrankenpfleger lernte ich, dass er sich in gleicher Weise auch um psychisch Kranke kümmert. In meiner dann folgenden Laufbahn in der Chefetage eines Gefängnisses führte ich viele soziologische Debatten und bekam zahllose Geschichten von Gefangenen mit. Dadurch wurde dieses Bild von der menschlichen Zerbrochenheit auf der einen und Gottes Barmherzigkeit, seiner Kraft, uns wiederherzustellen, und seinen Wegen, uns als Partner in diesen Wiederherstellungsprozess einzubinden, auf der anderen Seite klarer und detaillierter.

Und heute, da ich im pastoralen Dienst stehe, wurden diese Erkenntnisse und meine Sehnsucht nach Lösungen, die dem Herzen und Wort Gottes entsprechen, durch weiteres Studieren, Beobachten und Training zusammengeführt, wodurch ich Gottes großen Plan klarer erkennen konnte: den nahtlosen Plan von Schöpfung, Erlösung und Wiederherstellung.

Im Zentrum dieses Planes steht die Person Jesus Christus, in dessen Angesicht wir *„die Erkenntnis der Herrlichkeit Gottes"* (2 Kor 4,6) sehen, wie Paulus schreibt. Dies ist dieselbe Erkenntnis, die laut Habakuk die ganze Erde erfüllen wird, so *„wie das Wasser den Meeresgrund bedeckt"* (Hab 2,14). Natürlich ist es unmöglich, auch nur einzelne Aspekte der Erkenntnis der Herrlichkeit Gottes im Angesicht Jesu vollständig in einem Buch zu behandeln; das habe ich hier auch überhaupt nicht versucht. Mein Ziel ist es, allen, die sich danach sehnen, diese Erkenntnis tiefer zu ergründen, einen Ausgangspunkt zu geben und viele der biblischen Verweise auf die Herrlichkeit Gottes zusammenzubringen, sodass Herrlichkeit auf umfassendere Weise definiert werden kann. Denn unsere Definition von Herrlichkeit wird bestimmen, wo wir erwarten, ihr zu begegnen. Ich glaube, dass eine eingeschränkte Definition von Herrlichkeit viele Gläubige davon abhält, die Herrlichkeit zu erkennen, die sie umgibt. Definieren wir Herrlichkeit nur auf die Kirche bezogen, wird sich unsere Erwartung bezüglich Herrlichkeit auch auf die Kirche beschränken – entweder auf alte Traditionen mit Prunk und Zeremonien oder auf moderne Anbetung mit dem Schwerpunkt auf die momentane Erfahrung der Gegenwart Gottes. Jesaja sagt jedoch, dass die gesamte Erde mit seiner Herrlichkeit erfüllt ist (vgl. Jes 6,3). Diese Aussage verlangt nach einer neuen Definition, die uns erwarten lässt, Gottes Herrlichkeit überall zu sehen.

Ich bezweifle, dass es – außer *Gott* selbst – ein größeres Wort als *Herrlichkeit* gibt. Denn es fasst die Gesamtheit der grandiosen Wesensäußerungen Gottes zusammen, die er im Lauf der Zeit enthüllt. Während ich mich mit dem Thema Herrlichkeit befasste, veränderten sich die Unterteilungen und

Kategorien, die ich vorher vertreten hatte, und die innewohnende Einheit und enge Wechselbeziehung von allem, was Gott ist und tut, wurde mir immer deutlicher. Letztendlich erwarte ich –, wenn die Erkenntnis Gottes zunehmend die Erde erfüllt –, dass Kategorien wie „geistlich/heilig" und „weltlich" vergehen werden, und uns „Natürliches" und „Übernatürliches" in unserem Denken weniger gegensätzlich erscheinen. Wenn wir Gottes Herrlichkeit widerspiegeln und auch praktisch zum Ausdruck bringen, wird jeder Aspekt unseres Lebens von der dadurch entstehenden Synergie geprägt sein.

Wie Sie auf den folgenden Seiten sehen werden, befassen sich die meisten Kapitel mit einer bestimmten Facette der Herrlichkeit, und ich hoffe, dass Sie erkennen, dass alle Facetten eng miteinander verbunden sind und in Beziehung stehen. Wir können die einzelnen Elemente weder getrennt von den anderen noch getrennt vom Ganzen verstehen. Gottes Herrlichkeit verlangt, dass wir lernen, sie alle zusammenzuhalten. Schließlich erhoffe ich mir, Schüler der Herrlichkeit anzuwerben, denn im großen Plan Gottes sind *wir* die Träger seiner Herrlichkeit. Ja, Christus ist das Zentrum seines Planes, aber damit hat er auch uns ins Zentrum gestellt, weil Gott uns in ihn hineinversetzt hat und ihn in uns. Als sein Leib spiegeln wir gemeinsam sein unermessliches, unergründliches Wesen wider, indem wir unseren eigenen persönlichen Ausdruck seiner Herrlichkeit in allen Aspekten unseres Lebens und unserer Beziehungen dazu beitragen. Dies ist die Herrlichkeit eines überwältigenden Gottes.

Ich denke oft darüber nach, dass seine Stimme „wie das Rauschen vieler Wasser"[1] ist, und dass sein Ohr wohl jeden Tropfen hören kann, der über die Niagarafälle fließt. Dieses Ohr und das damit verbundene Herz können gleichzeitig die Schreie des Opfers *und* des Täters eines Vergehens hören. Etwas, das unser Denken und Fühlen so auf die Probe stellt, fordert uns bestenfalls heraus, schlimmstenfalls polarisiert es

[1] Vgl. Offb 1,15; Anm. d. Übers.

unsere Ansichten. Je mehr wir uns aber mit Gottes Herrlichkeit beschäftigen, mit seinen Wesensäußerungen, desto mehr werden wir fähig, uns von seinen vielen Facetten in ein tieferes Verständnis seiner Größe führen zu lassen und sie widerzuspiegeln. Und letztlich führt es uns in ein Leben voller Staunen, Freude und Anbetung – in ein Leben der Herrlichkeit!

Wie Sue und ich bei unserer Hochzeit sangen:

1. Du großer Gott, wenn ich die Welt betrachte,
die du geschaffen durch dein Allmachtswort.
Wenn ich auf alle jene Wesen achte,
die du regierst und nährest fort und fort.

Dann jauchzt mein Herz dir, großer Herrscher, zu:
Wie groß bist du! Wie groß bist du!
Dann jauchzt mein Herz dir, großer Herrscher, zu:
Wie groß bist du! Wie groß bist du!

2. Blick' ich empor zu jenen lichten Welten
und seh' der Sterne unzählbare Schar,
wie Sonn' und Mond im lichten Äther zelten,
gleich gold'nen Schiffen hehr und wunderbar.

Dann jauchzt ...

3. Wenn mir der Herr in seinem Wort begegnet,
wenn ich die großen Gnadentaten seh',
wie er das Volk des Eigentums gesegnet,
wie er's geliebt, begnadigt je und je.

Dann jauchzt ...

4. Und seh' ich Jesus auf der Erde wandeln
in Knechtsgestalt, voll Lieb' und voller Huld,
wenn ich im Geiste seh' sein göttlich Handeln,
am Kreuz bezahlen vieler Sünder Schuld.

Dann jauchzt …

5. Wenn schwerer Bürden Last mich niederbeuget,
wenn meine Seel betrübt ist bis zum Tod
und er in Lieb und Huld sich zu mir neiget,
mich tröstet und errettet aus der Not,

Dann jauchzt …[2]

---

[2] Manfred von Glehn, 1867–1924 (nach einem Gedicht Carl Bobergs, 1859–1940); Quelle: http://www.creation2creator.de/Seite17.html

Kapitel 1

Was um alles in der Welt ist Herrlichkeit?

Die ganze Erde ist erfüllt mit seiner Herrlichkeit.

Jesaja 6,3

Was fällt Ihnen als Erstes bei dem Wort *Herrlichkeit* ein? Vielleicht kommen Ihnen Bilder von Gold und Licht, Kronen und Juwelen in den Sinn. Womöglich denken Sie an große menschliche Errungenschaften und Heldentaten. Für manche spricht es von dem, was allein zum Himmlischen gehört, von einem Zustand der Vollkommenheit und Ruhe, weit weg von den Strapazen des Alltags auf der Erde – dem Zustand, den wir uns nach dem Ende unseres irdischen Lebens erhoffen. Andere denken an das, was wir wegen der Sünde verloren haben (vgl. Röm 3,23).

Die Seiten der Bibel sind gefüllt mit Herrlichkeit. Ich befürchte jedoch, dass uns *Herrlichkeit* – wie viele der großen, bedeutungsschweren Wörter der Bibel – eher abstrakt erscheint. Wir können nicht sofort etwas in unserem Denken oder unseren Erfahrungen damit in Verbindung bringen. Die gedanklichen Bilder, die es hervorruft – seien es Kronjuwelen oder Heldentaten – scheinen uns keine große Hilfe zu sein, die biblische Bedeutung des Wortes zu begreifen. In seinem berühmten Vortrag „Das Gewicht der Herrlichkeit" beschreibt C. S. Lewis die geistige Armut, die viele von uns daran hindert,

Herrlichkeit zu verstehen, und sie sogar merkwürdig und verwirrend erscheinen lässt:

> Es lässt sich nicht verleugnen, dass Herrlichkeit im Neuen Testament und den frühen christlichen Schriften ein bedeutsames Thema war ... Dies alles spricht mich jedoch unmittelbar überhaupt nicht an. Ich schätze, dass ich in diesem Sinne typisch für den modernen Menschen bin. Herrlichkeit wirft in mir zwei Ideen auf, die eine boshaft, die andere lächerlich. Herrlichkeit bedeutet für mich entweder Ruhm oder Leuchtkraft. Was die erste betrifft: Da berühmt zu sein heißt, bekannter zu sein als andere Menschen, erscheint mir das Verlangen nach Ruhm eine Leidenschaft des Wetteiferns zu sein, und so eher der Hölle als dem Himmel zugehörig. Was die zweite betrifft: Wer möchte schon eine Art lebende Glühbirne sein?[1]

Aber Lewis erklärt weiter: als er seine eigene anfängliche Verwirrung beiseite geschoben habe, um tiefer in die Sprache der Heiligen Schrift einzudringen, und dieser gestattete, sein Denken herauszufordern und zu erweitern, habe er den Grund dafür gefunden, weshalb *Herrlichkeit* als Wort und Verheißung in der Heiligen Schrift so oft vorkommt. Er erkannte, dass wir für Herrlichkeit erschaffen wurden (vgl. Jes 43,7).

Dieses Buch beschreibt meine eigene Entdeckungsreise, was die Sprache der Bibel angeht, als ich Herrlichkeit besser verstehen und erfahren wollte. Ich begann diese Reise, genau wie Lewis, eher durch Zufall, fand mich aber schnell in einer Schatzsuche wieder, auf der zahlreiche interessante Anhaltspunkte von einer Entdeckung zur nächsten führten. Schließlich stellte ich fest, dass sich *Herrlichkeit* in meinem Herzen und Verstand als das Wort entfaltete, das meine tiefste Sehnsucht, meine höchsten Prioritäten und meine Bestimmung

[1] C. S. Lewis, *The Weight of Glory & Other Addresses* (New York: Macmillan Publishers, 1980), 11.

beinhaltete – und ich kam zu der Überzeugung, dass dies für jeden anderen Menschen auf der Welt auch gilt.

Als Ergebnis dieser Entdeckung gewann die Verheißung von Habakuk 2,14 für mich an Gewicht und Bedeutung: *„Denn die Erde wird davon erfüllt sein, die Herrlichkeit des HERRN zu erkennen, wie das Wasser den Meeresgrund bedeckt."* Interessanterweise wird dieser Vers oft fehlerhaft wiedergegeben, nämlich ohne das Wort *erkennen*. Diese Unterlassung führt zu einer Vorstellung, dass die Erde Stück für Stück von einer Art Nebel eingehüllt wird, der vom Himmel tropft und den Planeten schließlich in leuchtendes Gold taucht. So wunderbar diese Vorstellung auch sein mag, kann sie dazu führen, dass wir auf eine Herrlichkeit warten, die völlig außerhalb von uns liegt, und uns von der mächtigen Einladung ablenken, die dem Vers innewohnt – der Einladung zu *erkennen,* was Herrlichkeit ist, und schlussendlich in einer Welt zu leben, in der jeder diese Erkenntnis teilt.

Ein weiterer Grund dafür, warum wir es uns nicht erlauben können, das Wort *erkennen* oder *Erkenntnis* aus der Verheißung in Habakuk wegzulassen, ist der, dass dadurch die Fülle der Herrlichkeit Gottes auf der Erde in die Zukunft verlegt wird, anstatt diese als eine gegenwärtige Realität anzuerkennen. Als der Prophet Jesaja den Herrn in einer Vision auf dem Thron sitzen sah, hörte er die Engel verkünden: *„Die ganze Erde ist erfüllt mit seiner Herrlichkeit!"* (Jes 6,3). Die Herrlichkeit Gottes ist in Wahrheit nicht weit entfernt von uns. Sie ist vielmehr die Wirklichkeit, die uns umgibt. Dass dabei in der ganzen Menschheitsgeschichte *„die Herrlichkeit Gottes verloren"* ging, hat dieselbe in keiner Weise verringert. Auch unser Versagen, sie wahrzunehmen, hat sie nicht gemindert. Es ist uns unmöglich, Gottes Herrlichkeit aus dem Universum zu verbannen. „Ein Mensch vermag, indem er sich weigert, ihn anzubeten, ebensowenig Gottes Glorie zu mindern, wie ein

Wahnsinniger die Sonne auslöschen kann, indem er das Wort ‚Dunkelheit' auf die Mauern seiner Zelle kritzelt."[2]

Angesichts der Vision Jesajas, dass die Erde schon jetzt mit der Herrlichkeit des Herrn erfüllt ist, ist die Prophetie Habakuks die Verheißung Gottes, dass die Kluft zwischen der immanenten Realität der Herrlichkeit Gottes im Universum und unserer Wahrnehmung dieser Herrlichkeit einmal geschlossen wird. Die Fülle von Gottes Herrlichkeit wird mit der Fülle unserer Erkenntnis übereinstimmen. Um diese Verheißung zu verstehen, müssen wir zuerst verstehen, was Erkenntnis überhaupt ist. Das hebräische Wort für *erkennen* in diesem Vers ist *yada*, dasselbe Wort, welches in 1. Mose 4,1 beschreibt, dass Adam Eva „erkannte". *Yada* bezeichnet ein intimes, auf Erfahrung beruhendes Kennen, das darüber hinaus in Vermehrung mündet.[3] Es liegt also in der Wesensart von *yada*, dass die Verheißung in Habakuk nicht gleich auf einmal erfüllt wird, sondern sich in einem fortwährenden Prozess von Begegnungen in einer Beziehung entfaltet, so wie es Adam und Eva in einem lebenslangen Bund erfahren haben.

In der Welt des Internets und des viralen Marketings wird uns mehr und mehr bewusst, wie schnell sich Erfahrungen multiplizieren können. Ich bin der Meinung, dass diese Technologien ein Gleichnis darstellen, was die oben genannte Vermehrung von Erkenntnis teilweise bedeuten könnte. Es kostet heutzutage kaum noch Zeit oder Anstrengung, etwas Erlebtes in Bild und Ton festzuhalten und mit der Welt zu teilen. Durch soziale Netzwerke kann ein Video über Nacht von einer Person zu einer Million Menschen gelangen. Eine einzelne Person lacht noch über die Faxen eines Kindes und einen Mausklick später ist die Szene schon in Tausenden von Haushalten quer über den Erdball verteilt. Diese Informationsvervielfältigung ist Teil unseres Alltags geworden.

---

[2] Lewis, C. S., *Über den Schmerz*, Brunnen, Gießen 2009, S. 51.

[3] Nach der gebräuchlichen engl. Strong-Konkordanz.

Wie es geschieht, ist dabei zweitrangig gegenüber der Tatsache, *dass* es geschieht. Wir haben die Verheißung, dass wir nicht nur etwas über die Herrlichkeit Gottes wissen werden, sondern dass wir sie erfahren, in ihr leben und ihr begegnen werden. Und weil Gottes Herrlichkeit eine gegenwärtige Realität ist, ist sie auch eine Verheißung, die wir heute erleben dürfen.

Gottes Wesensäußerungen

Wie Lewis und viele andere habe ich entdeckt, dass Worte wie Schlüssel zu neuen Erfahrungen sein können. Ein Exkurs in die Sprache der Herrlichkeit ist unbedingt notwendig, um uns für die Wahrnehmung und Erfahrung der Herrlichkeit vorzubereiten, welche die Erde erfüllt. Ich möchte deshalb in diesem Buch verschiedene Begriffe und ihren Beitrag für unsere Wahrnehmung der Herrlichkeit beleuchten und mit dem Wort *Herrlichkeit* selbst beginnen.

Gottes Herrlichkeit ist *das, was sichtbar bzw. wahrnehmbar ist, wenn er sich zum Ausdruck bringt.* Mit anderen Worten: Alles, was er gemacht hat und noch tut sowie die Eigenschaften, das Wesen und die Kraft hinter jenem Tun, sind seine Herrlichkeit. Man sagt über Künstler, dass sie stets zweierlei machen: Sie kopieren andere und bringen sich selbst zum Ausdruck. Gott hingegen ist der einzige Künstler, der nichts zu kopieren hat (zumindest nicht am Anfang) und sich deshalb nur selbst zum Ausdruck bringt. *„Durch ihn ist alles entstanden; es gibt nichts, was ohne ihn entstanden ist"* (Joh 1,3). Er ist der Urheber aller Dinge. Diese Wahrheit ermöglicht uns, die Offenbarung der Herrlichkeit in den verschiedenen Weisen, wie Gott sich zum Ausdruck bringt, zu suchen und auch, dass sowohl seine Herrlichkeit als auch seine Wesensäußerungen Teil unserer Wahrnehmung werden. Wenn wir Gott erforschen, werden wir damit vertraut, wie Herrlichkeit aussieht, und wenn wir seine Wesensäußerungen erforschen, werden wir immer mehr mit ihm vertraut. Wie ist Gott? Was sagt Er? Was tut Er?

Die Antworten auf diese Fragen werden seine Herrlichkeit offenbaren.

Unsere beiden besten Quellen zum Studium von Gottes Ausdrucksformen sind die Bibel und die Schöpfung – das Buch der Schrift und das Buch der Natur, wie sie oft genannt werden. Die Bibel beschreibt die Schöpfung als Äußerung Gottes, durch die wir lernen, wer er ist:

> *Seit der Erschaffung der Welt sind seine Werke ein sichtbarer Hinweis auf ihn, den unsichtbaren Gott, auf seine ewige Macht und sein göttliches Wesen ...* (Röm 1,20).

Wenn wir die Schöpfung betrachten, sehen wir Gott. Wir sehen seine unsichtbaren Eigenschaften in der Liebe einer Mutter zu ihrem Kind. Wir sehen seine ewige Macht durch Teleskope, die uns ein riesiges Universum voller unvorstellbar gewaltiger Himmelskörper und Vorgänge zeigen. Nicht so weit entfernt sehen wir seine Macht und Kraft in großartigen Wasserfällen, gewaltigen Ozeanen und im Sonnenlicht, das 150 Millionen Kilometer zurücklegen muss und dennoch einen Planeten, so wunderschön wie unseren, mit genügend Wärme versorgt. Wir sehen sein göttliches Wesen darin, dass er den menschlichen Körper mit der Fähigkeit sich selbst zu heilen geschaffen hat. Gott brachte sich selbst in seiner Schöpfung zum Ausdruck, und verbirgt das nicht. Seine Schöpfung ist ein *sichtbarer Hinweis* auf ihn. Wie anstoßerregend ist es deshalb, wenn die Erforschung seiner Schöpfung durch gottlose Theorien verdreht wird, wo sie doch erschaffen wurde, um uns Gott selbst zu offenbaren! Die Weigerung unserer Gesellschaft, den Schöpfer und die Quelle allen Lebens anzuerkennen, ist eine fatale Ablehnung der ersten Prinzipien zur Erkenntnis der Herrlichkeit Gottes.

Auch die Bibel ist eine Äußerung Gottes:

> *Alle Schrift ist von Gott eingegeben und nützlich zur Lehre, zur Überführung, zur Zurechtweisung, zur Unterweisung in der Gerechtigkeit* (2 Tim 3,16).

Obgleich die Bibel über Jahrhunderte hinweg von mehreren Autoren in unterschiedlichen Sprachen verfasst wurde, ist ihre durchgängige Botschaft und göttliche Offenbarung unwiderlegbar. Wenn wir die Bibel lesen, wird uns Gott geoffenbart – sein Wesen, seine Eigenschaften und seine Macht füllen jede Seite aus. Noch erstaunlicher ist es, dass dieselbe Schrift uns einlädt, Nachahmer dieses ehrfurchtgebietenden Gottes zu werden, den sie uns offenbart! (vgl. Epheser 5,1).

Die Schöpfung und die Bibel sind mehr als nur ein Symbol oder ein Kommunikationsmittel für Gottes Herrlichkeit; sie ist tatsächlich in ihnen enthalten. Dies legt eine erweiterte Definition von Herrlichkeit nahe, die sich auf Römer 1,20 gründet: *Herrlichkeit ist ein ewiger Wert, den jemand oder etwas besitzt, weil er bzw. es Gottes Eigenschaften, Wesen und Macht offenbart, widerspiegelt und darauf hinweist.* Dieser Definition zufolge tragen auch wir seine Herrlichkeit, denn auch wir sind eine göttliche Äußerung, welche ihn offenbart, auf ihn hinweist und ihn widerspiegelt. Tatsächlich offenbaren uns die Schöpfung und die Bibel nicht nur, dass wir Gottes Herrlichkeit in uns tragen, sondern auch, dass unter allem, was Gott geschaffen hat, unter seinen mannigfaltigen Wesensäußerungen, die menschlichen Wesen dafür gemacht sind, in ganz besonderer Beziehung zu seiner Herrlichkeit zu stehen.

Wir werden im Verlauf des Buches immer wieder sowohl auf unsere besondere Beziehung zur Herrlichkeit als auch auf die Herrlichkeit der Schöpfung und der Bibel eingehen. Im Moment möchte ich unsere Aufmerksamkeit aber auf den einzigen weiteren Bibelvers richten, in dem die Formulierung „die Erkenntnis der Herrlichkeit Gottes“ noch vorkommt. Bemerkenswert ist, dass dabei die Vergangenheitsform verwendet wird – eine weitere Bestätigung, dass das *yada* von Gottes Herrlichkeit nicht allein für das Leben nach dem Tod reserviert ist:

Denn Gott, der gesagt hat: „Aus Finsternis wird Licht leuchten!“, er ist es, der in unseren Herzen aufgeleuchtet ist zum

> *Lichtglanz der Erkenntnis der Herrlichkeit Gottes im Angesicht Jesu Christi* (2 Kor 4,6).

Paulus vergleicht hier zwei schöpferische Akte Gottes: Zuerst befiehlt Gott dem Licht, aus der Finsternis hervorzukommen, und später vollzieht er einen ähnlichen Schöpfungsakt, der genauso viel Kraft, Dramatik und Auswirkung hat. Diesmal befiehlt er jedoch, dass das Licht aus der Finsternis unserer Herzen hervorscheint.

Was war der Ursprung dieser Finsternis? Es war die Ablehnung der Herrlichkeit:

> *... weil sie Gott kannten, ihn aber weder als Gott verherrlichten noch ihm Dank darbrachten, sondern in ihren Überlegungen in Torheit verfielen und ihr unverständiges Herz verfinstert wurde* (Röm 1,21).

Ignorant und verblendet hat sich die Menschheit vom Licht der Herrlichkeit Gottes abgewendet, nur um festzustellen, dass es im ganzen Universum keine andere Lichtquelle gibt. Das Licht erlosch, als sie sich von seiner Herrlichkeit abwandten. Als das Licht von Neuem erschien, hatte es eine andere Ausdrucksform. Gott, der sich am Anfang als Schöpfer zeigte, offenbart sich nun als barmherziger Erlöser. Demnach ist die „Erkenntnis seiner Herrlichkeit *im Angesicht Jesu*" anders als die Erkenntnis seiner Herrlichkeit, die Adam und Eva in ihrer Unschuld betrachteten. Im Angesicht Jesu erkennen wir den *ewigen Wert*, den Gott uns zuspricht. Der Beweis dafür ist der Preis, den er bezahlte, um uns so wiederherzustellen, dass wir sowohl seine Herrlichkeit anschauen als auch die Herrlichkeit wiedererlangen können, die wir verloren haben.

Die Erkenntnis der Herrlichkeit Gottes, diese Erkenntnis, die nach Habakuks Prophezeiung die ganze Erde erfüllen wird, ist im Angesicht Jesu offenbar geworden. Paulus zufolge liegt die wahre Bedeutung des Aufleuchtens Gottes in unseren Herzen – das Gewicht und der echte Wert der Erkenntnis seiner Herrlichkeit – jedoch hierin:

Wir alle aber schauen mit aufgedecktem Angesicht die Herrlichkeit des Herrn an und werden so verwandelt in dasselbe Bild von Herrlichkeit zu Herrlichkeit, wie es vom Herrn, dem Geist, geschieht (2 Kor 3,18).

Die Erkenntnis der Herrlichkeit Gottes, die in dem beständigen Anschauen von Christus gewonnen wird, macht uns ihm immer ähnlicher. Mit anderen Worten: Die Innigkeit von *yada* bringt nicht nur Begegnungen mit Christus hervor; sie reproduziert sein Wesen und sein Ebenbild in uns.

Wir wurden zuerst erschaffen und danach erlöst, um Gott gleich zu sein. Kein anderes Geschöpf war dafür bestimmt, sein Ebenbild zu tragen; deshalb hat auch kein anderes Geschöpf die gleiche Herrlichkeit wie wir. Wie Bill Johnson oft betont: „Gott will seine Herrlichkeit nicht mit irgendeinem anderen teilen. Aber wir sind eben nicht irgendeiner!“ Wir sind in seinem Ebenbild erschaffen – herrlich! Wir sind sein Leib, seine Braut, seine Kinder. Wir sind weder Thronräuber noch Thronanwärter; wir sind Träger seines Bildes. Die Erkenntnis der Herrlichkeit Gottes im Angesicht Christi offenbart unsere eigene Herrlichkeit – die Herrlichkeit, die er von Anfang an in uns hineingelegt hat, um sie mit ihm zu teilen. Wenn wir also für diese Herrlichkeit erschaffen wurden, dann sollte uns die eine Frage nicht mehr loslassen: Was um alles in der Welt ist Herrlichkeit?

Kapitel 2

Die große und kühne Bitte

Bittet, und es wird euch gegeben.

Matthäus 7,7

Es ist kein Zufall, dass Paulus, der von allen Aposteln am meisten vom Gesetz des Mose geprägt war, auch der neutestamentliche Verfasser war, der direkt von der *„Erkenntnis der Herrlichkeit Gottes"* (2 Kor 4,6) sprach. Denn es war sein tiefes Verständnis vom Wesen und der Bedeutung der verschiedenen Ausdrucksweisen Gottes, deren Zeuge Mose wurde, das ihn so klar verstehen ließ, was er zu seinen Lebzeiten erlebte: Die Erkenntnis der Herrlichkeit Gottes war *„im Angesicht Jesu"* offenbar geworden. Als er gegenüberstellte, was Mose im Vergleich zu seiner Generation wusste, kam Paulus zu folgendem Schluss:

> *Nicht dass wir tüchtig sind von uns selber, uns etwas zuzurechnen als von uns selber; sondern dass wir tüchtig sind, ist von Gott, der uns auch tüchtig gemacht hat zu Dienern des neuen Bundes, nicht des Buchstabens, sondern des Geistes. Denn der Buchstabe tötet, aber der Geist macht lebendig. Wenn aber schon das Amt, das den Tod bringt und das mit Buchstaben in Stein gehauen war, Herrlichkeit hatte, sodass die Israeliten das Angesicht des Mose nicht ansehen konnten wegen der Herrlichkeit auf seinem Angesicht, die doch aufhörte, wie sollte nicht viel mehr das Amt, das*

den Geist gibt, Herrlichkeit haben? Denn wenn das Amt, das zur Verdammnis führt, Herrlichkeit hatte, wie viel mehr hat das Amt, das zur Gerechtigkeit führt, überschwängliche Herrlichkeit. Ja, jene Herrlichkeit ist nicht für Herrlichkeit zu achten gegenüber dieser überschwänglichen Herrlichkeit (2 Kor 3,5-10).

Man kann sich fast bildlich vorstellen, wie dieser eingefleischte Pharisäer aus der Haut fuhr, als er die Offenbarung empfing, dass die Herrlichkeit, die er aus dem Alten Testament kannte und sein Leben lang eifrig studiert hatte, nichtig war, im Vergleich zu der Herrlichkeit, die Gott ihm im Angesicht Jesu zeigen wollte. Ich glaube, dass sich heute kaum jemand der Schwere dieser Aussage bewusst ist und vorstellen kann, wie es gewesen sein muss, in der Zeitenwende zwischen dem Neuen und dem Alten Bund gelebt zu haben. Paulus gibt uns damit einen Ausgangspunkt für unsere Entdeckungsreise zu einem tieferen Verständnis der Herrlichkeit Gottes. Wir wollen nun mit der Hilfe des Heiligen Geistes entdecken, was wir über die Herrlichkeit im Alten Bund lernen können – die Herrlichkeit, die Mose kannte.

Was Mose sah

Die Geschichte des Auszugs des Volkes Israel aus Ägypten ist den meisten von uns bekannt. Ich vermute jedoch, dass die wenigsten wissen, dass die vielen Offenbarungen der Herrlichkeit Gottes, die darin vorkommen, die Ouvertüre einer Symphonie sind, die ihren Höhepunkt darin findet, dass *wir* die Herrlichkeit Gottes im Angesicht Jesu kennen. Obwohl Mose nur diese Eröffnungsmelodien kannte, war ihm klar, dass sie auf etwas zustrebten – auf etwas Gigantisches! Mose war seit Adam (mit Ausnahme vielleicht von Enoch) der Erste, der erahnen konnte, dass Gott sich den Menschen zu erkennen *(yada)* geben wollte. Die Tatsache, dass seine Erfahrungen „nicht für Herrlichkeit" zu achten waren – im Vergleich zu dem, was Gott in Jesus zum Ausdruck brachte –, finde ich schlichtweg atemberaubend. Ich kenne nämlich weit und breit niemanden, der so viel von Gott gesehen hat wie Mose!

Wollen wir nun einmal untersuchen, welche beeindruckenden Gottesäußerungen Mose erlebte. Stellen Sie sich vor, dass Sie als junger Mensch feststellen, dass Sie als Baby auf wundersame Weise einen landesweiten Kindermord überlebt haben. Darüber hinaus wurden Sie nicht von irgendjemandem gerettet, sondern von der Tochter des Pharaos, der jenen Völkermord angeordnet hatte, und waren daraufhin in seinem Palast aufgewachsen. Offensichtlich hatte Mose gemerkt, dass er verschont geblieben war, um seinem unterdrückten Volk zu helfen. Seine frühen Versuche, dies zu tun, endeten jedoch auf tragische Weise in Mord und Exil. Dann, 40 Jahre später und ohne jede Vorwarnung, erneuerte Gott in der Wüste Moses Bestimmung, als dieser einen brennenden Dornenbusch sah und die Stimme des Gottes seiner Vorfahren vernahm. Gott sprach zu ihm: „ICH BIN. So lautet mein Name. Ich teile dir mehr mit, als ich Abraham mitgeteilt habe, und Abraham war mein Freund. Aber ich werde es tun." Nach dieser kurzen Vorstellung verkündete Gott, dass er Mose dazu bestimmt hat, sein Volk aus Ägypten zu befreien und sie zu diesem Berg zu führen, an dem Mose sich gerade befand. Als Mose daraufhin sozusagen um göttliche Referenzen bat, rüstete ihn Gott für seine Mission mit einem ganzen Arsenal an Wunderzeichen aus, die er vorführen konnte. Mose warf seinen Hirtenstab zu Boden und er verwandelte sich in eine Schlange; als er diese aufhob, wurde er wieder zum Stab. (Dazu muss ich hier einmal anmerken, dass mir persönlich der brennende Busch, der Hirtenstab und die Schlange schon vollkommen gereicht hätten – ganz besonders das Aufheben der Schlange!) Daraufhin steckte Mose seine Hand in sein Gewand und sie wurde aussätzig; als er sie ein zweites Mal hineinsteckte, war sie wieder gesund.

Und all dies war nur das Vorspiel! So richtig aufregend wurde es erst, als Mose mutig vor den neuen Pharao trat und einen übernatürlichen „Umsturz" einleitete, als er den Pharao aufforderte, er solle die Israeliten – seine wichtigsten Arbeitskräfte im Land – ziehen lassen. In dem folgenden Kampf mit den Plagen können wir davon ausgehen, dass Mose, der im Zentrum der ägyptischen Kultur und Religion aufgewachsen war, genau erkannt haben muss, dass jede einzelne Plage systematisch offenbarte, dass der „ICH BIN" jedem ägyptischen Gott überlegen war. Mit jedem Schlag, den er seinem ehemaligen Heimatland verpasste, empfing Mose darüber hinaus aus erster Hand die Offenbarung, dass der Herr seinem Volk Gunst gegeben hatte und ihre Feinde richten wollte.

Gottes Gunst und Gericht gipfelten auf dramatische Weise im *Passah*, das den Tod Christi in Form des Passahlammes und der blutigen Türpfosten andeutete. Obwohl Mose seine Bedeutung nicht vollständig erfassen konnte, verstand er wohl zumindest teilweise, dass Opfer, Sühne und Blut entscheidende Elemente in Gottes Heilsplan waren. Am folgenden Tag führte Mose über eine Million Überlebende dieser dunklen Nacht aus dem Bekannten heraus und ins Unbekannte hinein, von der Sklaverei zur Freiheit. Er sah, wie sich das Rote Meer teilte, durchquerte es gemeinsam mit seinem Volk, und sah zu, wie seine ägyptischen Verfolger hinter ihm ertranken. In der Wüste erlebte er täglich Wunder – Manna und Fleisch zur Nahrung, Wasser aus Felsen, und Schutz und Führung durch die Wolkensäule bei Tag und die Feuersäule bei Nacht.

Schließlich kehrte Mose mit seinem Volk an den Berg Sinai zurück, genau wie Gott es vorhergesagt hatte:

> *Er sprach: Ich will mit dir sein. Und das soll dir das Zeichen sein, dass ich dich gesandt habe: Wenn du mein Volk aus Ägypten geführt hast, werdet ihr Gott opfern auf diesem Berge* (2 Mose 3,12).

Doch obwohl alle Israeliten die Wolke und die Blitze sahen, den Donner und die Trompeten hörten, konnte nur Mose in die Wolke hineintreten. Er war der Erste, der die Zehn Gebote hörte. In seinen Händen hielt er die fertigen Steintafeln, von

Gottes eigener Hand gehauen und beschrieben. Er erhielt als Erster die atemberaubende Vision von der Stiftshütte und war auch der Erste, der wusste, wie jener Bund beschaffen war, den Gott mit seinem Volk schließen wollte. Ich will Sie nun daran erinnern, dass wir Paulus zufolge eine größere Herrlichkeit haben als Mose!

Wir dürfen dabei nicht vergessen, dass sich Gott seit dem Sündenfall zu keiner Zeit den Menschen in einem solchen Maße offenbart hatte, wie er es nun tat. Innerhalb weniger Monate hatte jeder Israelit mehr von Gott gesehen und gehört als irgendein Mensch zuvor! Im Vergleich zu Mose hatten sie jedoch kaum etwas gesehen oder gehört. Er war der Einzige, der alles aus erster Hand erleben durfte. Er war der Einzige, mit dem Gott *„von Angesicht zu Angesicht“* sprach (vgl. 2 Mose 33,11).

Doch nach *alldem* – als ob er noch nicht genug gesehen hätte – forderte Mose von Gott etwas, das ich als die kühnste Bitte der gesamten Bibel ansehe: *„Ich bitte dich, zeige mir deine Herrlichkeit!“* (2 Mose 33,18). Es war kühn und verwegen, weil derjenige, der schon am meisten von Gott bekommen hatte, nicht noch mehr verlangen sollte. Mose wusste, dass er Gottes Herrlichkeit bereits in der Wolke und in all seinen anderen Wesensäußerungen gesehen hatte. Warum war ihm das nicht genug? Angesichts der Tatsache, dass er bereits in seinen früheren Begegnungen mit Gott gelernt hatte, dass dieser zu fürchten war und sein Volk auch gelegentlich daran erinnert hatte, dass er die Macht hatte, es auszulöschen (vgl. 2. Mose 33,5), ist seine Bitte sogar noch kühner – oder besser waghalsiger – einzustufen. Mose wusste, dass er – als Mörder – den Maßstab des vollkommenen Gesetzes, das Gott ihm anvertraut hatte, verfehlt hatte. Er wusste, dass eine solch kühne Bitte seine letzte sein konnte.

Doch Gott löschte Mose weder aus, noch wies er seine Anfrage ab. Scheinbar war Gott nicht der Meinung, Mose habe schon genug von ihm gesehen oder frage nach etwas Verbotenem. Er erklärte sich bereit, ihm seine Herrlichkeit zu zeigen!

Tiefer gehen

Als ich sah, wie Gott auf Moses freimütige Bitte reagierte, wurde mir klar, dass ich noch genauer hinschauen musste, um mir darauf einen Reim machen zu können. Das Erste, was ich feststellte, war, dass Mose von Anfang an, seit seiner Begegnung mit dem brennenden Busch, Bitten an Gott gerichtet hatte. Er wollte Gottes Namen wissen, bat ihn um Zeichen und dass er jemand anderes zur Befreiung seines Volkes schicken sollte. Vom Zeitpunkt seines Auszugs bis zu seiner Rückkehr an den Berg Sinai hatte er Gott bei jedem Schritt konsultiert. Er war sogar mutig genug, Gott darum zu bitten, die Israeliten nach ihrer Rebellion nicht zu vernichten! Und durch jede dieser Interaktionen stärkte Gott eine Beziehung, die Mose die Gewissheit gab, dass er sich an Gott wenden und eine Antwort von ihm erwarten konnte.

Als Nächstes fiel mir auf, dass Mose in einer seiner vielen Begegnungen mit Gott eine ganz besondere Zusage bekommen hatte:

> *Und Mose sprach zu dem Herrn: Siehe, du sprichst zu mir: Führe das Volk hinauf; aber du lässt mich nicht wissen, wen du mit mir senden willst; und doch hast du gesagt: Ich kenne dich mit Namen, und du hast Gnade gefunden vor meinen Augen* (2 Mose 33,12 SLT).

Mose hatte vor dem Herrn *Gnade* gefunden. Wir übersehen das oft, denn Mose bringen wir normalerweise nicht mit seiner Offenbarung von Gnade in Verbindung. Das Neue Testament lehrt uns sogar, dass Mose für das Gesetz und eben *nicht* für Gnade steht, wie Johannes schrieb: *„Denn durch Mose wurde uns das Gesetz gegeben, aber durch Jesus Christus sind die Gnade und die Wahrheit zu uns gekommen"* (Joh 1,17). In Wahrheit hätte ein Mörder wie Mose ohne Gnade niemals in Gottes Nähe kommen können! Niemand wusste dies vermutlich so gut wie er selbst. Und als er ihm schließlich seine große Bitte vortrug, erinnerte er Gott sicherlich an diese Gnade.

Bei einer meiner beliebtesten Botschaften an Gefängnisinsassen und ehemalige Straftäter stelle ich mich übrigens immer mit einer günstig erworbenen gebrauchten Bibel vor sie hin. Während ich spreche, reiße ich alle Seiten von den drei Schreibern heraus, die selbst Mörder oder Komplizen bei Morden waren. Zunächst müssen alle fünf Bücher Mose weg, danach ein Großteil der Psalmen, und schließlich alle Paulusbriefe. Übrig bleibt eine deutlich geschmälerte Bibel. Stellen Sie sich einmal die Bibel ohne Psalm 23 vor, ohne den Schöpfungsbericht, ohne das Kapitel über die Liebe aus 1. Korinther 13, ohne Römer 8, ganz zu schweigen von den großen Geschichten der Vorväter: Abraham, Isaak, Jakob und Joseph sowie der Auszug der Israeliten aus Ägypten.

Gerne erinnere ich Menschen, die sich selbst als Ausgestoßene fühlen, daran, dass es um sie nicht anders steht, als es Mose, Paulus und David ergangen war – dieselbe Gnade, die sie erlöst hat, gibt ihnen auch eine Chance, die Welt durch ihren veränderten Lebenswandel zum Besseren zu beeinflussen. Ohne die Beiträge von Straftätern wäre die Bibel nicht, was sie ist. Die gesamte Menschheit wurde durch die Gnade, die Gott diesen Männern schenkte, gesegnet – eine Gnade, die im Fall von Mose und David bereits Tausende von Jahren bestand, bevor Christus den Preis für sie bezahlt hat. So hilfreich eine Unterteilung der Bibel in Gesetz und Gnade, in das Alte und das Neue auch sein mag, so dürfen wir doch nicht vergessen, dass genau diese gegensätzlichen Elemente zusammenwirken und vom Anfang bis zum Ende eine sich stetig entfaltende Geschichte der *Gnade* erzählen.

Mose wusste also, dass er sich Gott aufgrund dieser Gnade nähern konnte. Dies erklärt jedoch noch nicht, welche tieferen Gründe seine Bitte hatte. Deshalb habe ich mir die Begebenheiten näher angesehen, die zu Moses Unterredung mit Gott geführt hatten. Ich stellte fest, dass seine Bitte aus einer tragischen Situation erwachsen war. Die Israeliten hatten soeben ihre erste große Sünde begangen, ein Debakel, das ihr früheres Murren weit in den Schatten stellte. Moses triumphaler

Moment der Übergabe der von Gott gefertigten Steintafeln war zu einem entsetzlichen Desaster verkommen. Voller Wut hatte er die Tafeln zerschlagen, nachdem er erkannt hatte, dass der Bund bereits gebrochen war. Tausende starben durch das Schwert der Leviten, die Übrigen wurden von einer furchtbaren Seuche heimgesucht. Das Allerschlimmste kam allerdings erst noch: Gott verkündete, dass er nicht mit ihnen ins Gelobte Land ziehen werde.

Die Trennung von Gott ist die schlimmste Konsequenz der Sünde. „*Als das Volk diese böse Rede hörte, trauerten sie ...*" (2 Mose 33,4). Vielleicht erlebten sie ein Stück weit die gleiche Trauer, die Adam und Eva empfanden, als sie den Garten Eden verlassen mussten. Sie waren plötzlich wie verwaist, abgeschnitten von der Quelle ihres Lebens und ihrer Identität. Alles hing von der Unterredung ab, die Mose für sie mit dem Herrn hatte:

> *Und Mose sprach zu dem Herrn: Siehe, du sprichst zu mir: Führe das Volk hinauf; aber du lässt mich nicht wissen, wen du mit mir senden willst; und doch hast du gesagt: Ich kenne dich mit Namen, und du hast Gnade gefunden vor meinen Augen. Wenn ich nun Gnade gefunden habe vor deinen Augen, so lass mich doch deine Wege wissen und dich erkennen, damit ich Gnade finde vor deinen Augen; und bedenke doch, dass dieses Volk dein Volk ist!*
> *Und er sprach: Soll ich selbst mitgehen und dich zur Ruhe führen?*
> *Er sprach zu ihm: Wenn du nicht selbst mitgehst, so führe uns nicht von hier hinauf! Denn woran soll denn erkannt werden, dass ich Gnade gefunden habe vor deinen Augen, ich und dein Volk, als daran, dass du mit uns gehst, sodass ich und dein Volk ausgezeichnet werden vor jedem Volk, das auf dem Erdboden ist?*
> *Und der Herr sprach zu Mose: Auch dies, was du jetzt gesagt hast, will ich tun; denn du hast Gnade gefunden vor*

meinen Augen, und ich kenne dich mit Namen!
Er aber antwortete: So lass mich doch deine Herrlichkeit sehen! (2 Mose 33,12-18 SLT)

Stellen Sie sich einmal vor, dass der Geschäftsführer einer Firma nach einem katastrophalen Quartal herausfindet, dass der Firmeninhaber ihm plötzlich die ganze Firma überlässt. Genau so erging es Mose. Bis zu diesem Zeitpunkt hatte er hauptsächlich Anweisungen entgegengenommen und hie und da einen kleinen Einblick in die Betriebspläne und Bauvorhaben bekommen. Er wusste, dass eine solche Übergabe das sichere Scheitern des Unternehmens bedeutete, und es war ihm auch klar, dass der Firmeninhaber jedes Recht und allen Grund hatte, seine Firma zu verlassen und sich anderen Dingen zuzuwenden. Moses Antwort war demütig und praktisch: „Herr, du willst also, dass ich Dein Volk ohne Dich ins Verheißene Land bringe. Ich habe mich bis zu diesem Moment immer auf Dich verlassen, um zu wissen, was als Nächstes zu tun ist. Ich habe keine Ahnung, was ich ohne Dich machen soll. Ich brauche Deine Wegweisung. Ich muss Deinen Charakter und Deine Gedanken hinter allem, was Du getan und gesagt hast, erkennen; und Du musst Dich an Deine Liebe für dieses Unternehmen erinnern, das doch in Wirklichkeit Dir gehört!"

„So lass mich doch deine Wege wissen und dich erkennen!" So kühn fand ich diese Bitte zunächst gar nicht. Doch als ich nachforschte, fand ich heraus, dass zuvor noch niemand von Gott je so etwas erbeten hatte. Was Mose hier verlangte, war *yada*. Nicht einmal Abraham, der Urvater des Glaubens, hatte Gott gebeten, ihn und seine Wege kennen zu dürfen. Dies war Neuland in der Beziehung zwischen Gott und den Menschen.

Wieder zeigt uns Gottes Antwort, wie Moses erste Bitte zu verstehen ist. Er sagte: „Mein Angesicht wird mit dir gehen." Was hat das zu bedeuten? Es besagt nichts anderes, als dass Gott einverstanden war, Mose seine Wege zu zeigen, ihm *yada* zu gewähren. *Yada* (auf Erfahrung und Beziehung beruhendes

Kennen) ist Gottes Weg. Anstatt uns mit Instant-Wissen zu programmieren, gibt uns Gott Erkenntnis über sich durch Partnerschaft und Beziehung. Ein solches *yada* kommt allerdings – wie jede Beziehung – nur durch wiederkehrende, persönliche Begegnungen zustande. Indem er Mose *yada* schenkt, schenkt Gott ihm seine Gegenwart.

Genau diese Gegenwart war es, nach der Mose so sehnsüchtig verlangte. Sie war das Gnadenzeichen, welches er für sich selbst und für Israel erbeten hatte. Wir stellen jedoch fest, dass Gott hier nie davon spricht, Israel habe Gnade bei ihm gefunden. Sein Versprechen, mit Israel zu sein, beruhte allein auf seinem Versprechen, mit Mose zu sein. Dies eröffnet uns einen weiteren Aspekt der Wege Gottes, die er Mose offenbarte: Auf die Bitte seiner Freunde – derjenigen, die in seinen Augen Gnade gefunden haben – gewährt Gott seine Gnade auch denjenigen, die ihn noch nicht gefunden haben. Und hier lauschen wir wieder dem Anfangsthema im großen Meisterwerk der Gnade Gottes, welche ihren donnernden Höhepunkt darin erreicht, dass durch Christus, der in Ewigkeit lebt und für uns vor dem Vater Fürbitte tut, der gesamten Menschheit Gnade zuteil wird.

Wir können nur erahnen, wie Mose sich gefühlt haben muss, als ihm die Tragweite von Gottes Antwort langsam bewusst wurde. In wenigen Augenblicken war Israel vom Verlassenwerden und sicherer Zerstörung gerettet worden. Wie dankbar und erleichtert muss sich Mose gefühlt haben! Doch der Grund für Gottes Entscheidung war das wirklich Bedeutsame: Mose hatte gerade erfahren, dass all dies nur wegen ihm geschah, weil ihm allein eine Stellung von unvorhergesehener, unglaublicher Nähe zu Gott gewährt worden war. Jahrhunderte später bestätigte David dieses einzigartige Privileg, als er schrieb: *„[Der Herr] gab Mose zu erkennen, wie er handelt, und den Israeliten zeigte er seine mächtigen Taten"* (Ps 103,7). Ich glaube, dass sich in dieser Begegnung, als Mose bat, Gottes Wege zu erkennen, zum ersten Mal die Tür zu einer innigen Gotteserkenntnis öffnete.

Und vor eben dieser Tür brachte Mose seine *zweite* – und wohl gewagteste – Bitte vor Gott: „*Zeige mir deine Herrlichkeit!*“ Wie ich bereits im vorangegangenen Kapitel sagte, ist Herrlichkeit die Wesensäußerung Gottes: Gott enthüllt durch sein Tun und Handeln, wer er ist. Als Gott Mose versprach, mit ihm zu gehen, wendete er nicht nur das Geschick Israels, sondern erlaubte es Mose, ihn persönlich kennenzulernen. Mose gab sich jedoch nicht damit zufrieden, nur an der Türschwelle von *yada* zu stehen, sondern beharrte darauf, sie weiter aufzustoßen und „*voll Zuversicht vor den Thron unseres gnädigen Gottes [zu] treten ...*“ (Heb 4,16). Und dieses Mal war seine Bitte persönlich; er trat nicht mehr für Israel ein, sondern kam als Mensch vor seinen Gott. „Offenbare Dich mir, Gott! Zeige mir Dein Wesen! Lass mich Deine Herrlichkeit sehen!“

Zugegeben, das war verwegen. Aber es war die unerschrockene Bitte eines Mannes, der die Chance seines Lebens witterte. Dies war es, was er mehr als alles in der Welt ersehnte.

Wir sind eingeladen

Im nächsten Kapitel werden wir auf Gottes dramatische Reaktion auf Moses große Bitte eingehen. Dann werden Sie besser verstehen, was Paulus meint, wenn er schreibt, dass die Herrlichkeit, die Mose sah, nichtig ist im Vergleich zu der Herrlichkeit, zu der wir eingeladen sind. Bevor wir dazu kommen, möchte ich aber das Beispiel, das uns Moses mit seiner großen Bitte gab, würdigen.

Als im Jahr 1994 der „Toronto-Segen“ über den Atlantik nach England schwappte, begannen meine Frau und ich Kirchen zu besuchen, in denen „Gott sich zeigte“. Durch diese Erweckungsbewegung, die bis heute anhält, haben viele im Leib Christi gelernt, um „mehr“ zu bitten; „mehr“ wurde fast zu einem Schlagwort. Es gibt viele Zeugnisse großartiger Männer und Frauen Gottes, die über die Jahrhunderte hinweg diese große Bitte nach „mehr" vor Gott gebracht haben. Mose war jedoch unser eigentlicher Wegbereiter.

Mose nahm den Deckel von der Lade, bevor er die Lade baute, auf der Gottes Gegenwart ruhen sollte. Er bat Gott im Alten Testament um etwas, das sich viele im Neuen Testament nicht zu bitten trauen. Wie viele von uns sind – selbst mit dem Privileg des Kreuzes – wie gelähmt vor Angst, weil sie sich selbst als unwürdig erachten, darum zu bitten, mehr von Gott zu erfahren *(yada)*? Diese Angst kann nur deshalb bestehen, weil wir von der Wahrheit des Neuen Bundes abgeschnitten worden sind. Zu Beginn des Alten Bundes bat nur ein Mensch um *yada*; im Neuen Bund fordert aber Jesus uns alle auf zu bitten, zu fragen und anzuklopfen, weil unser Vater sich und seinen Geist gerne *jedem* gibt, der darum bittet (vgl. Lk 11,13).

Der Neue Bund ist speziell dafür gedacht, dass wir die Fülle „des Weges" erkennen, den Gott zuerst Mose zeigte – den Weg des *yada*. Die Gnade, die Gott in Erweckungsbewegungen ausgießt, erinnert uns daran, dass er will, dass wir ihn erkennen – das heißt, dass wir ihm begegnen, in seiner Gegenwart leben und ihn durch unsere Bitte nach „mehr" einladen, sich uns zu zeigen. Diese Bitte soll keine einmalige Sache sein oder etwas, das wir mit zunehmender Reife nicht mehr brauchen, sondern zu unserem Lebensstil werden. Die Haltung, nach mehr zu bitten, ist meiner Erfahrung nach ein entscheidender Punkt, um mit einer Bewegung Gottes mitzugehen. Wir bitten ihn immer wieder, und er wird sich uns immer wieder zeigen. Die Ausgießung seines Geistes geschieht in Beziehung zu ihm.

Werden auch Sie dem Beispiel Moses folgen und voller Vertrauen um mehr bitten? *„Zeige mir deine Herrlichkeit!"* – egal, ob Sie bisher viel oder wenig von ihr kannten: Es gibt „mehr"!

KAPITEL 3

Güte und Herrlichkeit

Gut ist nur Gott, sonst niemand.

Lukas 18,19

Ist Ihnen schon einmal aufgefallen, dass Jesus eine bestimmte Art hatte, Fragen zu beantworten? Oft stellte er eine Gegenfrage oder erzählte eine Geschichte. Einige seiner Antworten erscheinen auf den ersten Blick so schräg, dass man sich zunächst fragt, ob er überhaupt auf die Frage eingeht, und meist werfen seine Antworten noch weitere Fragen auf. Aber genau darum ging es ihm. Jesus war nämlich zum einen ein Meister darin, die Beweggründe hinter den Fragen zu erkennen. Seine Antworten drangen tief und brachten die eigentliche Frage zum Vorschein. Hier zeigt sich, dass er auch ein Meister in der Ausbildung von Jüngern war und eine Gabe hatte, die auch heutzutage im Lebens-Coaching und Training für Führungskräfte angewendet wird: Das Stellen von wirkungsvollen Fragen ist der Schlüssel, um anderen zu einem erfolgreichen Leben zu verhelfen. Drittens war Jesus auch ein Meister im Lehren. Er wusste, dass man Wahrheit nur Stück für Stück begreifen kann. Jede Stufe der Erkenntnis ist keine Endstation, sondern nur ein Meilenstein auf dem Weg zu neuer Erkenntnis. Deshalb wollte er mit seinen Antworten die Menschen zufriedenstellen, aber gleichzeitig in ihnen einen Hunger nach mehr wecken, sodass sie zu Suchenden und Lernenden wurden.

Moses Gespräch mit Gott in 2 Mose 33 zeigt ganz deutlich, von wem Jesus gelernt hatte, Fragen zu beantworten – von seinem Vater:

> *[Mose] aber sagte: „Lass mich doch deine Herrlichkeit sehen!" Er antwortete: „Ich werde all meine Güte an deinem Angesicht vorübergehen lassen ..."* (2 Mose 33,18-19a).

Auf den ersten Blick könnte man meinen, Gott versuche hier vom Thema abzulenken. Mose erbat, Gottes Herrlichkeit zu sehen, und Gott fängt an, von seiner Güte zu sprechen. Er versuchte jedoch nicht abzulenken, sondern war dabei, die Frage zu beantworten. Mit dieser einfachen Antwort begann Gott schon, Mose etwas über das Wesen seiner Herrlichkeit zu lehren. Das Erste, was Gott Mose *zeigen* wollte, und das Erste, was er erkennen *(yada)* sollte, war, dass Gott *gut* ist.

Ich würde liebend gerne wissen, was Mose in diesem Moment dachte, als Gott ihm versprach, seine Güte an ihm vorübergehen zu lassen. Beim ersten Lesen war ich einfach überrascht und verblüfft. Nach einer Weile begann ich zu verstehen, dass Gott tatsächlich auf Moses Frage einging. Ich fragte mich, ob er womöglich auf eine zweite Frage hinter der ersten einging, ob Mose vielleicht die Güte Gottes besser verstehen wollte, und ob dieses Gespräch etwas mit dem vorangegangenen zu tun hatte. Als Mose um *yada* bat, war seine eigentliche Frage *die* Frage, die der Herr direkt beantwortete, ob er immer noch Gottes auserwählter Leiter für Israel sein konnte, wenn Gottes Gegenwart nicht mit ihm ging. Die Antwort war deutlich: nein. In diesem zweiten Wortwechsel deutet die Antwort Gottes auf Moses Bitte nach der Herrlichkeit darauf hin, dass Mose im Grunde genommen fragte: „Gott, wie bist Du wirklich?"

Seit Jahrhunderten ringen Menschen mit dem scheinbar widersprüchlichen Bild von Gott im Alten Testament. Sie sehen einen Gott, dessen Handeln absolut gegensätzlich erscheint – in einem Moment zeigt er sich voller Gnade, voller Treue und als Befreier, und im nächsten als wütender Richter und Bestrafender. Man kann sich gut vorstellen, dass Mose, der diese Begebenheit zuerst erlebte und danach niederschrieb, der Erste war, der mit diesem Paradoxon kämpfte. Er wollte vielleicht deshalb die Wege Gottes kennenlernen, weil er zugesehen hatte, wie dieser Gefangene alles daransetzte, um Gefangene zu befreien, nur um später damit zu drohen, sie zu vernichten und zu verlassen, als sie nicht gehorsam waren.

Diese eigentliche Frage hinter Moses Bitte scheint nahezuliegen – nicht nur, weil Gottes Antwort darauf war, er werde seine Güte an ihm vorübergehen lassen, sondern auch aufgrund dessen, was passierte, als er dieses Versprechen erfüllte. Was nämlich am folgenden Tag auf dem Berg Sinai geschah, brachte sowohl Mose als auch allen, die sein Zeugnis lasen, Klarheit über das scheinbar paradoxe Wesen Gottes.

Gott gab Mose zur Vorbereitung auf die Ereignisse folgende Anweisungen:

> *Du kannst es nicht ertragen, mein Angesicht zu sehen, denn kein Mensch kann mich sehen und am Leben bleiben. Weiter sagte der Herr: Siehe, hier ist ein Platz bei mir, da sollst du dich auf den Felsen stellen. Und es wird geschehen, wenn meine Herrlichkeit vorüberzieht, dann werde ich dich in die Felsenhöhle stellen und meine Hand schützend über dich halten, bis ich vorübergegangen bin. Dann werde ich meine Hand wegnehmen, und du wirst mich von hinten sehen; aber mein Angesicht darf nicht gesehen werden." Darauf sprach der Herr zu Mose: „Haue dir zwei steinerne Tafeln wie die ersten zurecht! Dann werde ich auf die Tafeln die Worte schreiben, die auf den ersten Tafeln standen, die du zerschmettert hast. Und halte dich für den Morgen bereit und steige am Morgen auf den Berg Sinai und stehe dort vor mir auf dem Gipfel des Berges!* (2 Mose 33,20-34,2).

Zum dritten Mal sollte Mose nun den Aufstieg auf den Berg antreten. Der Grund dafür wird deutlich, wenn wir ihn mit den vorherigen Malen vergleichen. Jedes Mal, wenn Gott Mose auf den Berg holte, ging es darum, den Bund, den er mit Israel schließen wollte, inhaltlich vorzubereiten und zu definieren. Die erste Besteigung in 2. Mose 19 war wohl die kürzeste – Gott hatte Mose hier lediglich beauftragt, die Israeliten zu warnen, nicht mit ihm zusammen auf den Berg zu steigen, während der Bund geschlossen wurde. Nachdem Gott ihnen die Zehn Gebote und die anderen Gesetze gegeben hatte und die Israeliten zugestimmt hatten, sie zu befolgen, lud er Mose noch einmal auf den Berg ein; diesmal zu einer 40-tägigen Begegnung, in der er ihm die Bauanweisungen für die Stiftshütte gab und die genauen Worte des Bundes in die Steintafeln eingravierte. Nach der ersten Bergbesteigung waren die Israeliten offensichtlich nicht darauf vorbereitet, dass Mose so lange weg sein würde; sie bekamen Angst, dass er gestorben sei, und verlangten von Aaron einen neuen Anführer. Wie wir wissen, nahm dies ein katastrophales Ende.

Als Gott Mose zum dritten Mal, mit neuen Steintafeln, auf den Berg rief, deutete er damit an, dass er Mose nicht nur seine Herrlichkeit zeigen, sondern auch wiederherstellen wollte, was am Ende seiner letzten Begegnung zerstört worden war. Obwohl er Mose nicht erklärte, warum er diese Ersatztafeln herstellen sollte, scheint es folgerichtig zu sein. Mose sollte seinen Anteil dazu beitragen, dass das, was er zerbrochen hatte, wiederhergestellt würde, und zugleich bekam er größeren Anteil am Prozess der Bundesschlusses. Inzwischen war er zum Vermittler zwischen dem Herrn und seinem Volk aufgestiegen. Gott bestätigte dies, als er nach der Verkündigung des erneuerten Bundes sagte: *„Schreibe dir diese Worte auf! Denn nach diesen Worten schließe ich mit dir und mit Israel einen Bund“* (2 Mose 34,27).

Der erste Tagesordnungspunkt seines dritten Besuchs auf dem Berg war jedoch, dass Gott erfüllte, was er Mose auf dessen Bitte hin versprochen hatte. Um dies zu tun, stellte er Mose zunächst in eine Felsspalte und bedeckte ihn mit seiner Hand. Obwohl Mose Gott bereits extrem nahe gekommen war – in der Wolke und im verzehrenden Feuer –, stand Gott nun kurz davor, ihn sein Wesen auf eine neue, noch gewaltigere Weise erleben zu lassen. Gott nannte dies seine *Güte*:

> *Da stieg der Herr in der Wolke herab, und er trat dort neben ihn und rief den Namen des Herrn aus. Und der Herr ging vor seinem Angesicht vorüber und rief: „Der Herr, der Herr, Gott, barmherzig und gnädig, langsam zum Zorn und reich an Gnade und Treue, der Gnade bewahrt an Tausenden von Generationen, der Schuld, Vergehen und Sünde vergibt, aber keineswegs ungestraft lässt, sondern die Schuld der Väter heimsucht an den Kindern und Kindeskindern, an der dritten und vierten Generation“* (2 Mose 34,5-7).

Nach dieser Bekundung erneuerte der Herr seinen Bund mit Israel und schrieb mit seinem Finger die Zehn Gebote auf die Steintafeln, die Mose mitgebracht hatte. Nach diesem 40-tägigen Treffen mit Gott kehrte Mose ein drittes Mal zum Volk zurück. Hatten sie beim letzten Mal Gottes Zorn erlebt, sahen sie diesmal etwas anderes:

> *Es geschah aber, als Mose vom Berg Sinai herabstieg – und die beiden Tafeln des Zeugnisses waren in Moses Hand, als er vom Berg herabstieg –, da wusste Mose nicht, dass die Haut seines Gesichtes strahlend geworden war, als er mit ihm geredet hatte* (2 Mose 34,29).

Bevor ich mich intensiv mit der Abfolge dieser Ereignisse beschäftigte, hatte ich immer die vage Vorstellung gehabt, Moses Gesicht habe deshalb geleuchtet, weil er im Feuer und Gott so nahe gewesen war, dass er eine Art übernatürlichen Sonnenbrand bekommen hatte. Ich hatte mich noch nicht mit den Unterschieden der drei Bergbesteigungen befasst und wusste nicht, dass Moses Angesicht nur beim dritten Mal leuchtete. Eines Morgens wurde es mir beim erneuten Lesen klar: Mose war zwar zuvor im Feuer gewesen, hatte dabei aber Gottes Herrlichkeit nicht gesehen, weil Gott ihn absichtlich bedeckte. Weder das Feuer noch die Wolke brachten Moses Gesicht zum Leuchten, sondern dies war die Auswirkung der Herrlichkeit, von der Paulus in 2. Korinther spricht. Die Nähe Gottes spielte mit Sicherheit auch eine Rolle, aber die *Proklamation der Güte Gottes* machte den Unterschied. Zuvor hatten vierzig Tage und Nächte in Gottes Gegenwart nicht diese Auswirkung gehabt; doch nun, als Mose – geschützt durch die Hand Gottes und die Felsspalte – die Güte Gottes hörte, fing sein Angesicht zu leuchten an.

Der Maßstab

Diese *Güte* war die Herrlichkeit, die Mose kannte. Dies war die Herrlichkeit, die Paulus später mit der Herrlichkeit verglich, die wir im Angesicht Christi kennen. Die Herrlichkeit, die Mose kannte, und die, die wir kennen, unterscheiden sich nicht in ihrem Wesen, wohl aber in der Fülle ihrer Offenbarung. Die Herrlichkeit, die wir im Angesicht Christi kennen, offenbart ebenso die Güte Gottes; sie ist einfach die vollkommene Offenbarung seiner Güte. Wir können die Erfüllung einer Verheißung allerdings nur erkennen, wenn wir wissen, was verheißen wurde.

Lassen Sie uns diese Verheißung, die Proklamation, mit der Gott seine Güte offenbarte, einmal näher betrachten. Er sprach:

> *Der Herr, der Herr, Gott, barmherzig und gnädig, langsam zum Zorn und reich an Gnade und Treue, der Gnade bewahrt an Tausenden von Generationen, der Schuld, Vergehen und Sünde vergibt, aber keineswegs ungestraft lässt, sondern die Schuld der Väter heimsucht an den Kindern und Kindeskindern, an der dritten und vierten Generation* (2 Mose 34,5-7).

Wie ich bereits andeutete, löste Gott das Paradoxon seines Handelns auf, als er Mose seine Herrlichkeit zeigte. Er offenbarte dabei, dass all sein Tun derselben Quelle entspringt: seiner Güte. Wir erkennen in dieser Proklamation deutlich, dass Gott sowohl seine Barmherzigkeit, Vergebung und Freundlichkeit als auch seine Bestrafung der Missetaten als Ausdruck seiner Güte sieht. *Weil* er gut ist, ist er gnädig, vergebend und lässt sich nicht schnell zum Zorn erregen. Und *weil* er gut ist, kann er auch die Schuldigen nicht ungestraft lassen. In der gesamten Geschichte Israels zeigen sich stets diese beiden Aspekte seiner Güte. Die Güte Gottes ist eigentlich das große Thema das Alten Testaments. Zu jedem Zeitpunkt in dieser Geschichte hat Gott seine Güte gezeigt.

Wir benutzen das Wort *gut* oft lediglich, um eine Art persönlichen Vorzug oder eine Vorliebe auszudrücken. Wenn aber Gott etwas *gut* nennt, wie zum Beispiel bei der Erschaffung der Welt, dann meint er damit, dass etwas wie er ist, da *er gut ist*. Gottes Güte setzt den Maßstab für alles, was sich gut nennen darf. Vor allem aber definiert seine Güte einen Standard für unser Leben, wie er es Mose offenbarte. Dementsprechend verband Gott die Verkündigung seiner Güte damit, dass er die Zehn Gebote erneut auf die Tafeln schrieb. Er wollte dem Volk damit kein willkürliches, künstliches Regelwerk aufzwingen, sondern ihnen Richtlinien geben, durch die sie die moralischen Standards seiner Güte verstehen konnten. Ohne solche Richtlinien wären Begriffe wie *Unrecht, Übertretung, Sünde und Schuld* für die Israeliten Fremdwörter geblieben. Die Zehn Gebote offenbarten – wenn auch nur vorläufig –, wie wir die Güte Gottes zum Ausdruck bringen sollen. Und sie zeigen uns dabei, dass Gott sich wünscht, dass wir seine Güte und Herrlichkeit widerspiegeln, dass wir so sind wie er. Auf diese Art von Herrlichkeit bezieht sich Paulus in Römer 2,23. Ohne die Gebote hätten wir keinen Hintergrund, um Gottes Gerechtigkeit zu verstehen, zu der wir gerufen sind und auch befähigt, sie zu erreichen.

Die bessere Lösung

So kam also der erste Bund mit Herrlichkeit, indem er die Güte Gottes und seinen Maßstab für unser Leben offenbarte. Dieser Maßstab brachte jedoch das hervor, was Paulus später als den *„Dienst des Todes"* (vgl. 2 Kor 3,7) bezeichnete. Für uns ist es leicht, in dem leuchtenden Gesicht Moses die Verheißung der Erlösung der Menschheit und der Wiederherstellung ihrer Beziehung zu Gott zu erkennen, da wir ja die Herrlichkeit Gottes im Angesicht von Jesus kennen. Israel erkannte das aber nicht: *„Und Aaron und alle Söhne Israels sahen Mose an, und siehe, die Haut seines Gesichtes strahlte; und sie fürchteten sich, zu ihm heranzutreten"* (2 Mose 34,30).

Wovor hatten die Israeliten Angst? Warum jagte ihnen die Offenbarung der Güte eine solche Furcht ein? Und warum hatte Gott in diesem Zusammenhang zu Mose gesagt, Gottes Güte zu sehen, würde den Tod bedeuten? Die Antwort liegt darin, dass Gottes Standard, seine Güte, wie ein Schwert die Trennung zwischen Leben und Tod offenbart. Gott hatte dies zum ersten Mal im Garten zu erkennen gegeben, als er davor warnte, dass der Genuss der Frucht vom Baum der Erkenntnis von Gut und Böse den Tod bringen würde. Für Sünder bringt die Offenbarung von Gottes Güte das Todesurteil. C. S. Lewis beschreibt es treffend:

> Das ist das furchtbare Dilemma, in dem wir uns befinden: Wird die Welt nicht von einem absoluten Guten bestimmt, dann bleiben all unsre Anstrengungen letztlich vergebens. Existiert es aber, dann machen wir uns dieses Gute tagtäglich zum Feind. Ohne Aussicht darauf, es morgen besser machen zu können. So ist unser Fall wieder hoffnungslos. Wir können weder mit noch ohne dieses Gute leben. Gott ist der einzige Trost, und er ist zugleich auch der größte Schrecken: das Wesen, das wir am meisten brauchen und vor dem wir uns am meisten verbergen möchten. Er ist unser einzig möglicher Verbündeter, und wir haben uns selbst

> zu seinen Feinden gemacht. Manche Leute reden so, als ob es ein Vergnügen wäre, dem Blick des Guten zu begegnen. Sie sollten es sich noch einmal überlegen. Religion scheint für sie nur ein Spiel zu sein. Das Gute an sich aber bedeutet entweder die große Sicherheit oder die große Gefahr – je nachdem, wie wir uns verhalten. Und bis jetzt haben wir uns falsch verhalten.[1]

Die Offenbarung von Gottes Güte löst also das Paradox seines Wesens. Gott ist heilig und rückt nicht von seinem Standard ab. Seine Güte stellt uns aber auch vor ein Dilemma und wirft die Frage auf: Wenn Gott zugleich den Sündern vergibt und die Schuldigen bestraft – in welche Kategorie fallen dann wir? In die der *Vergebenen* oder der *Schuldigen*? Manche denken vielleicht, sie könnten Gottes Maßstäben gerecht werden und gehörten zu einer dritten Kategorie, den Gerechten. Jeder, der ernsthaft versucht, gerecht zu sein, wird jedoch sehr schnell ernüchtert. Deshalb schrieb Jesaja: *„Wir alle irrten umher wie Schafe, wir wandten uns jeder auf seinen eigenen Weg“* (Jes 53,6a).

Die Zehn Gebote haben nicht unsere große moralische Stärke ans Licht gebracht, sondern die Wahrheit, dass wir alle schuldig sind. Eine dritte Kategorie gibt es also nicht; jeder von uns fällt in die schlechtere der ersten beiden. Und so geht es um die Frage: Wie gelangen wir von den *Schuldigen* zu den *Vergebenen*? Gottes erste Antwort darauf war Buße durch Tieropfer. Dies war der Dienst des Todes, ein endloses Blutvergießen zur Bedeckung unserer endlosen Sünden. Mit der Zeit aber kamen ein paar Leute auf die Idee, dass Gott vielleicht doch eine bessere Lösung hatte. David war einer derjenigen, die bemerkten, dass die Opferung eines anderen Lebewesens zwar die Strafe tilgt, jedoch nicht die Sünde im eigenen Herzen wegnahm. Er verstand, dass er nur durch ein gehorsames und reines Herz wirklich im Einklang mit Gottes

---

[1] C. S. Lewis, *Pardon, ich bin Christ,* Brunnen, Gießen 2009, S. 40.

Maßstab von Güte leben konnte, und das konnte nur Gott zuwege bringen.

David – und ich glaube auch Mose – spürte und verstand, dass Gott durch seine Güte sein Herz zum Ausdruck brachte. Beide begriffen, dass ein guter Gott, der seine Maßstäbe für das Leben seiner Geschöpfe offenbarte, nicht nur unsere Zerbrochenheit und unsere Unfähigkeit, diesen Standard einzuhalten, bloßstellen wollte noch lediglich ein Mittel zur Verfügung stellen wollte, um die Folgen unserer Sünde zu bereinigen. Als David die Zerbrochenheit seines Lebens sah, folgerte er, dass Gottes Verheißung, uns Freundlichkeit, Vergebung und Gnade zu erweisen, nur bedeuten konnte, dass er etwas tun wollte, um diese Zerbrochenheit zu heilen und in ihm ein reines Herz und einen erneuerten Geist zu erschaffen (vgl. Ps 51,12).

Ein paar hundert Jahre später spricht der Prophet Jeremia von einem neuen Bund, in dem Gott die Zerbrochenheit eines jeden Menschen heilen werde:

> *Siehe, es kommt die Zeit, spricht der Herr, da will ich mit dem Hause Israel und mit dem Hause Juda einen neuen Bund schließen: nicht wie der Bund gewesen ist, den ich mit ihren Vätern schloss, als ich sie bei der Hand nahm, um sie aus Ägyptenland zu führen, ein Bund, den sie nicht gehalten haben, ob ich gleich ihr Herr war, spricht der Herr; sondern das soll der Bund sein, den ich mit dem Hause Israel schließen will nach dieser Zeit, spricht der Herr: Ich will mein Gesetz in ihr Herz geben und in ihren Sinn schreiben, und sie sollen mein Volk sein und ich will ihr Gott sein. Und es wird keiner den andern noch ein Bruder den andern lehren und sagen: „Erkenne den Herrn!“, sondern sie sollen mich alle erkennen, beide, Klein und Groß, spricht der Herr; denn ich will ihnen ihre Missetat vergeben und ihrer Sünde nimmermehr gedenken* (Jer 31,31-34).

Hier finden wir Gottes Verheißung, dass er die gesamte Menschheit in seiner Güte hineinführen und seine Güte in uns hineinlegen wird. In diesem neuen Bund, in dieser besseren Lösung, sind wir nicht mehr hoffnungslos von seinem Standard entfernt; das ist gemeint, wenn es heißt, dass das Gesetz „in unsere Herzen" geschrieben ist. Und wie wir sehen, ist das verheißene Ergebnis dessen, dass wir *wie* Gott gemacht werden und seinen Standard in uns haben, dass wir ihn *kennen* werden – dass jeder, vom *„Kleinsten bis zum Größten"* *yada* haben wird. Die Tür, die sich bei Moses großer Bitte öffnete, steht uns nun allen offen.

Ich glaube, dass selbst Mose sich nach diesem besseren Bund sehnte. Als Josua ihm erzählte, dass andere Führer dem Volk prophezeiten, antwortete Mose: *„Eiferst du für mich? Mögen doch alle im Volk des Herrn Propheten sein, dass der Herr seinen Geist auf sie lege!"* (4 Mose 11,29). Obwohl Mose noch nicht von der Fülle wusste, die Gott im Neuen Bund bringen wollte, in welchem er nicht nur seinen Geist *auf* uns, sondern *in* uns legen würde, ahnte er doch, dass die *yada* der Güte Gottes nicht nur für ihn, sondern für alle bestimmt war. Er musste aber noch auf die richtigen Bedingungen warten – Bedingungen, die Gott im letzten Satz der Verheißung nannte: die endgültige und vollständige Vergebung aller Sünden. Damit den Schuldigen endgültig vergeben werden konnte, musste es einen dauerhaften Stellvertreter geben.

Wenn wir das Evangelium als Gute Nachricht bezeichnen, müssen wir uns der Frage stellen, was dieses „gut" bedeutet. Das Evangelium ist die vollständige und vollendete Offenbarung der Güte Gottes, die Mose als Erster erfuhr. In Christus verkündigte Gott seine Freundlichkeit, Barmherzigkeit und Gnade nicht nur, sondern er demonstrierte sie auch in seinem übernatürlichem Dienst (dem Dienst, den er auch uns auftrug), indem er Körper und Seelen heilte. In Christus vergab Gott nicht nur einige, sondern *alle* Sünde, Übertretung und Ungerechtigkeit. In Christus bestrafte Gott ein für alle Mal die Schuldigen. In Christus und durch dessen Auferstehung schenkte er uns das Leben wieder und brachte uns wieder in Beziehung zu ihm, der Quelle des Lebens. In Christus gab er uns ein neues Herz und einen neuen Sinn, um ihn zu erkennen und sein Wesen widerzuspiegeln. Auf dem Berg sagte Gott zu Mose, dass niemand sein Angesicht und seine Güte sehen und dabei am Leben bleiben konnte. Aber in Christus leben wir, weil wir in ihm das Angesicht Gottes sehen, und in ihm werden wir immer mehr in das Ebenbild seiner Güte und Herrlichkeit verwandelt (vgl. 2 Kor 3,18).

Im nächsten Kapitel wollen wir den Dienst Christi für uns noch näher ergründen. Ich möchte dieses Kapitel mit dem Gedanken abschließen, dass Christus in mancher Hinsicht die endgültige Antwort auf die große Bitte von Mose war. Natürlich war es schon vor Grundlegung der Welt Gottes Plan, uns zu erlösen und uns in die Fülle der Erkenntnis seiner Herrlichkeit zu bringen – wie er es in Habakuk versprochen hatte. Da unser Gott ein beziehungsorientierter Gott ist, hing die Entfaltung dieses Heilsplanes stets eng mit den Gebeten, Rufen und Bitten der Menschen zusammen. Die Bitte eines einzelnen Mannes, die Herrlichkeit Gottes zu sehen, gab Gott die Gelegenheit, mit einer Antwort zu reagieren, die zufriedenstellte, die aber auch in Suchenden wie David, die später folgten, einen größeren Hunger erzeugte, die Fülle dessen zu erkennen, was Mose von hinten sehen durfte. Und dennoch konnte Gott sein Angesicht keinem Menschen voll zuwenden. Deshalb reagierte er schließlich auf die Bitten Moses, Davids und all derer, die sich nach ihm sehnten, indem er es auf sich nahm, die große Bitte an unserer Statt auszusprechen. In Jesus wurde er Mensch und bat Gott um Herrlichkeit. Er barg uns in der *Felsspalte* seines Leibes, und in seinem Sterben sah er Gott von hinten. Aber nach drei Tagen wandte sich Gott um.

Kapitel 4

Jesus bittet um Herrlichkeit

Und nun, Vater, verherrliche du mich bei dir mit der Herrlichkeit, die ich bei dir hatte, ehe die Welt war

Johannes 17,5

Eine der ersten Wahrheiten, die wir als Gläubige lernen, lautet: *„... denn alle haben gesündigt und verfehlen die Herrlichkeit, die sie vor Gott haben sollten“* (Röm 3,23 SLT). Wir alle starten auf unserem Weg in die Jüngerschaft mit der Erkenntnis, dass wir den Standard, den Gottes Güte setzt, verfehlen. Viele übersehen jedoch die Verheißung, die sich in diesem Vers verbirgt – nämlich, was es bedeutet, aus der Sünde wiederhergestellt zu werden. Wenn Sünde bedeutet, dass wir die Herrlichkeit Gottes verfehlen, dann bedeutet die Wiederherstellung aus der Sünde logischerweise die Wiederherstellung *zur Herrlichkeit*. Diese Wiederherstellung zur Herrlichkeit in unserem Leben ist der wahre Sinn und Zweck unserer Erlösung durch Christus.

Genau genommen sind wir sogar zur Herrlichkeit erschaffen (vgl. Jes 43,7).[1] Gott hat uns von Ewigkeit her dazu geschaffen, seine Herrlichkeit anzuschauen und widerzuspiegeln. Dass wir seine Herrlichkeit verfehlt haben, ändert nichts an dieser Bestimmung, auch wenn durch den Sündenfall der Tod

[1] Die meisten engl. Bibelübersetzungen verwenden „created for my glory“ („zu meiner Herrlichkeit erschaffen“), wobei im dt. meist „zu meiner Ehre erschaffen“ (Rev. Elberfelder) steht – *Anm. des Übers.*

in die Welt kam. Es bedeutet lediglich, dass die Auferstehung Jesu von den Toten nötig war, um uns wiederherzustellen. Deshalb bedeutet *Errettung* auch mehr, als nur das Strafmaß für unsere Sünden zu reduzieren. Es bedeutet, dass aus einem Straftäter ein echter Mensch gemacht wird – der Mensch, der er nie war und doch von jeher sein sollte.

Als Mose seine kühne Bitte vor Gott brachte, fragte er in Wirklichkeit nach etwas, was Gott von Anfang an – sogar noch *vor* dem Anfang – beabsichtigt hatte. Indem Mose erkannte, was hinter den Taten Gottes stand, und seine Wege kennenlernte, entdeckte er auch seine ewigen Absichten. Indem er den Israeliten Gottes Gnade vermittelte und ihnen durch seine intime Beziehung zu Gott dessen Herrlichkeit offenbarte, wurde er darüber hinaus selbst zu einem *Urbild* des Einen, der schließlich Gottes Absichten vollkommen erfüllen würde – des Messias. Nicht umsonst war er der erste Mensch, der in einer messianischen Prophetie auf den Einen hinweist:

> *Einen Propheten wie mich wird dir der Herr, dein Gott, aus deiner Mitte, aus deinen Brüdern, erstehen lassen. Auf ihn sollt ihr hören ...* (5 Mose 18,15).

Dieser Prophet, von dem er sprach, war Jesus. Jesus wiederum sprach von Mose, als er von den Pharisäern wegen einer Heilung am Sabbat angegriffen wurde:

> *Wie könnt ihr glauben, die ihr Ehre voneinander nehmt und die Ehre, die von dem alleinigen Gott ist, nicht sucht? Meint nicht, dass ich euch bei dem Vater verklagen werde; da ist einer, der euch verklagt, Mose, auf den ihr eure Hoffnung gesetzt habt. Denn wenn ihr Mose glaubtet, so würdet ihr mir glauben, denn er hat von mir geschrieben. Wenn ihr aber seinen Schriften nicht glaubt, wie werdet ihr meinen Worten glauben?* (Joh 5,44-47)

Jesus zeigt uns hier grob, was *glauben* bedeutet. Zunächst sagt er, zu glauben bedeute, bei Gott Ehre bzw. Herrlichkeit zu suchen.[2] Toll! Weiter sagt er, es bedeute, Mose zu glauben und folglich, ihm selbst zu glauben. Laut Christus hängt unser Glaube direkt damit zusammen, dass wir die Beziehung erkennen, die zwischen Mose – der Gottes Herrlichkeit suchte und von einem kommenden Propheten sprach – und Christus bestand, welcher die Herrlichkeit Gottes offenbart und als Prophet das Wort Gottes aussprach (vgl. Joh 2,11).

Bezeichnenderweise berichtet Johannes, von dem wir diese Aussage Jesu haben, auch vom Zeugnis eines Mannes, der diesen Glauben hatte, nämlich Philippus, der zu Nathanael sagte: „*Wir haben den gefunden, über den Mose im Gesetz geschrieben hat und der auch bei den Propheten angekündigt ist! Es ist Jesus, der Sohn Josefs; er kommt aus Nazareth*" (Joh 1,45). Philippus glaubte an Jesus, weil er an Mose glaubte.

Jesu Aussagen über den Glauben finden einen starken Widerhall bei Paulus, wenn dieser darüber spricht, wie wir die Herrlichkeit Gottes im Angesicht Jesu erkennen können: Wir kennen sie im Vergleich zur Herrlichkeit, die Mose kannte. Auch hier ist die Beziehung zwischen Mose und Christus von *Verheißung* und *Erfüllung* geprägt. Ihre Bedeutung hat mit ihrer Beziehung zu tun. Ich betone dies, weil ich in diesem Kapitel beleuchten möchte, dass Jesus die Erfüllung brachte – wo Mose nur die Verheißung gesehen hatte –, als er Moses Fußstapfen folgte und Gott um Herrlichkeit bat. Einfach ausgedrückt: Moses Bitte brachte die *Offenbarung* von Gottes Herrlichkeit, *aber* Jesu Bitte brachte die *Wiederherstellung* zur Herrlichkeit.

Die Freude, die vor Jesus lag

Das letzte Gebet, das Jesus mit seinen Jüngern betete, bevor er ans Kreuz ging, besitzt mehrere Ähnlichkeiten mit der gro-

[2] Das engl. Wort „glory" bedeutet sowohl Herrlichkeit als auch Ehre und wird in beiden Zusammenhängen verwendet – *Anm. d. Übers.*

ßen Bitte Moses an Gott. Mose tat für sein Volk Fürbitte, Jesus für alle Gläubigen. Mose bat darum, dass Gottes Gegenwart mit Israel sei, Jesus bat, dass die Gläubigen bei ihm seien. Und, genau wie Mose, stellte auch Jesus eine Bitte in Bezug auf die Herrlichkeit Gottes. Während Mose die Herrlichkeit Gottes nur sehen wollte, bat Jesus um viel mehr. Betrachten wir nun einen Abschnitt dieses Gebets:

> *Vater, die Stunde ist gekommen. Offenbare die Herrlichkeit deines Sohnes, damit der Sohn deine Herrlichkeit offenbart. Du hast ihm ja Macht über die ganze Menschheit gegeben, damit er allen, die du ihm anvertraut hast, das ewige Leben schenkt. [...] Ich habe das Werk vollendet, das du mir aufgetragen hast: Ich habe hier auf der Erde deine Herrlichkeit offenbart. Und nun, Vater, gib mir, wenn ich wieder bei dir bin, von neuem die Herrlichkeit, die ich schon vor der Erschaffung der Welt bei dir hatte* (Joh 17,1-2.4-5).

„*Die Stunde ist gekommen*“, sagt Jesus. Im Verlauf des Kapitels stellen wir fest, dass Jesus nie erwähnte, dass mit der „Stunde“ seine Sterbestunde gemeint war. Er gab keinen Hinweis auf das Opfer, das er bald bringen würde, um für die Sünde zu bezahlen. Sein Augenmerk lag ganz auf dem Endziel und der Absicht hinter diesem Opfer, auf der „*Freude, die auf ihn wartete*“, als er den „*Tod am Kreuz auf sich nahm*“ (Heb 12,2). Und diese Freude bestand darin, dass seine Herrlichkeit wiederhergestellt wurde. Jesus bat nicht darum, Gottes Herrlichkeit zu *sehen*, sondern darum, mit Gottes Herrlichkeit *verherrlicht* zu werden – der Herrlichkeit, die er schon vor der Erschaffung der Welt bei Gott hatte. Seine Bitte war es, seine Herrlichkeit als Sohn Gottes wieder zu erlangen.

Ich denke, wir müssen an dieser Stelle unsere Definition von Herrlichkeit erweitern. Jesus erbat von Gott nicht nur, dass er sich selbst mitteilte oder äußerte. Er bat auch nicht darum, dass der Vater ihm seine Güte zeigte oder dass er ihn zu seinem Standard für Güte wiederherstellte – Jesus hatte diesen Standard ja in allem, was er sagte und tat, vollkommen erfüllt. Die Herrlichkeit, um die Jesus bat, war das Wesen und die Wirklichkeit von Gott selbst, die in der dreieinigen Beziehung, die in ihm besteht, zum Ausdruck kommt.

Wie ich bereits am Ende des letzten Kapitels andeutete, wurde Gott selbst Mensch, damit er diese große Bitte an *sich selbst* stellen – und auch beantworten konnte! Durch diese Antwort, mit der er seinem Sohn als Mensch die himmlische Herrlichkeit zurückgab, stellte er mit ihm auch die gesamte Menschheit wieder her. Er ließ uns an seinem Wesen teilhaben, und führte uns in die wechselseitige Liebe der Dreieinigkeit hinein. Wir sehen deshalb beim Weiterlesen seines Gebets, dass die Wiederherstellung *seiner* Herrlichkeit auch *unsere* Wiederherstellung bedeutete:

> *Die Herrlichkeit, die du mir gegeben hast, habe ich nun auch ihnen gegeben, damit sie eins sind, so wie wir eins sind. Ich in ihnen und du in mir – so sollen sie zur völligen Einheit gelangen, damit die Welt erkennt, dass du mich gesandt hast und dass sie von dir geliebt sind, wie ich von dir geliebt bin. Vater, ich will, dass die, die du mir gegeben hast, dort sind, wo ich bin. Sie sollen bei mir sein, damit sie meine Herrlichkeit sehen – die Herrlichkeit, die du mir gabst, weil du mich schon vor der Erschaffung der Welt geliebt hast* (Joh 17,22-24 NGÜ).

Unsere Wiederherstellung zur Herrlichkeit war die Freude, auf die Jesus gewartet hatte, da damit zwei Ziele erreicht wurden, die der Vater von Ewigkeit her geplant und ersehnt hatte. Erstens machte er uns *eins,* wie er und der Vater eins sind, indem er uns seine Herrlichkeit gab – er ließ uns an der Beziehung teilhaben, die er mit dem Vater hat. Es ist seine Herrlichkeit, die uns zu seinen Söhnen und Töchtern macht, und aus genau diesem Grund hatte der Vater den Sohn gesandt: *„… er will viele als seine Söhne und Töchter an seiner Herrlichkeit teilhaben lassen“* (Heb 2,10). Deshalb spricht er im Zusammenhang mit

Erlösung nicht nur von einer Auferstehung, sondern von einer Geburt. Babys werden nicht nur auf die Welt gebracht, sondern werden Teil einer Familie. Als der Vater die Herrlichkeit des Sohnes erneuerte und uns an seinem Wesen teilhaben ließ, brachte er uns in die Familie hinein, die zwischen Vater, Sohn und Heiligem Geist besteht. Wir müssen nur an die Geschichte vom verlorenen Sohn denken (Lk 15), um die Freude des Vaters zu erkennen, wenn er seine Söhne mit sich selbst wieder versöhnen kann.

Zweitens *sehnt sich* Jesus danach *(„ich will")*, dass wir in dieser Einheit, die entsteht, wenn er uns seine Herrlichkeit gibt, *mit* ihm an dem Ort sind, wo auch er ist. Dies ist, wie ich bereits erwähnte, der Bitte Moses ähnlich, dass Gottes Gegenwart mit dem Volk Israel sei. Und trotzdem ist die Bitte Jesu anders. Um Mose willen hatte Gott verheißen, die Israeliten in Form der Feuer- und Wolkensäule zu begleiten, damit sie ein sichtbares Zeichen für seine Gegenwart hatten. Die Erfüllung dieser Verheißung gipfelte in der Ankunft Gottes als Mensch. Dieser wohnte jedoch nicht nur unter uns; sein Tod und seine Auferstehung haben uns an himmlische Orte versetzt, wo wir mit Gott selbst wohnen, und er sandte seinen Geist, damit dieser in uns wohne. Gott begleitet uns also nicht nur; er lebt in uns und wir in ihm.

Die Erkenntnis von Gottes Herrlichkeit im Angesicht Jesu ist uns also geschenkt – nicht, indem er uns wie Mose in einer Felsspalte versteckt, sondern indem er uns in die tiefste aller Beziehungen und in allernächste Nähe zu ihm führt. Das ist seit jeher der lang ersehnte Wunsch und die Freude Gottes: dass wir ihm gehören und *mit* ihm sind. Ich hoffe, Ihnen wird nun ein Stück weit klar, was Paulus erkannt hatte, als er schrieb, dass Moses Erkenntnis von Gottes Herrlichkeit nichts war im Vergleich zu dem, was wir heute kennen.

Mit einer Ewigkeitsperspektive leben

In den letzten Generationen wurde meist gelehrt, dass wir erst nach unserem Tod mit Christus vereint sein und in die Herrlichkeit Gottes eingehen werden. Es ist sicherlich richtig, dass wir nach dem Tod unser „irdisches Zelt“ abbrechen und in unser „Zuhause im Himmel“ einziehen werden (vgl. 2 Kor 5,1-2). So sagt auch Johannes: *„Ja, liebe Freunde, wir sind Gottes Kinder, wir sind es hier und heute. Und das ist erst der Anfang! Was darin alles eingeschlossen ist, ist uns vorläufig noch nicht enthüllt“* (1 Joh 3,2a). Es gibt auf jeden Fall eine größere Realität, die wir noch nicht in der Fülle erfahren können, während wir in Raum und Zeit leben. Die Bibel lehrt uns aber auch, dass Gott uns *„zusammen mit Jesus Christus [...] vom Tod auferweckt, und zusammen mit ihm [...] uns schon jetzt einen Platz in der himmlischen Welt gegeben [hat], weil wir mit Jesus Christus verbunden sind“* (Eph 2,6). Die Schrift lehrt uns auch, dass wir zu Söhnen *gemacht geworden* und verherrlicht worden sind:

> *Schon vor aller Zeit hat Gott die Entscheidung getroffen, dass sie ihm gehören sollen. Darum hat er auch von Anfang an vorgesehen, dass ihr ganzes Wesen so umgestaltet wird, dass sie seinem Sohn gleich sind. Er ist das Bild, dem sie ähnlich werden sollen, denn er soll der Erstgeborene unter vielen Brüdern sein. Und weil Gott sie für dieses Ziel bestimmt hat, hat er sie auch berufen. Und weil er sie berufen hat, hat er sie auch für gerecht erklärt. Und weil er sie für gerecht erklärt hat, hat er ihnen auch Anteil an seiner Herrlichkeit gegeben* (Röm 8,29-30).

Die himmlische, übergeordnete Wirklichkeit, welche wir erst vollständig in der Zukunft erfahren werden, ist also auch eine gegenwärtige und vergangene Wirklichkeit – sie ist eine ewige Wirklichkeit.

Als Gläubige sind wir dazu berufen, nicht nur in die Zukunft auf die ewige Realität zu schauen, sondern zu lernen *aus* ihr zu leben, so wie es auch Jesus in seinem Dienst tat. Paulus beschrieb das so:

> *Da ihr nun also zusammen mit Christus auferweckt worden seid, sollt ihr euch ganz auf die himmlische Welt ausrichten, in der Christus auf dem Ehrenplatz an Gottes rechter Seite sitzt. Richtet eure Gedanken auf das, was im Himmel ist, nicht auf das, was zur irdischen Welt gehört. Denn ihr seid dieser Welt gegenüber gestorben, und euer neues Leben ist ein Leben mit Christus in der Gegenwart Gottes. Jetzt ist dieses Leben den Blicken der Menschen verborgen; doch wenn Christus, euer Leben, in seiner Herrlichkeit erscheint, wird sichtbar werden, dass ihr an seiner Herrlichkeit teilhabt* (Kol 3,1-4).

Anstatt an das zu denken, was sein wird, wenn wir sterben *werden*, sollen wir daran denken, dass wir *schon* gestorben *sind!* Anstatt uns danach zu sehnen, in den Himmel zu kommen, sollten wir nach dem Himmel trachten, weil das der Ort ist, an dem wir *bereits sind!* Wir können unser Leben deshalb als einen Weg sehen, auf dem wir lernen, was in Ewigkeit über uns wahr ist und wie wir aufgrund dessen täglich leben sollen.

Ich erwähne dies hier, weil es sich darauf auswirkt, wie wir gemäß Johannes 5 das Erste, was Jesus einen Ausdruck des *Glaubens* nennt, umzusetzen versuchen. Er sagte, dass Gläubige *„Ehre bzw. Herrlichkeit vom einzig wahren Gott suchen"* (Joh 5,44). Wir haben bereits gelernt, dass Moses kühne Bitte auch für uns eine Einladung ist, um eine größere Offenbarung der Herrlichkeit Gottes – um *yada*-Begegnungen mit seiner Güte – zu bitten. Wenn wir jedoch Jesu große Bitte bedenken und welche *ewigen* Auswirkungen sie auf uns hatte, wissen wir, dass unsere Suche nach Gottes Herrlichkeit noch viel tiefgreifender sein sollte, als nur Begegnungen mit ihm zu suchen. Mose bat als Diener und Freund Gottes darum, seine Herrlichkeit zu sehen. Jesus, der Sohn Gottes, bat darum, verherrlicht zu werden, und machte uns in seiner Verherrlichung zu

Söhnen. Damit verschaffte er uns das Recht, um dasselbe zu bitten. Für uns als Söhne und Töchter heißt nach seiner Herrlichkeit zu trachten, dass wir in Jesu Gebet einstimmen, die Fülle dessen zu erleben, was es heißt, *bei* Gott zu sein und *mit ihm eins* zu sein. Dies bedeutet, dass wir nicht nur Begegnungen mit unserem Vater haben wollen, sondern vielmehr völlig in seiner Gegenwart leben, als seine Söhne (und Töchter) mit ihm unser Leben gestalten und sein Wesen in allem, was wir sind und tun, darstellen wollen. Wie man oft in den Erweckungsbewegungen sagt: Wir wollen von Gott nicht nur besucht werden, sondern seine Wohnung sein!

Herrlichkeit und Freude

Ich sagte bereits, dass unsere Verherrlichung die Freude war, auf die Jesus wartete. Uns fällt es ja mitunter schon schwer zu begreifen, dass Erlösung mehr als nur Vergebung unserer Sünde bedeutet. Umso schwieriger ist es für uns zu verstehen, dass es Jesus so viel Freude bereitete, uns in seine Familie und seine Nähe zu bringen, dass er gerne für uns die fürchterliche Grausamkeit des Kreuzes erlitt. Doch je mehr wir seine Herrlichkeit verstehen, desto besser verstehen wir, was ihm daran so viel Freude bereitete, mit uns seine Herrlichkeit zu teilen. Wir erkennen immer besser, dass Gott im Grunde seines Wesens ein Vater ist, der sich an seinen Kindern freut, und seine Kinder dazu erschaffen hat, sich an ihm zu freuen. Weil er uns als Kinder für seine Herrlichkeit erschuf, erschuf er uns zur Freude. Deshalb heißt es im Westminster-Katechismus so treffend: „Das höchste Ziel des Menschen ist, Gott zu verherrlichen und sich für immer an ihm zu erfreuen.“[1]

Es ist wohl selbstverständlich, aber wenn wir uns aneinander freuen wollen, erfordert das, dass wir zusammen sind. In einem seiner messianischen Psalmen schreibt David:

---

[1] http://confessio.reformata.de/home/kleiner-katechismus.

> *Ich habe den Herrn allezeit vor Augen; steht er mir zur Rechten, so werde ich festbleiben. Darum freut sich mein Herz, und meine Seele ist fröhlich; auch mein Leib wird sicher liegen. [...] Du tust mir kund den Weg zum Leben: Vor dir ist Freude in Fülle und Wonne zu deiner Rechten ewiglich* (Psalm 16,8-9.11).

Wenn der Herr ihm vor Augen ist und ihm zur Rechten steht, ist *„seine Seele fröhlich"*. Eine andere Übersetzung lautet: *„meine Ehre jauchzt"* oder *„schwingt"*. Ich denke dabei an den Klang einer Stimmgabel, die schwingt, wenn ihr Ton getroffen wird. Wenn Gott uns allezeit vor Augen ist, wenn wir in seiner Nähe sind, dann erklingen wir mit demselben Ton wie er. Wir erfreuen uns an seiner Gegenwart, weil vor ihm *Freude in Fülle* ist. Unsere Seele jauchzt, wenn wir mit seinem Wesen *eins* sind, weil wir ihm nahe sind wie ein Vater seinen Kindern – und dieser Ausdruck ist Freude!

In seinem Werk *Orthodoxie* schriebt G. K. Chesterton: „Der Mensch ist mehr er selbst, mehr menschlich, wenn Freude das Fundamentale in ihm ist und Trauer das Oberflächliche."[2] C. S. Lewis schrieb dazu: „Freude ist das ernste Geschäft des Himmels."[3] Wenn Gott uns als seine Töchter und Söhne wiederherstellt und uns in seine Nähe bringt, hat er nichts anderes im Sinn, als uns an seiner Freude teilhaben zu lassen. Ich wage zu behaupten, dass das Maß an Freude in einem Menschen, einer Familie, einer Stadt, einem Land oder in der Welt direkt widerspiegelt, inwiefern sie in die Erkenntnis und Realität der Herrlichkeit Gottes eingetaucht sind. Wenn in seiner Gegenwart die Fülle der Freude zu finden ist, dann zeigt das Maß an Freude in unserem Leben sicherlich an, wie sehr wir gelernt haben, in seiner Gegenwart zu leben.

Jesus hatte seinen Jüngern über Freude viel zu sagen, als er vor seinem Kreuzestod seine letzten Worte an sie richtete.

---

[2] Nach Chesterton, G. K., *Orthodoxy*, John Lane Company, New York 1908,

[3] Lewis, C. S., Du fragst mich wie ich bete, Johannes 1978, S. 89.

Er wies sie an, in seiner Liebe zu bleiben und nach seinen Geboten zu leben. Er erklärte: *„Ich sage euch das, damit meine Freude euch erfüllt und eure Freude vollkommen ist"* (Joh 15,11). Er versprach ihnen, sie würden nach seinem Weggang zwar eine Weile traurig sein, *„... doch ich werde wieder zu euch kommen. Dann wird euer Herz voll Freude sein, und diese Freude kann euch niemand mehr nehmen"* (Joh 16,22). Und danach stellte er den großen himmlischen Blankoscheck aus:

> *An jenem Tag werdet ihr mich nichts mehr zu fragen brauchen. Ich versichere euch: Wenn ihr dann den Vater in meinem Namen um etwas bittet, wird er es euch geben. Bisher habt ihr nichts in meinem Namen erbeten. Bittet, und ihr werdet empfangen; dann wird eure Freude vollkommen sein* (Joh 16,23-24).

Unseren Vater in Jesu Namen um etwas zu bitten, ist wahrscheinlich die Aktivität *par excellence,* die unsere Sohnschaft zum Ausdruck bringt. Wahre Söhne und Töchter bitten den Vater um etwas und bekommen es auch. Wenn wir auf die Frucht schauen, können wir stets feststellen, ob unser Bitten und Empfangen aufrichtig und echt sind. Wenn wir dieses Bitten und Empfangen von unserem Vater wahrhaftig praktizieren, dann ist *Fülle der Freude* das unverkennbare Ergebnis.

Nachdem Jesus seine Jünger angewiesen hatte zu bitten, zeigte er ihnen in seinem Hohepriesterlichen Gebet, womit sie am besten beginnen konnten (vgl. Joh 17). Manche von uns machen sich Sorgen, ob sie wirklich wissen, wie sie den Vater in Jesu Namen um Dinge bitten sollen bzw. ob sie nach seinem Willen bitten. Wir können jedoch nichts verkehrt machen, wenn wir um die gleichen Dinge bitten wie Jesus – besonders, wenn wir um das bitten, was ihm vor seinem Kreuzestod am allermeisten auf dem Herzen lag. Seine größte Bitte und sein tiefster Wunsch war es, dass wir durch seine Herrlichkeit mit ihm und miteinander *„zur völligen Einheit gelangen"* (Joh 17,23). Diese

Bitte muss der Grundpfeiler unseres Lebens sein, denn unser ganzes Bitten und Leben sollte von dem ständigen Bestreben kommen, in jedem Aspekt unseres Lebens eins mit ihm und miteinander zu sein.

Diese Einheit würde laut Jesus die Welt zum Glauben an ihn bringen:

> *Ich bete aber nicht nur für sie, sondern auch für die Menschen, die auf ihr Wort hin an mich glauben werden. Ich bete darum, dass sie alle eins sind – sie in uns, so wie du, Vater, in mir bist und ich in dir bin. Dann wird die Welt glauben, dass du mich gesandt hast* (Joh 17,21-22).

Jesus ergänzt hier also seine kurze Darstellung von Glauben. Bevor er kam, konnten die Menschen durch Mose und die Propheten erkennen, wer er wirklich war. Nun, da er aber verherrlicht ist, soll er in seinen Brüdern und Schwestern erkannt werden. Wenn unser Leben vor lauter Freude „schwingt", weil wir als seine Söhne und Töchter in der Gegenwart des Vaters leben, werden die Menschen der Welt Christus als den Einen erkennen, der gekommen ist, um sie zu der Bestimmung zurückzuführen, zu der sie erschaffen wurden: Herrlichkeit!

Kapitel 5

Wenn die Herzen der Väter zu den Söhnen umkehren

Und er wird das Herz der Väter zu den Söhnen und das Herz der Söhne zu ihren Vätern umkehren lassen, damit ich nicht komme und das Land mit dem Bann schlage.

Maleachi 3,22

Als ich eines Tages in einer Veranstaltung mit einem meiner Lieblingslehrer saß, kam ich mit Gott ins Gespräch, weil mich eine einfache Frage in Bezug auf ein neues Arbeitsgebiet beschäftigte. „Wie kann man für eine Organisation ein Vater sein?“, fragte ich ihn.

Diese Frage war mir allerdings nicht ganz neu. Ich hatte sie in gewisser Weise auch schon gestellt, als ich noch als Gefängnisaufseher in Großbritannien gearbeitet hatte. Als solcher hatte ich mir gründliche Kenntnisse im gehobenen Management erworben und bereits entdeckt, welch positive Auswirkungen es hatte, wenn ich Prinzipien von Vaterschaft in meine Arbeit einbrachte. Ich wurde sogar in einem Buch, in dem es um Gefängnisstrafen für jugendliche Straftäter geht, als Vorbild dafür genannt, dass ich sie wie Söhne behandelte. (Andererseits war es wohl leider so, dass meine eigenen Söhne mich zuweilen beschuldigten, sie wie Gefangene zu behandeln!) Als ich dann nach 24 Jahren als Krankenpfleger und Gefängnisaufseher in den vollzeitlichen Dienst für Gott gerufen wurde, stellte ich jedoch fest, dass ich immer noch viel über

Leiterschaft zu lernen hatte. (Dies bedeutet nicht, dass ich und viele andere, die in Gefängnissen, Schulen, Krankenhäusern, Restaurants usw. arbeiten, Gott nicht vollzeitlich dienen. Ich bin so dankbar, dass die Reich-Gottes-Kultur, der ich angehöre, anerkennt, dass „der Dienst" auf keinen Fall nur auf das Rednerpult beschränkt ist. Schließlich findet sich in der Bibel kaum jemand, der im „Vollzeitdienst" war!) Die Motivation hinter dieser Frage war meine fortwährende Sehnsucht danach, als Leiter und als Leiter von Leitern zu wachsen.

Genauso, wie ich am Anfang über die Antwort Gottes auf Moses Bitte überrascht war, überwältigte mich Gottes Reaktion auf meine Frage. Er sagte mir, dass Vaterschaft damit anfängt, dass man lernt, ein Sohn zu sein. Und dann wurde er persönlich und sprach zu mir: „Du hast aufgehört ein Sohn zu sein, als dein Vater starb."

Ich hatte von Gott eine Strategie erwartet, keinen neuen inneren Heilungsprozess. Er jedoch wollte über mein Herz sprechen und wollte mich, wie ich entdeckte, tiefer in die Beziehung mit ihm führen, in die mich Christus gebracht hatte, indem er mir seine Herrlichkeit gab. Beim weiteren Nachdenken erkannte ich die Wahrheit, die in seiner Antwort steckte, obwohl sie mir vollkommen neu war. An dem Tag, als mein Vater starb, hörte ich auf, mich mit der Identität eines Sohnes zu betrachten. Im Jahr 1973, als ich 15 Jahre alt war, hörte ich auf, ein Sohn zu sein. Die Leute in meinem Umfeld – nicht nur meine Familie, sondern auch die anderen, mit denen ich zu tun hatte –, schmiedeten mit den besten Absichten ein Komplott, um mir bei der schnellen Umstellung vom Sohn zur Unabhängigkeit eines erwachsenen Mannes zu helfen.

Ich erinnere mich noch gut an solch ermutigende Worte wie: „Du bist jetzt ein Mann. Hilf deiner Mutter! Kümmere dich um das Haus! Sie zu, dass es deiner Mutter gut geht!" Meine Mutter betrieb zu dieser Zeit einen Gemischtwarenladen und ein Postamt in England, es gab also immer was zu tun. Das Geschäft musste laufen, zweimal in der Woche ging es zum Großhandel, und Haus und Garten waren auch zu pflegen. Ich war einigermaßen fähig und tüchtig, für die meisten Dinge hatte ich ein gutes Händchen (abgesehen von Musik und Autos – da sollte mich besser niemand ran lassen). Und so hörte dieser selbstständige, fähige junge Mann, der ich war, an diesem Tag – übrigens zufällig der Tag, an dem ich Christ wurde – auf, ein Sohn zu sein und wurde erwachsen. In diesem Gespräch mit Gott erkannte ich, dass, wann immer jemand von einem Sohn sprach, ich mir innerlich einen Jungen von höchstens 15 Jahren vorstellte. Mit diesem Alter hörte es für mich auf, dass man ein Sohn war.

Inzwischen wurde mir klar, dass dies keineswegs ungewöhnlich ist. Manche verlieren einen Vater, andere haben nie einen gekannt oder verbinden mit ihrem Vater schreckliche Erinnerungen; wieder andere glauben, sie sollten mit ungefähr 18 Jahren keinen Vater mehr nötig haben. Als ich über Gottes Antwort nachdachte, ging mir auf, dass dies nie so gedacht war.

Das Modell göttlicher Beziehungen

Wie Jesus es in seinem Hohepriesterlichen Gebet offenbarte, bedeutet unsere Wiederherstellung zur Herrlichkeit definitionsgemäß eine Wiederherstellung von Beziehung – insbesondere die Wiederherstellung, dass wir Söhne und Töchter des himmlischen Vaters sind. Auf dieser Grundlage treten wir in den Tanz göttlicher Beziehungen ein – in die Familie –, der zwischen den drei Personen der Dreieinigkeit besteht. Wir sind nicht nur Söhne und Töchter des Vaters, sondern auch Brüder und Schwestern Christi. Und wie eine Mutter erzieht und trainiert uns der Heilige Geist in jeder dieser Beziehungen und formt uns so zu reifen Söhnen und Töchtern, die für alle Zeit die Braut Christi sein werden.

Indem er uns jedoch in diese Modellbeziehungen in der Dreieinigkeit zurückbringt, führt uns Christus notwendigerweise in das göttliche Modell von Beziehungen zurück, das wir miteinander haben sollten. Das erste Buch Mose offenbart, dass Gott uns ursprünglich in seinem Ebenbild schuf – für genau diese vielschichtigen Beziehungen mit ihm und miteinander:

> *Und Gott sprach: „Lasst uns Menschen machen in unserm Bild, uns ähnlich! [...]" Und Gott schuf den Menschen nach seinem Bild, nach dem Bild Gottes schuf er ihn; als Mann und Frau schuf er sie* (1 Mose 1,26-27).

Gott ist ein „Wir" und schuf auch den Menschen dazu, ein „Wir" zu sein. Sein auf Beziehung angelegtes dreieiniges Wesen spiegelt sich in einem kleineren Maßstab in denen wider, die er nach seinem Bild geschaffen hat, und deshalb können wir nur in Beziehungen sein Ebenbild wahrhaftig widerspiegeln. Aus diesem Grund behaupten Theologen, die wahre „Krone der Schöpfung", die in der Schöpfungsgeschichte offenbart wird, sei nicht bloß die Erschaffung des Menschen, sondern die Erschaffung einer Beziehung – der Ehe – zwischen den beiden Individuen, die gemeinsam Gottes Ebenbild darstellten. Aus dem Bund der Ehe sollen Kinder hervorgehen, die wieder heiraten und Kinder bekommen, welche wieder heiraten usw. Kurz gesagt, ist ein Weg, wie wir Gottes Ebenbild widerspiegeln sollen, dass wir selbst Familien haben.

In seinem Brief an die Epheser schreibt Paulus, dass er sich vor dem Vater verneigt, *„dem jede Familie im Himmel und auf der Erde ihren Namen verdankt"* (Eph 3,14-15). Die gesamte Menschheitsfamilie ist nach Gott benannt. An ihrer Herrlichkeit besteht deshalb kein Zweifel. Sie wurde ausdrücklich dazu erschaffen, Gottes Eigenschaften, sein Wesen und seine Kraft widerzuspiegeln und darauf hinzuweisen, und hat deshalb einen unermesslichen, ewigen Wert. Wenn Familien das Modell göttlicher Beziehungen auf reine und klare Weise widerspiegeln, dienen sie uns als Wegweiser oder vorbildliche Lehrmeister, wie man an solchen Beziehungen teilhaben kann. Je mehr wir in das Beziehungsleben der Dreieinigkeit eintreten, desto besser können wir es in unseren eigenen Familien abbilden und aufrechterhalten – von einer Generation zur nächsten. Menschliche und göttliche Beziehungen sind dazu bestimmt, auf wunderbare und unaufhörliche Weise die Herrlichkeit Gottes darzustellen. Diese Herrlichkeit, die Gott der menschlichen Familie gab, haben noch viel zu wenige von uns erkannt, da der Sündenfall das Geflecht der menschlichen und göttlichen Beziehungen zerrissen hat. Die Wege, die uns eigentlich zu Gott und zueinander führen sollten, sind schwer beschädigt, und aufgrund dieser Löcher in unseren „Beziehungswegen" haben wir alle Lücken in unserem Erfahrungshorizont, wie wir mit dem umgehen sollen, was wir erleben. Mein eigener Weg als Sohn endete mit 15 Jahren in einer Sackgasse; folglich nahm auch meine Beziehungsfähigkeit zu meinem himmlischen Vater Schaden. Weil ich aufgehört hatte zu lernen, was es heißt, ein Sohn zu sein, hatte ich nicht empfangen, was ich wissen musste, um ein Vater für meine Söhne zu sein. Als mein ältester Sohn 15 Jahre alt wurde, sagte ich (wahrscheinlich ziemlich unweise) zu ihm: „Jetzt weiß ich nicht mehr weiter, weil ich diesen Teil der Beziehungsweg nicht kenne." In Beziehungen wie auch sonst gilt: Man kann nicht weitergeben, was man nicht selbst empfangen hat. Man kann nicht wissen, was man nicht weiß!

Die überwältigend gute Botschaft des Evangeliums ist, dass durch unsere Wiederherstellung zur Herrlichkeit in Christus solche Lücken und Verluste in Beziehungen wieder geheilt werden können. Die Offenbarung des Vaters, dass ich verlernt hatte, ein Sohn zu sein, war gleichzeitig die Einladung, genau diese Wiederherstellung zu erleben. Bezeichnenderweise versprach er mir nicht nur, mir zu geben, was ich brauchte, um zu lernen, sein Sohn zu sein, sondern versprach mir auch, mir zu zeigen, wie ich auch wieder zum Sohn des Vaters, den ich verloren hatte, werden konnte. Er zeigte mir, dass ich nie hätte aufhören sollen, der Sohn meines Vaters zu sein. Diese Identität und Beziehung in meinem Leben zu erhalten, war wichtig, da dadurch meine menschlichen Beziehungen mit dem Modell der himmlischen Beziehungsmuster in Einklang kam. Indem ich der Sohn von Douglas Manwaring bleibe, werde ich darauf vorbereitet, in Ewigkeit meinen himmlischen Vater als sein Sohn zu kennen, genau wie Christus für alle Zeit der Sohn bleibt – nicht nur der Sohn Gottes, sondern auch der Sohn Davids. Es bereitet mich außerdem darauf vor, Gott in seiner Doppelrolle als Vater und Sohn zu kennen, wie sie im Paradoxon von Jesaja 9,5 zum Ausdruck kommt:

> *Denn ein Kind ist uns geboren, ein Sohn uns gegeben, und die Herrschaft ruht auf seiner Schulter; und man nennt seinen Namen: Wunderbarer Ratgeber, starker Gott, Vater der Ewigkeit, Fürst des Friedens.*

In alle Ewigkeit wird Jesus, der weder einen irdischen Vater noch irdische Söhne hatte, der Sohn Gottes und der Sohn Davids bleiben und gleichzeitig selbst der Ewige Vater sein. Diese Doppelrolle als Vater und Sohn bereitet mich nicht nur dazu vor, Gott in Ewigkeit zu kennen, sondern befähigt mich auch, meine Söhne darauf vorzubereiten, in dasselbe ewige Muster hineinzutreten. Indem ich selbst mit meinem leiblichen Vater verbunden bleibe, bin ich in der Lage, meine eigenen Söhne in die Generationenfolge von Beziehungen einzubinden. Eines der eindrucksvollsten Bilder solcher generationenübergreifenden Beziehungen findet sich im letzten Kapitel von Hiob, wo vier Generationen Hiobs zur selben Zeit lebten. Hiobs Sohn, der mit 110 Jahren Großvater und Vater ist, war immer noch der Sohn seines Vaters.

Diese ewigen Beziehungen in Gott, und die Art und Weise, wie wir sie zum Ausdruck bringen sollen, zu erkennen, haben meine Überzeugung, es sei normal, dass man irgendwann aufhört, ein Sohn zu sein, auf den Kopf gestellt. Auch wenn dieses Denken verbreitet ist, ist es das genaue Gegenteil dessen, was Gott für uns geplant hat. Er möchte vielmehr unser Leben auf der Grundlage der Sohnschaft wieder aufbauen.

Mein Heilungsweg

Und so begann ich meine Reise auf diesem neuen Heilungsweg. Ich hatte aufgehört, ein Sohn zu sein, und wusste noch nicht, ob ich je wieder einer sein könnte. Ich begann mich zu fragen: „Kann man Sohnschaft zurückerlangen? Und wenn ja, wie kann das gehen?“

Zuerst ging mir auf, was ich verpasst hatte, weil ich kein Sohn mehr war, indem ich sah, was ich als Vater verpasst hatte. Als ich über das Wort des Herrn an mich nachdachte, fielen mir einige Dinge ein, die meine Frau mir über die Jahre hinweg immer wieder gesagt hatte. Sie hatte oft beobachtet, dass mir meine Söhne zuweilen mehr Verpflichtung als Freude waren. Infolgedessen hatte ich bestimmte Bereiche ihrer Verantwortung überlassen. Sie erinnerte mich zum Beispiel daran, dass ich, als sie klein waren, nie bereit war, ihre Windeln zu wechseln, und dadurch einiges an Vaterfreude versäumt hatte. Als sie mir das zum ersten Mal sagte, machte es für mich überhaupt keinen Sinn. Zumal ich der Meinung war, dass ich sehr wohl solche Aufgaben übernommen *hatte*. Ich musste dann aber ehrlicherweise zugeben, dass ich das mit einem Praktikum als Krankenpfleger auf der Entbindungsstation verwechselte hatte, wo ich gezwungenermaßen die Windeln der Kinder anderer Leute wechseln musste. Als ich endlich verstand, was sie mir sagen wollte, und erkannte, dass sie recht hatte, bat ich sie um Vergebung. Ich weiß, es kann schmerzhaft sein, aber unsere Frauen sagen manchmal tatsächlich Dinge über uns, die wir ändern müssen.

Einige Zeit später durchforstete ich alte Fotoalben, damit meine Frau Bilder für ein Album meines Sohnes zusammenzustellen konnte, der bald heiraten wollte. Dabei fand ich ein Bild, auf dem ich Windeln wechselte, und scannte es voller Stolz ein. Obwohl ich bereits um Vergebung gebeten hatte, dachte ich, ich sei doch im Recht und fühlte mich bestätigt – bis meine Frau nach Hause kam und mich daran erinnerte, dass die Windel auf dem Bild zu meinem Neffen gehörte! Also bat ich sie wieder um Vergebung und sagte: „Es stimmt, du hattest recht." Meine Frau ist wirklich gütig und geduldig.

Von da an bat ich Gott um mehr Einsicht. Daraufhin zeigte er mir noch deutlicher, dass ich etwas verpasst hatte, als meine Jungs langsam größer wurden. Ich liebe meine Söhne, und jeder, der uns kennt, weiß das. Trotzdem versäumte ich etwas, und zwar deshalb, weil ich, als meine Söhne geboren wurden, Vaterschaft nur als zusätzliche Verantwortung empfand. Die Abwesenheit meines Vaters bei der Geburt seiner Enkel beraubte mich der Begeisterung, dass ein Vater erlebt, wie sein Sohn Vater wird und dennoch sein Sohn bleibt. Diese Hinzufügung von Generationen soll eigentlich eine der Erfahrungen sein, die uns in unsere unvergängliche Identität hineinführen und uns noch tiefer in die Freude hineinbringen, Teil von Gottes Familie zu sein. Ohne den Vater an meiner Seite, der diese Erfahrung mit mir hätte feiern können, wurde ich zu einem Mann, dem einfach nur eine zusätzliche Pflicht aufgetragen worden war, und der tat, was viele Männer in dieser Situation tun: Ich arbeitete noch härter und länger, was letztlich das Problem nur noch vergrößerte. (Ich glaube, dass die Wahrnehmung von Kindern als zusätzliche Pflicht eine typische „Männerschwäche" ist, so wie die Unfähigkeit, Fremde um Hilfe zu bitten oder nach dem Weg zu fragen.) Obwohl unser Leben in vieler Hinsicht schön war, hatte ich es ein wenig zu ernst genommen und die Dinge zu stark betont, die ich für meine Verantwortung hielt.

Als ich dies erkannte, tat ich Buße und bat Gott um Vergebung. Ich betete: „Es tut mir leid, dass ich aufgehört habe, ein Sohn zu sein. Du hast es so vorgesehen, dass ich für alle Zeiten ein Sohn bin, hier in meinem irdischen Leben und in der Ewigkeit. Dies gehört zu meiner Identität, die ich für immer haben werde, aber ich habe es aufgegeben, als ich 15 war." Ich verglich diese Erfahrung mit einer Lücke in meiner Geschichte von Beziehungen; man könnte es aber auch mit einer Arterie vergleichen, die Blut vom Vater zum Sohn fließen lässt und zu dessen Sohn und dessen Sohn usw., durch alle Generationen.

Wir sind dazu bestimmt, das Leben weiterhin aus der Perspektive eines Sohnes zu erlernen, auch wenn wir selbst Väter, Großväter oder sogar Urgroßväter werden. In meinem Fall war der Blutfluss jedoch unterbrochen. Es gab ein Blutgerinnsel – geistliche Arteriosklerose, wenn man so will –, das 30 Jahre lang den Lebensstrom, der von meinem Vater zu mir hätte fließen sollen, blockierte.

Nachdem ich Buße getan hatte, probierte ich ein geistliches Hilfsmittel aus, welches ich von Bill Johnson gelernt hatte. Er erklärt es so: Da wir den Sinn Christi empfangen haben, sollten wir uns nicht vor unserer Vorstellungskraft fürchten, wie es viele Christen tun. Stattdessen sollten wir im Prozess unserer Erneuerung in Christus lernen, sie als „geheiligte Vorstellungskraft" einzusetzen. (Es ist aber wichtig zu wissen, wann sie „eingeschaltet" ist und wann nicht.) Ich entschied mich, meine geheiligte Vorstellungskraft zu aktivieren, meinen Vater in mein Leben einzuladen und wieder eine Verbindung zu ihm aufzubauen. Ich wollte ihn in meine Lebensjahre von 15 bis 47 einladen, ihm meine Frau und meine Söhne vorstellen, dazu meine Arbeit, die ich getan hatte, sowie alle meine Triumphe und Misserfolge aus dieser Zeit. Und ich nahm mir vor, nie wieder aufzuhören, sein Sohn zu sein. Ich war noch immer sein Sohn, auch wenn er frühzeitig nach Hause gegangen war.

Ich bin mir über die Bedenken im Klaren, dass der Gebrauch unserer Vorstellungskraft auch viel Verwirrung stiften und uns möglicherweise von Gott wegführen kann (ähnlich wie in der geführten Fantasiereise in der Esoterik). Ich glaube jedoch fest daran, dass die Esoterik hierbei nur eine Fähigkeit verdreht hat, die Gott uns zu unserem Guten gegeben hat. Meine Kriterien für diese Art von Erfahrungen sind: Sie müssen vom Heiligen Geist geleitet sein; sie müssen in Übereinstimmung mit der Bibel sein und uns letztlich näher zu Jesus bringen! Ich kann mit Sicherheit sagen, dass durch die Nutzung meiner Vorstellungskraft zur Änderung meiner Wahrnehmung und meines Selbstverständnisses genau das bei mir geschehen ist.

Ich hatte mich bis dahin immer auf das konzentriert, was ich verloren hatte. Manche von Ihnen kennen vielleicht diese Gedanken. Ich bin ziemlich gut im Kopfrechnen (wahrscheinlich aufgrund der Arbeit im Geschäft meiner Mutter). Bevor ich obige Erfahrung machte, hatte ich immer ausgerechnet, wenn jemand über 51 starb (so alt war mein Vater, als er starb), wie alt ich gewesen wäre, wenn mein Vater jenes Alter erreicht hätte. Dies hatte sich in mein Denken eingebrannt. Ich war ständig dabei, herauszufinden, was ich verloren hatte. Ich hatte mich mit dieser Gewohnheit schon früher auseinandergesetzt, konnte jedoch nicht zu ihrem Ursprung durchdringen. Nun sah ich, dass der Fokus auf das, was ich verloren hatte, mich daran hinderte, zu sehen, was ich wirklich hatte, und mich davon zurückhielt, ein Sohn zu sein. Diese Haltung ließ mich immer wieder feststellen: „Aha, diese Erfahrung hatte ich nicht. Mein Vater war nicht dabei, als ich heiratete, Kinder bekam usw."

Durch meine imaginäre Reise kehrte ich meinen Fokus um und brachte meinen Vater zurück in mein Leben, in das, was ich hatte. Ich „stellte ihm" meine Jungs „vor", erzählte ihm von ihren Vorlieben, den Dingen, in denen sie ihm ähnelten, und wofür sie sich begeisterten, wie für Musik oder Fußball. Ich erzählte ihm von meiner Karriere und von den Dingen, die ihm gefallen hätten. Ich wusste, dass ich nicht mit einem Geist sprach. In Matthäus 22,32 sagt Jesus ausdrücklich, dass die Verstorbenen bei Gott lebendig sind: *„Ich bin der Gott Abrahams, der Gott Isaaks und der Gott Jakobs. Gott ist doch nicht ein Gott der Toten, sondern der Lebenden!"* Mein Vater ist im Himmel, und wenn Gott es will, dann weiß er diese Dinge wahrscheinlich schon, bevor ich sie ausspreche. Es ist sogar noch wahrscheinlicher, dass er in der Gegenwart des Herrn einen größeren Durchblick hat als ich, was mein Leben und das meiner Familie angeht. Aber Gott hat mich wieder in den richtigen Kontext hineingebracht und mein Herz neu mit dem Mann Douglas Manwaring verbunden. Dadurch wurde ich nach 32 Jahren wieder sein Sohn.

Durch diese Erfahrung konnte ich die verlorenen Jahre *erlösen*. Ich öffnete die geistliche Arterie, damit durch jedes meiner vaterlosen Jahre wieder Leben von meinem Vater zu mir fließen konnte. Dadurch bekamen diese Jahre einen positiven Wert und Sinn. Wir sehen oft nur die eine Dimension von Erlösung, die man damit vergleichen kann, dass man Geld für eine leere Pfandflasche zurückbekommt oder einen Gutschein einlöst. Erlösung hat jedoch noch eine weitere Bedeutung, die viel wichtiger ist: Die Flasche wird nicht einfach weggeworfen, sondern wiederverwendet. „Erlösen" bedeutet also, dass man den Wert einer Sache erkennt und sie dahin zurückbringt, wo sie für ihren ursprünglichen Zweck verwendet werden kann. In diesen 32 Jahren gab es vieles, was mir als Sohn hätte zugute kommen sollen, aber solange ich noch nicht in dieser Identität lebte, konnte ich es nicht empfangen. Als ich mithilfe meiner Vorstellungskraft wieder zum Sohn meines Vaters wurde, lud ich Gott den Vater ein, mir den Wert und Sinn jener Jahre zurückzugeben und alles, was ich verpasst hatte, zuteil werden zu lassen. Es mag ein wenig verrückt erscheinen, aber ich hatte den Eindruck, dass Gott mir auftrug, dies zu tun, und es hat mein Denken seither verändert.

Wiederhergestellt

Nachdem ich Buße getan und die Jahre erlöst hatte, erlebte ich eine Wiederherstellung. Ich begann, das Leben wieder durch die Augen eines Sohnes zu sehen. „Wiederherstellung" heißt für mich, den Tank wieder aufzufüllen. Mein „Sohn-Tank", wenn man ihn so nennen will, war leer. Genau genommen hatte ich gar keinen. Ich kannte diesen Ort nicht, an den man als Sohn gehen kann und die Dinge bekommt, die man fürs Leben braucht – die Dinge, die ich brauchte, um mit anderen Vätern oder dem himmlischen Vater Beziehung zu pflegen und darüber hinaus auch mit allen anderen Menschen.

Gott begann, mir Dinge zu offenbaren, die meinen Sohn-Tank füllten. Zunächst gab er mir ein Bild. Er sagte: „Stell dir vor, du sitzt mit deiner Familie am Tisch. Ihr macht eine schwere Zeit durch, aber du hast gerade zusätzliches Geld bekommen. Was würdest du tun? Das einzig Richtige, was für dich infrage käme, wäre, es verantwortlich einzusetzen und offene Rechnungen zu begleichen." Er zeigte mir, dass ich nur dann Freude empfinden konnte, wenn in meinem Haushalt alles „okay" war. Ich hatte nie einen Vater, der in so einer Situation einfach gesagt hätte: „Stimmt, wir sind grad ein bisschen knapp bei Kasse. Aber lasst uns trotzdem heute ausgehen und ein bisschen Spaß haben." Dies entspricht dem, wie Gott der Vater Beziehung mit uns pflegt. Aber genau diese Erfahrung fehlte mir. Für mich musste immer erst alles in Ordnung sein, bevor ich sagen konnte, dass mein Leben gut und voller Freude war. Die Wahrheit war, dass ich den Zustand von „alles okay" nie erreichte. Da wurde mir eines bewusst: Solange ich noch auf perfekte Umstände wartete, würde ich nie die Freude genießen können, die der Herr für mich bereithielt. Er wollte mir zeigen, dass ich auch Freude haben konnte, wenn nicht alles okay war; ja, es ist diese Freude in schweren Zeiten, die Freude des Herrn, die uns wirklich stark macht.

Es fiel mir auch schwer, um Hilfe zu bitten, da in jenen Jahren des Erwachsenwerdens und Lernens ja kein Vater da war, den ich um Hilfe hätte fragen können. Gott zeigte mir, dass es nicht von Schwäche zeugt, eine Not zu bekennen. Das Gegenteil ist der Fall – es zeugt von Stärke! Wir brauchen hier nicht weiter als auf Jesus zu schauen, der seinen Vater ständig fragte, wenn er etwas brauchte. Weil ich kein Sohn war, hatte ich dies nie gelernt. Auch wenn es merkwürdig scheint: Gott oder andere um Hilfe zu bitten, war für mich nie die erste Wahl. Ich war ein unabhängiger, fähiger Mann, der seine Verantwortung sehr ernst nahm.

In der gleichen Woche, in der ich die Offenbarung über das Um-Hilfe-Bitten bekam, passierte noch etwas anderes. Einer meiner geistlichen Väter machte mir ein großzügiges Geschenk, das ich gar nicht gebraucht hätte. Ich stellte fest, dass es seit 32 Jahren das erste Mal war, das ich von einer Vaterfigur ein Geschenk bekam. Da verstand ich, dass uns Gott der Vater auf dieselbe Weise beschenkt. Ich war nicht fähig gewesen, mich auf diese Weise beschenken zu lassen, weil ich es gar nicht erwartet hatte. Ich hatte als Erwachsener die Erfahrung nicht machen können, von einem Vater etwas Großzügiges zu bekommen, was ich gar nicht brauchte, einfach nur, weil er mich segnen wollte und er mich gern hatte. Ich hatte zwar meinen Söhnen immer wieder besondere Geschenke gemacht, aber selbst eines zu bekommen, war mir neu.

Als Nächstes stellte ich fest, dass ich fast eine Phobie vor Zuneigung von männlichen Personen hatte. Während meiner 19-jährigen Gefängnistätigkeit war dies sicherlich angebracht, da es in einem Gefängnis nicht gerade passend ist, männliche Zuneigung zu zeigen. Das galt aber nicht für meinen neuen Beruf. Ich begann Väter zu suchen, die mir Zuneigung schenkten, und auch ich lernte, ihnen Zuneigung entgegenzubringen. Auch meinen Söhnen gegenüber begann ich ganz bewusst mehr Zuneigung zu zeigen. Eines Tages gab ich meinem Sohn James am Flughafen sogar einen Kuss, als er von Übersee zurückkehrte. Ich kann mich nicht erinnern, eine so innige Beziehung mit meinem Vater gehabt zu haben, selbst bevor er krank wurde.

All diese Erkenntnisse und Erfahrungen „füllten" meinen Tank. In Bezug auf Gott lernte ich zu denken: *Toll, ich habe einen Gott, der mir selbst Dinge schenken will, die ich nicht unbedingt brauche. Er liebt mich einfach und möchte, dass ich mich am Leben freue. Ich habe einen Gott, der in schwierige Situationen hineinkommt und mir Freude schenkt. Ich muss nicht erst alle Probleme gelöst haben, bevor ich lächeln, Freude in meinem Geist haben und sagen kann: „Gott ist gut!"* Das übertrug sich auch auf meine anderen Beziehungen. Ich merkte immer mehr, dass ich nun fähig war, als Sohn mit Vätern in meinem Leben Gemeinschaft zu pflegen. Ich erinnerte mich auch an immer mehr Momente, in denen mein Vater und mein Großvater in mein Leben gesprochen hatten. Nun, da ich wieder ein Sohn geworden war, wurden diese Worte für mich zu wertvollen und stärkenden Erinnerungen. Damit wurde nicht nur der Wert meiner verlorenen Jahre wiederhergestellt, sondern auch der Wert der Jahre, die wir zusammen gehabt hatte, war gestiegen.

Die letzten Worte

Die letzten Worte des Alten Testaments finden sich in der Prophetie von Maleachi 3,22: *„Er [der Prophet Eliah] wird das Herz der Väter zu den Söhnen und das Herz der Söhne zu ihren Vätern umkehren lassen, damit ich nicht komme und das Land mit dem Bann schlage."* Gott ist extrem daran interessiert, die generationenübergreifenden Bindungen wiederherzustellen, durch die sein Leben zu seinem Volk fließen kann und durch uns in die gesamte Schöpfung hinein.

Als mir der Herr sagte, ich hätte aufgehört, ein Sohn zu sein, war er schon dabei, die Prophetie Maleachis in meinem Leben zu erfüllen. Ein wichtiges Ereignis in diesem Prozess war bereits geschehen: Leif Hetland, einer meiner Lieblingssprecher, hatte für mich gebetet. Er hatte das einfache Gebet gesprochen, dass Gott mein Herz vergrößern möge. Dieses Gebet veränderte mein Leben. Leif betete für mich im September und nach Weihnachten im selben Jahr verabschiedete ich mich von meinem Sohn James am Flughafen von San Francisco. Abschiede sind immer schwer, aber dieser schmerzte mehr als jeder zuvor. Es war nicht das erste Mal, dass wir uns verabschieden mussten, seit wir in Amerika lebten; trotzdem war dieser Abschied der schwerste. Noch Tage danach fühlte ich in meinem Herzen den Trennungsschmerz. Ich kann mir das nicht anders erklären, als dass sich meine Fähigkeit zu lieben vergrößert hatte. Mein Vaterherz war dem Herzen meines Sohnes näher gekommen. Dies bereitete mich darauf vor, mich selbst meinem Vater mit dem Herzen eines Sohnes zuzuwenden.

Egal, wie zerrüttet oder abwesend Ihre leibliche Familie in Ihrem Leben ist, Gott hat bereits alle Vorkehrungen getroffen, damit auch Ihre Identität geheilt werden kann – zunächst als Sohn oder Tochter und dann als Mutter oder Vater (selbst wenn Sie keine eigenen Kinder haben!). Ihre Geschichte wird natürlich anders sein als die meine, wenn es darum geht, was Gott in Ihnen wiederherstellen will und wie das geschehen wird. Ich kann Ihnen jedoch absolut versichern, *dass* es passieren wird, wenn Sie empfangen, was Christus für Sie vollbracht hat, nämlich dass er Sie zu einem Sohn bzw. einer Tochter gemacht hat, und wenn Sie seinem Geist der Adoption erlauben, Sie zu führen, alle Segnungen dieser Beziehung zu ergreifen und zu erleben. Mithilfe dieser Segnungen können Sie dann ein neues Vermächtnis der Herrlichkeit in Ihrer Familie schaffen, das ein Segen für zukünftige Generationen sein wird.

Kapitel 6

Herrliche Söhne und Töchter

Ja, der Geist selbst bezeugt es uns in unserem Innersten, dass wir Gottes Kinder sind. Wenn wir aber Kinder sind, sind wir auch Erben – Erben Gottes und Miterben mit Christus ...

Römer 8,16-17

In meiner Ausbildung für den Gefängnisdienst wurde mir etwas beigebracht, was sich „Identitäts- oder Rollenverlust" nennt. Wenn jemand ins Gefängnis kommt, muss er seinen Namen, seine Identität, seine Kleidung und seine Habseligkeiten ablegen bzw. abgeben. Er bekommt dann eine Nummer und eine Gefängnisuniform und wird in eine Zelle gebracht. Diese Maßnahme hat eine starke Wirkung auf das Selbstbild. Im Herzen war ich schon immer ein Pastor, und als ich im Gefängnis arbeitete, sah ich meine Aufgabe darin, mich um die Menschen zu kümmern. Ich verstand, wie frustrierend und schwer es für sie war, ihre Rolle aberkannt zu bekommen – nicht mehr der Brotverdiener, der Vater, der Sohn oder der Ehemann zu sein – und ihrer Identität beraubt zu werden. Jetzt, da ich tatsächlich als Pastor arbeite, stelle ich fest, dass „Identitätsverlust" viel weiter verbreitet ist. Genau genommen leidet jeder von uns mehr oder weniger an den Folgen davon, dass uns unsere generationsbezogene Identität genommen wurde. Das ist eine Folge des Fluchs (des Sündenfalls). Der Grund dafür, dass sich die Herzen der Väter und der Söhne voneinander abgekehrt haben, liegt darin, dass uns diese Identität im Gefängnis der Sünde geraubt wurde.

Vaterlosigkeit ist ein Fluch – und wie es der Begriff schon sagt, ist es ein Fluch, der im Negativen wirkt, in Form von Passivität und Mangel. Väter spielen eine wesentliche Rolle, dass ihre Kinder eine Identität entwickeln. Ohne Väter ist es für Kinder schwieriger herauszufinden, wer sie wirklich sind. Sie werden gezwungen, alleine mit dem Leben zurechtzukommen, ohne die vielen unschätzbaren Vorteile, die ihnen eigentlich im Rahmen einer Familie zuteilwerden sollten. Und da sie nicht weitergeben können, was sie selbst nicht empfangen haben, mögen Vaterlose zwar selbst Kinder zeugen, doch werden sie diesen auch die Vaterlosigkeit vererben. Unsere Welt liegt unter dem Fluch, von Menschen bevölkert zu sein, die ihrer Identität als Söhne und Töchter beraubt sind.

In Christus jedoch erfüllt sich die Prophetie aus Maleachi 3,24. Zum einen sagt uns die Schrift, dass Christus für uns zum Fluch geworden ist (vgl. Gal 3,13). Am Kreuz nahm er den Fluch unserer Vaterlosigkeit auf sich, als sein eigener Vater ihm den Rücken zukehrte. Außerdem erfüllte er die Rolle von Elia, der einen Vater repräsentiert und in der Rolle des Vaters einen Mantel an seinen Sohn überreicht. Christus war der „Vater der Ewigkeit" (vgl. Jes 9,6): Er brachte uns die Vaterschaft Gottes zurück, indem er uns den Mantel der Sohnschaft überreichte. Auf diese Weise kehrte er die Herzen der Väter den Söhnen zu und die Herzen der Söhne den Vätern. Er stellte die Rollen und die Identität in uns wieder her, die uns geraubt worden waren, und zeigt uns den Weg aus diesem hoffnungslosen Zerstörungskreislauf heraus, der eine Folge davon ist, dass wir ohne diese Rollen und Identität leben mussten. Er kehrte die Passivität den Mangel an Vaterschaft um, indem er uns in die aktive Liebe und Fürsorge des Vaters hineinbrachte. Er hat uns den Mantel der Adoption weitergegeben und uns gleichzeitig dazu aufgerufen, diesen Mantel auch an unsere Familien und an die Menschen um uns herum weiterzugeben. Das ist heute wichtiger denn je, da wir aufgrund von sexueller

Freizügigkeit, Scheidung und Tod von Millionen vaterloser Kinder umgeben sind. In dem Vakuum der fehlenden *Vaterliebe* nimmt die Homosexualität zu, weil Männer diese Art von Zuneigung bei anderen Männern suchen. Diese Problematik verstärkt das Vakuum der gesunden Zuneigung von Mann zu Mann bei denen, die nicht homosexuell sind, weil sie Angst haben, so zu wirken.

Die Liste der Probleme, die durch Vaterlosigkeit ausgelöst werden, ist lang und beängstigend. Wir müssen anfangen, den Menschen zu zeigen, wie sie den Fluch in ihrem Leben umkehren können, indem sie die Identität und Zuneigung empfangen, die Christus für sie hat. Wir dürfen dabei aber nicht aus den Augen verlieren, dass wir einen Feind haben, der ein großes Interesse daran hat, dass Menschen unter dem Fluch der Vaterlosigkeit bleiben. Erstens will er uns daran hindern, dass wir wieder mit Gott dem Vater in Berührung kommen, weil er weiß, dass die Welt durch unser Einssein mit Gott zum Glauben kommen wird (wie Jesus in Johannes 17 betet). Zweitens greift er in besonderem Maße unsere Familienbeziehungen an, weil er weiß: Wenn sich die Herzen der verschiedenen Generationen zueinander kehren, wird nicht nur der Fluch umgekehrt, sondern es wird auch ein Segen in dem Land freigesetzt, der dem Feind das Geschäft verdirbt.

Christus, das Vorbild eines Sohnes

Noch bevor der Herr mir zeigte, dass ich aufgehört hatte, ein Sohn zu sein, hatte ich ihm – wieder während einer Veranstaltung – eine andere Frage gestellt. Kris Vallotton predigte gerade über die Antwort von Petrus auf die Frage von Jesus: *„Wer sagt ihr, dass ich bin?"* (Matth 16,15). Kris machte folgende Aussage: „Wer Christus *für dich* ist, wird bestimmen, wer er *durch dich* ist." Diese Aussage bewegte mich zu der Frage: „Wer bist du für mich, Jesus?"

Als ich dann eines Tags in der Bibel las, fiel mir auf, dass auch Jesus ein Sohn war. Und so fing ich an zu beten: „Ich möchte ein Sohn sein. Ich möchte, dass Du dich durch mich als Sohn ausdrücken kannst, Jesus." Ich bin mir zwar nicht sicher, ob mir damals wirklich bewusst war, was ich da betete, aber aufgrund der Ereignisse, die ich im vorigen Kapitel beschrieben habe, weiß ich, dass er begonnen hat, mein Gebet zu beantworten. Und ich weiß, dass der Rest meines Lebens zu einer Reise wird, auf der ich diese Wahrheit immer mehr ergreifen und auch zum Ausdruck bringen werde.

Wie ich bereits sagte, können wir nur weitergeben, was wir auch empfangen haben. Wenn wir den mit der Adoption zusammenhängenden Segen weitergeben wollen, müssen wir lernen, in unserer Rolle und Identität als Söhne und Töchter zu leben. Im Grunde bedeutet dies zu lernen, dem Beispiel Christi zu folgen. Das Leben Jesu – von der Verheißung über seine Geburt bis hin zu seiner Taufe und seinem Dienst – weist uns den Weg, wie wir uns mit den Generationen wieder verbinden und den Segen der Vaterschaft fließen lassen können.

Vor einigen Jahren las ich, dass es in der Kultur zur Zeit Jesajas üblich war, den Sohn eines reichen Adeligen einem älteren, erfahrenen Diener des Hauses anzuvertrauen. Seine Aufgabe war es, das Kind zu erziehen. Wenn es zur Reife gelangt war und Verantwortung übernehmen konnte, wurde es dem Vater als Sohn wieder übergeben. An diesem Punkt erklärte der Vater: „Dies ist mein Sohn, an dem ich Wohlgefallen habe." Damit wurde angedeutet, dass der Sohn nun befugt war, den Vater öffentlich und geschäftlich in vollem Umfang zu vertreten. Der Vater versprach damit, den Sohn in allen Angelegenheiten, denen er im Namen seines Vaters nachging, zu unterstützen. Im Fall von Jesus war Joseph praktisch der „ältere Diener", der ihn bis zur Reife erzog; und seine Taufe war der Anlass, an dem Gott Vater für alle erkennbar verlauten ließ: *„Dies ist mein geliebter Sohn, an ihm habe ich Wohlgefallen"* (Mt 3,17). Mit anderen Worten versprach Gott also: „Was auch immer mein Sohn sagt, ich stehe hinter ihm." Die übernatürliche Frucht, die aus dem Dienst Jesu erwuchs, bezeugt, dass er dem Anliegen seines Vaters gegenüber treu war. Sein

Vater stärkte ihm jederzeit den Rücken, denn alles, was er unternahm, tat er im Namen seines Vaters.

In unserer westlichen Kultur haben wir noch viel darüber zu lernen, wie wir in unseren Kindern diese Art von Identität als Söhne und Töchter hervorbringen können, und wie wir sie dann entsprechend bestärken, unterstützen und bevollmächtigen können, damit sie selbst zu mündigen Vätern und Müttern werden. Das ist ein wichtiger Schritt, wenn wir unsere menschlichen Beziehungen nach dem Vorbild göttlicher Beziehungen ausrichten wollen. Denn so unglaublich es auch scheinen mag: Wir sind – genau wie Jesus – dazu berufen, zu mündigen Söhnen und Töchtern heranzureifen, die lernen, sich mit der gleichen Zuversicht wie Jesus um die Angelegenheiten unseres himmlischen Vaters zu kümmern, der Zuversicht, dass unser Vater uns den Rücken stärken wird, wenn wir tun, was er tut, und sagen, was er sagt. Wenn wir die Werke Christi vollbringen, dann stellen wir im Namen unseres Vaters Schecks aus und können darauf vertrauen, dass er sie aus seiner königlichen Schatzkammer begleichen wird. Wir alle müssen aber zunächst die Stimme unseres Vaters hören, der uns zuspricht, wer wir sind, der seine Freude über uns zum Ausdruck bringt, und der uns verspricht, uns zu unterstützen, wenn wir ihn repräsentieren.

Eigenschaften der Sohnschaft

Wir werden in unserer Fähigkeit wachsen, uns an der Herrlichkeit zu erfreuen und sie in uns zu tragen, wenn wir uns die Eigenschaften eines Sohnes bzw. einer Tochter Gottes zu eigen machen. Erlauben wir also nun dem Sohn Gottes, uns darin auszubilden, wie er in der Sohnschaft zu leben, indem wir im Folgenden einige Haupteigenschaften beleuchten:

Söhne und Töchter haben die Fähigkeit, um etwas zu bitten. Wie bereits erwähnt, ist das Bitten vermutlich die grundlegendste Ausdrucksform der Sohnschaft. Bereits im vorigen Kapitel habe ich beschrieben, dass dies eines meiner größten

Lernfelder ist, seit Gott damit begonnen hat, meine Identität als Sohn wiederherzustellen. Jesus ist für mich und für uns alle dabei das perfekte Vorbild. Er forderte uns auf zu bitten – in seinem letzten Gespräch mit den Jüngern, bevor er ans Kreuz ging, tat er es mindestens sechs Mal. Er erklärte uns, warum wir bitten sollen, und warum wir darauf vertrauen können, dass der Vater unsere Bitte erhören wird. Er selbst lebte uns dies in seinem Dienst beispielhaft vor, besonders in seinem eindrucksvollen Hohepriesterlichen Gebet.

Der Charakter eines Sohnes zeigt sich in seiner Fähigkeit, einen Vater zu bitten und darauf zu vertrauen, dass der Vater nicht von Kontrolle, sondern von Liebe motiviert antworten wird. Zu bitten, ist eine echte Glaubenstat, die das Beste glaubt und will. Echtes Bitten erfordert aber auch, dass wir unsere Angst davor überwinden, nicht unseren Willen zu bekommen, oder etwas zu hören, was uns vielleicht nicht gefällt. Nur wenn wir uns über diese Angst hinwegsetzen, können wir den wahren Segen des Vaters erfahren und seinem guten Herzen vertrauen.

Söhne und Töchter sind sich ihrer Identität sicher. Eine sichere Identität kommt von einem Vater, der selbst in seiner Identität sicher ist. Ich liebe es, wenn Bill Johnson davon berichtet, wie er früher seine Söhne beim Baseball angefeuert hat. Wenn Eric einen Treffer landete, rief Bill von der Tribüne: „Wem gehört wohl *dieser* junge Mann?" Dies tut er ab und zu auch heute noch, wenn einer seiner Söhne oder seine Tochter mit Lobpreis oder Offenbarung Schwung in den Gottesdienst bringt. Obwohl es simpel scheint, ist es doch bedeutungsvoll. In Bills Beifallsrufen für seine Kinder drückt sich ein tiefes Bewusstsein aus, dass die Erfolge seiner Söhne und Töchter für ihn keine Bedrohung darstellen – im Gegenteil: sie ehren ihn. Selbst Saul wusste von dieser Wahrheit, als er nach einem großartigen Sieg etwas über das neueste Mitglied seiner Armee wissen wollte: *„... wessen Sohn ist dieser junge Mann?"* (1 Sam 17,55).

Genau so verhält es sich bei Jesus und dem Vater. Der Vater sandte seinen Sohn, damit dieser in seinem Namen verschiedene Aufträge erfüllte. Und alles, was Jesus tat, bedrohte Gott in seiner Position nicht, sondern ermöglichte den Menschen zu erkennen, wie großartig der Vater in Wirklichkeit ist. Ja, Jesus erklärte sogar, dass seine staunenswerten Werke als Sohn den Vater *ehrten und verherrlichten*. Dasselbe gilt auch für uns. Als Söhne und Töchter Gottes, die auf diesem Planeten leben, haben wir die Möglichkeit, durch unser Leben und unsere Taten Gott bekannt zu machen und ihn „toll" aussehen zu lassen. Die Sicherheit des Vaters in uns macht uns zu sicheren Menschen in ihm, und dies befreit uns, alles zu sein, was wir sein können. Stellen Sie sich einmal vor, dass Ihnen Gott vom Himmel zuruft: „Wessen Sohn ist das wohl?!"

Söhne und Töchter dienen dem König und den Menschen. Ich liebe die Bilder und die Sprache, die sich in der Kultur der Gemeinde verbreitet hat, der ich angehöre: dass wir uns gegenseitig als Prinzen und Prinzessinnen betrachten. Schließlich sind wir Söhne und Töchter des Königs! (Kris Vallotton schreibt in seinen Büchern auf brillante Weise über dieses Thema.)

Die Rolle eines echten Prinzen bzw. einer echten Prinzessin ist es, dem König und dem Volk zu dienen; eine Rolle, die – wie ich finde – die verstorbene Prinzessin Diana auf grandiose Weise ausfüllte. Vielleicht wurde dies erst nach ihrem Tod richtig klar, als man sie in den Medien zur „Prinzessin des Volkes" krönte. Dieser Titel hat vermutlich auch mit der Tatsache zu tun, dass man den Eindruck hatte, dass sie in der königlichen Familie nie wirklich Anerkennung fand. Doch egal, welche Motive dahintersteckten, es stimmte. Sie freundete sich mit den Leidenden und Sterbenden der Welt an, besuchte Krankenhäuser, ohne Aufsehen zu erregen, und war sich dessen bewusst, dass ihre bloße Anwesenheit am Krankenbett eines unheilbar erkrankten Kindes diesem und seiner Familie Hoffnung, Freude und Trost bringen würden. Sie wusste, was sie ausstrahlte – eine „Herrlichkeit", die zum Teil daher rührte, dass sie die Königsfamilie repräsentierte. Und auch wir sollten die Herrlichkeit ausstrahlen, die unsere königliche Familie repräsentiert! Wir sollten uns unseres Mandats bewusst sein: Hoffnung, Freude und Trost in eine leidende Welt zu bringen, in der Gewissheit, dass unsere Gegenwart etwas verändert!

Ein Königssohn dient dem König und dessen Untertanen. Auch Jesus kam, um dies zu tun: *„Denn auch der Menschensohn ist nicht gekommen, um sich dienen zu lassen, sondern um zu dienen und sein Leben als Lösegeld für viele hinzugeben“* (Mk 10,45). Wie Christus, sind auch wir reich gesegnet mit Ressourcen, die uns ermöglichen, den Dienst zu erfüllen, zu dem wir berufen sind. Wir dürfen gewiss sein, dass Gott uns mit allen Ressourcen ausstattet, die wir benötigen, um das zu tun, worum er uns bittet. Eine Königsfamilie ist sich ihres Erbes sicher. Von einigen Ausnahmen abgesehen, lebt eine königliche Familie normalerweise nicht in der Sorge, ob ihr Palast bald gepfändet wird oder ob die Familie bald bankrott ist. Sie leben in der Gewissheit, dass sie einen *„Segen erben werden“* (1 Pet 3,9)!

Diese Fähigkeit, königliche Stellvertreter zu sein, die ihrer Identität sicher sind, verleiht uns die Zuversicht, unserem Auftrag nachzugehen, auch wenn dieser buchstäblich außerirdisch erscheint. Dieser unglaubliche Auftrag der Königssöhne und -töchter soll die ganze Schöpfung in *„die Freiheit der Herrlichkeit der Kinder Gottes“* hineinbringen (Röm 8,21). Dieser Auftrag beginnt damit, dass wir den Geist der Adoption empfangen und in unsere neue Identität eintreten – *„das Offenbarwerden der Söhne Gottes“* (Röm 8,19) – als auserkorene, berufene, gerecht gesprochene und verherrlichte Söhne und Töchter (vgl. Röm 8,30)! Wir sind die herrlichen Söhne und Töchter des Königs, die berechtigt sind, die Schöpfung in ihrer ursprünglichen Herrlichkeit wiederherzustellen, die unser Papa ihr gab, als er sie schuf!

Kapitel 7

Die Herrlichkeit von Beziehungen

Wer eine Frau gefunden hat, der hat Gutes gefunden und Wohlgefallen erlangt von dem Herrn.

Sprüche 18,22

Im Jahr 2006 heiratete mein ältester Sohn James seine Braut Amy, nachdem sie sechs Jahre befreundet und verlobt waren. Meine Frau, mein jüngster Sohn Luke und ich reisten für die Hochzeit nach England. Es war eine großartige und bewegende Hochzeit, aber niemand hatte mich darauf vorbereitet, was mich dabei erwarten würde. Als Vater zweier Söhne hatte ich immer nur gehört: „Sei froh, dass du keine Töchter hast!" Dann erzählten sie mir, wie gefühlsmäßig aufwühlend es sei, als Brautvater eine Tochter an den Altar zu führen. Ich liebe meine Söhne, aber aufgrund dieser Bemerkungen fragte ich mich, ob ich da nicht etwas verpassen würde. Wie es ist, der Vater des Bräutigams zu sein, darüber hatte ich noch mit niemandem gesprochen, und wusste deshalb nicht, was mich erwartete.

Nun, es war wunderbar – jedoch fühlte ich mich am Tag nach der Hochzeit, einem Sonntag, emotional absolut ausgelaugt. Beim Mittagessen fragte ich Gott, wo diese Gefühle herkamen. Seine Antwort eröffnete mir einen Blick in sein Herz, und dies krempelte meine Gefühlswelt von diesem Tag an völlig um. Er sagte mir ganz einfach: „Als du deinen Sohn beobachtet hast, der sechs Jahre lang in Reinheit auf seine Braut gewartet hat, hast du einen Einblick in mein Herz erhalten, wie ich, der Vater des Bräutigams, darauf warte, dass mein Sohn seine Braut empfängt." Dieser Gedanke war mir vollkommen neu, aber total einleuchtend. Die Konsequenz dieser Wahrheit, die wir zwar wissen, aber selten aussprechen, ist, dass wir für alle Ewigkeit die Schwiegertochter Gottes sind! Das ist ein Aspekt, wie wir zu Miterben Christi werden. Wir verlieben uns, nehmen seinen Nachnamen an, und werden – wie alle Schwiegertöchter – gemeinsam mit dem Sohn zu Miterben.

Kein neutestamentlicher Verfasser hat das Bild von Braut und Bräutigam so oft verwendet wie Johannes, um damit unsere Beziehung zu Christus zu beschreiben, besonders in seinem Evangelium und in der Offenbarung. Zum ersten Mal verwendet er es, als er über Johannes den Täufer spricht: *„Er ist der Bräutigam, ihm gehört die Braut. Der Freund des Bräutigams steht dabei und hört ihm zu und freut sich, seine Stimme zu hören ..."* (Joh 3,29). Man könnte hier auch übersetzen: Der Freund *„wartet und lauscht auf die Stimme des Bräutigams".*[1]

Warum wartet der „Freund des Bräutigams" auf dessen Stimme? In der damaligen jüdischen Kultur war es Tradition, dass der wichtigste Akt die Verlobung war – sie war die Entscheidung, die nicht mehr rückgängig zu machen war. Man konnte seinen Ring nicht einfach zum Juwelier zurückbringen und das Geld zurückverlangen; verlobt war verlobt – das war's. Nach der Verlobung kehrte der Bräutigam in das Haus seines Vaters zurück, um einen Platz für sich und seine Braut vorzubereiten. In dieser Zeit ließ er seinen besten Freund – den Trauzeugen[2] – bei seiner Braut zurück. Er hatte die Aufgabe, darauf aufzupassen, dass sie rein blieb, und ihr zu helfen, sich auf die Hochzeit vorzubereiten. Er war derjenige, dem der Bräutigam seine kostbarste Beziehung, seine zukünftige Braut, anvertrauen konnte. Und wenn er dann die Stimme des

---

[1] Nach der "New International Version".

[2] Wortwörtlich in Engl: seinen *„besten"* Mann.

Bräutigams hörte, wusste er, dass es Zeit war, ihm die Braut zu übergeben.

Dieses wunderschöne Bild hilft uns die Sprache des Evangeliums zu verstehen. Jesus sagte:

> *Im Haus meines Vaters gibt es viele Wohnungen. Wenn es nicht so wäre, hätte ich dann etwa zu euch gesagt, dass ich dorthin gehe, um einen Platz für euch vorzubereiten? Und wenn ich einen Platz für euch vorbereitet habe, werde ich wieder kommen und euch zu mir holen, damit auch ihr dort seid, wo ich bin* (Joh 14,2-3).

Durch seinen Tod und seine Auferstehung schloss Christus mit seiner Braut einen Bund; er verlobte und verband sich mit uns in Ewigkeit und überließ uns dann dem Geist der Wahrheit, der uns rein erhalten und uns auf seine Rückkehr vorbereiten soll. Der Heilige Geist wartet gemeinsam mit uns und mit großer Vorfreude auf die Stimme des Bräutigams, weshalb am Ende der Zeiten *„der Geist und die Braut: ‚Komm!'"* (Offb 22,17) sagen werden.

Die Menschheitsgeschichte wird in einer Hochzeit gipfeln. Wenn wir auf Hochzeiten gehen, sollten wir dies feiern und uns durch das Geschehen an die große Freude erinnern lassen, die uns erwartet. Doch diese große Hochzeit ist nur der Anfang einer immerwährenden Ehe, und deshalb spiegelt die irdische Ehe ewige Beziehungen am besten wider. Sie ist ein Bote der Herrlichkeit, da sie offenbart, dass der Himmel leidenschaftlich den Plan verfolgt, dass die Liebe niemals enden wird. Die Ehe ist unser großer Lehrmeister auf dem Weg zum Hochzeitsmahl des Lammes.

In der Sprache des Apostels Paulus ist die Ehe ein Wechselspiel zwischen Liebe und Unterordnung. Die vielen Debatten, die um das zweite Wort kreisen, sind die Folge unserer Probleme mit dem ersten. Dort jedoch, wo die Liebe eines Ehemannes die Liebe Christi für die Gemeinde widerspiegelt – so wie Paulus uns in Epheser 5,25 lehrt –, erleben Frauen die gleiche Freude an der Unterordnung wie wir, wenn wir unser Leben Christus unterordnen und die Freiheit und Sicherheit erfahren, wenn wir seiner Führung folgen.

Wie ich bereits erwähnt habe, können wir nur weitergeben, was wir selbst empfangen haben. Wir können nicht erwarten, dass wir einander so lieben wie Christus, bis wir nicht selbst diese Liebe erfahren und erlebt haben, wie sehr er uns wirklich liebt. Deshalb verrät uns der Apostel Paulus nicht nur, wie unsere Liebe aussehen soll, sondern spricht im selben Brief ein vollmächtiges, apostolisches Gebet, um uns ein *yada*-Erlebnis mit dieser Liebe zu geben:

> *Wenn ich mir das alles vor Augen halte, kann ich nicht anders, als anbetend vor dem Vater niederzuknien. Er, dem jede Familie im Himmel und auf der Erde ihr Dasein verdankt und der unerschöpflich reich ist an Macht und Herrlichkeit, gebe euch durch seinen Geist innere Kraft und Stärke. Es ist mein Gebet, dass Christus aufgrund des Glaubens in euren Herzen wohnt und dass euer Leben in der Liebe verwurzelt und auf das Fundament der Liebe gegründet ist. Das wird euch dazu befähigen, zusammen mit allen anderen, die zu Gottes heiligem Volk gehören, die Liebe Christi in allen ihren Dimensionen zu erfassen – in ihrer Breite, in ihrer Länge, in ihrer Höhe und in ihrer Tiefe. Ja, ich bete darum, dass ihr seine Liebe versteht, die doch weit über alles Verstehen hinausreicht, und dass ihr auf diese Weise mehr und mehr mit der ganzen Fülle des Lebens erfüllt werdet, das bei Gott zu finden ist* (Eph 3,14-19).

Ich glaube, dass in diesem Gebet der Schlüssel zur Bewahrung von Ehen steckt: nämlich, dass wir danach trachten, die Liebe Christi zu erkennen, und uns darauf verlassen, dass seine Kraft in uns uns in die Fülle dieser Liebe bringen wird.

Die Scheidungs-Kultur der letzten 50 Jahre hatte auf uns alle zerstörerische Auswirkungen, und die Wiederherstelllung von Geschiedenen ist eine der wichtigsten Aufgaben der Gemeinde.

Aber selbst, wenn wir immer wieder beobachten, dass Menschen darin scheitern, den Plan Gottes für die Ehe zu leben, dürfen wir die Tatsache nicht leugnen, dass Ehe als ein lebenslanger Bund gedacht ist! Ich möchte hier zu bedenken geben, dass wir viel dafür tun könnten, um schlechte Ehen und Scheidungen zu vermeiden, wenn wir mehr Energie dafür verwenden würden, uns mit der Liebe Christi zu beschäftigen. Dann würden wir erkennen, wie richtig und schön eine Ehe sein kann, wenn sie diese Liebe widerspiegelt. Es gibt in unseren Reihen Paare, die 60 oder 70 Jahre lang ihren gemeinsamen Liebesbund feiern; eine Liebe, die durch viele Höhen und Tiefen immer stärker geworden ist. Ihr Leben ist ein wunderschönes Porträt der Liebe Jesu, unseres Bräutigams, die auch unseren Verrat, unsere Rebellion und unsere Zuneigung zu anderen Göttern aushält und sogar bereit ist, das eigene Blut zu vergießen. Wir sollten uns darum bemühen, uns dieses Bild der Ehe vor Augen zu halten, denn was wir anschauen, das werden wir!

In unserer Kultur der Unabhängigkeit vergessen und versäumen wir oft, dass auch die Ehe eine Art Adoption ist. Der Bräutigam wird von den Eltern der Braut adoptiert und die Braut von seinen Eltern. Als Folge aus dieser Verbindung sind die Kinder, die aus ihrer Ehe hervorgehen, durch ihre Eltern nicht nur mit einer Beziehungskette verknüpft, sondern mit einem ganzen Geflecht von Beziehungen, die – wenn sie Gottes Plan entsprechen – vervielfachtes Leben und Segen in jede Generation bringen!

Von Beziehungen lernen

Aus der ersten Ehe der ersten Menschen Adam und Eva hat sich eine reich verzweigte Menschheitsfamilie entwickelt. Jede rechtmäßige menschliche Beziehung wurde mit einer innewohnenden Herrlichkeit – mit einem Ewigkeitswert – erschaffen, weil sie Gottes Eigenschaften, sein Wesen und seine Macht offenbart und reflektiert. Jede unserer Beziehungen ist wie ein Wegweiser oder Lehrmeister, durch den wir etwas über den Himmel und die heilige Dreieinigkeit lernen können.

Beziehungen waren für mich auch der Bereich, in dem ich am deutlichsten gelernt habe, dass man nicht etwas wissen kann, was man nicht kennt. Wenn man, wie es mir erging, ohne bestimmte Beziehungen aufgewachsen ist, wird man gewisse Erfahrungen später im Leben nachholen müssen. Ich habe zum Beispiel beobachtet, dass jene, die Brüder hatten, durch ihr Raufen und Kämpfen gelernt haben, sich zu streiten und sich trotzdem noch zu lieben – Fähigkeiten, die für die Teamarbeit unerlässlich sind. Ich wusste nicht, dass mir diese Erfahrung fehlte, und hatte genau aus diesem Grund oft Angst vor Konflikten.

Die unterschiedlichen Aspekte, wie Gott Beziehung lebt, spiegeln sich in der Vielfalt der Beziehungen hier auf der Erde wider. Wir sollten die Fähigkeit haben, zu gegebener Zeit Vater oder Mutter, Sohn oder Tochter, Bruder oder Schwester, Onkel, Tante, Cousin, Neffe usw. zu sein. Dabei ist es eher so, dass sich die verschiedenen Beziehungen überschneiden, als dass man von einer zur nächsten „befördert" wird. Jede dieser Beziehungsarten hat eine Kapazität, die Herrlichkeit zu tragen und zu offenbaren. Wir neigen oft dazu, linear oder eingleisig zu denken. Wir fragen: „Wer bin ich?" und hätten gerne *eine einzige* Antwort darauf. In Wahrheit könnte ich aber an jedem beliebigen Tag nach Hause kommen und sagen: „Heute war ich ein Ehemann, ein Vater, ein Freund, ein Pastor, ein Coach und ein Bruder." Ich trage in mir die ganze Bandbreite dieser verschiedenen Identitäten. Es ist ein Fehler zu denken, wir müssten eine Art von Beziehung hinter uns lassen und zur nächsten übergehen. Unser herrlicher Auftrag ist es, in einer Vielzahl von Beziehungen zu leben! Wenn wir das tun, offenbaren wir die Beziehungsmuster des Himmels! In allen unseren rechtmäßigen, Gott gewollten Beziehungen sind wir in der Lage, mehr von unserer Beziehung zu Gott dem Vater, Gott dem Sohn und Gott dem Heiligen Geist – und ihrer Beziehung untereinander – zu beobachten und zu erfahren. Er möchte, dass wir Beziehungen in ihrer ganzen Fülle erleben; denn je mehr wir dies tun, desto mehr können wir Gott erfahren und seine Herrlichkeit in unserem Leben zum Ausdruck kommen lassen.

Kapitel 8

Was ist der Mensch?

Was ist der Mensch, dass du an ihn denkst?

Psalm 8,4

In Psalm 8 lässt uns David daran teilhaben, wie er das Wesen und den Sinn der Menschheit entdeckte. Er schaut zunächst zu Gott auf und sagt: *„Herr, unser Herr, wie herrlich ist dein Name auf der ganzen Erde, der du deine Hoheit gelegt hast auf die Himmel!“* (8,2). Dann betrachtet er Gottes Schöpfung: *„Wenn ich deine Himmel anschaue, deiner Finger Werk, den Mond und die Sterne, die du bereitet hast …“* (8,4). Und schließlich stellt er sich im Lichte dieser Wirklichkeit die Frage: *„Was ist der Mensch, dass du seiner gedenkst, und des Menschen Sohn, dass du dich um ihn kümmerst?“* (8,5). Davids Fragen setzen natürlich die Erkenntnis voraus, dass Gott auf einzigartige Weise an die Menschheit denkt und sich um sie kümmert, weil er uns einzigartig gemacht und uns eine besondere Stellung in seiner Schöpfung zugedacht hat. Diese Einzigartigkeit des Menschen fing Michelangelo in seiner meisterhaften Darstellung von Gott und Adam auf dem Deckenfresko der Sixtinischen Kapelle ein. Von allem, was Gott mit seinem Finger geschaffen hat, ist der Mensch das einzige Wesen, das seinen Finger zu ihm zurückstreckt. Dies verdeutlicht uns erneut, was wir bereits in den vorangegangenen Kapiteln erörtert haben; nämlich, dass der Mensch als Ebenbild Gottes zur Beziehung erschaffen wurde. Aber wie David erkannte, spiegeln wir auch als delegierte Herrscher über seine Schöpfung Gottes Ebenbild wider. Auf diese Weise blicken wir zwar *hinauf* zu der gigantischen und unglaublich schönen Schöpfung Gottes, aber gleichzeitig auch von einer ganz besonderen Stellung auf sie *hinab*:

> *Denn du hast ihn wenig geringer gemacht als Engel, mit Herrlichkeit und Pracht krönst du ihn. Du machst ihn zum Herrscher über die Werke deiner Hände; alles hast du unter seine Füße gestellt: Schafe und Rinder allesamt und auch die Tiere des Feldes, Vögel des Himmels und Fische des Meeres, was die Pfade der Meere durchzieht* (Psalm 8,6-9).

David erkannte auch, dass unser Auftrag „über die Erde zu herrschen" (vgl. 1 Mose 1,28), erstmals verkündet an Adam und Eva, mit einem zweiten Mandat einherging: *„Aus dem Munde der Kinder und Säuglinge hast du Macht gegründet um deiner Bedränger willen, um zum Schweigen zu bringen den Feind und den Rachgierigen"* (Psalm 8,3). Das Wort „Macht" in diesem Vers kann auch mit „Lob" übersetzt werden (NGÜ). Von allen seinen Geschöpfen gab Gott uns allein eine Macht in unseren Mund, eine Macht, die seine eigene Macht widerspiegelt, ganze Welten in Existenz zu rufen. Und diese Macht ist in unserem Lobpreis gegründet.

Indem Gott den Menschen für Beziehung und zur Herrschaft erschuf, schuf er uns damit gleichzeitig als Anbeter. Was auch immer wir anbeten, formt unser Weltbild und durch uns die Welt. Deswegen bezeichnet Paulus den Sündenfall und unsere daraus folgende pervertierte Beziehung zur Schöpfung, über die wir herrschen sollen, auch als Perversion von Anbetung:

> *Denn trotz allem, was sie über Gott wussten, erwiesen sie ihm nicht die Ehre, die ihm zukommt, und blieben ihm den Dank schuldig. Sie verloren sich in sinnlosen Gedankengängen, und in ihren Herzen, denen jede Einsicht fehlte, wurde es finster. Weil sie sich für klug hielten, sind sie zu Narren geworden. An die Stelle der Herrlichkeit des unvergänglichen*

> *Gottes setzten sie das Abbild des vergänglichen Menschen und die Abbilder von Vögeln, vierfüßigen Tieren und Kriechtieren. Deshalb hat Gott sie den Begierden ihres Herzens überlassen und der Unsittlichkeit preisgegeben, sodass sie ihre eigenen Körper entwürdigten. Denn sie vertauschten die Wahrheit, die Gott sie hatte erkennen lassen, mit der Lüge; sie verehrten das Geschaffene und dienten ihm statt dem Schöpfer, der doch für immer und ewig zu preisen ist* (Röm 1,21-25).

Die Anbetung von Menschen, wodurch wir uns über Gott erhoben, war der Grund für den Sündenfall und ist dieselbe Sünde, in der wir heute noch leben. Heutzutage ist sie besser bekannt als *Humanismus*. Die Griechen hatten als erste den Humanismus bekannt gemacht (So prägte zum Beispiel Protagoras den berühmten Spruch: „Der Mensch ist das Maß aller Dinge ..."), doch die Form des Humanismus, welche die westliche Welt am meisten beeinflusste, entstand während der Renaissance. Die Renaissance war eine Ära großartiger künstlerischer Kreativität und brachte unvergleichliche Kunstwerke, Architektur, medizinisches Wissen und Musik hervor, die vielfach (die Sixtinische Kapelle von Michelangelo ist nur ein Beispiel) direkt auf Gott hinwiesen. Dennoch begannen die Menschen gleichzeitig auch aufeinander zu zeigen: „Schaut, wozu wir fähig sind. Wir brauchen keinen Gott!" Anstatt dass wir wie David von dem angetan sind, was Gottes Hand geschaffen hat, haben wir uns in die Werke unserer eigenen Hände verliebt. Unser Stolz im Westen nahm in dem Maße zu, in dem wir fortfuhren, unsere überlegene Macht zu *preisen*, Regierungen und Gesellschaften zu formen und neue Technologien zu entwickeln, die uns nahezu alles möglich machten.

In der Geschichte wurden humanistische Argumente immer wieder dazu verwendet, um edle, humanitäre Zwecke zu verteidigen und zu fördern. Wir müssen aber das starke prophetischen Wort von Paulus in Römer 1,28 beachten, das uns aufzeigt, wo wir enden, wenn wir zulassen, dass der Humanismus eine Gesellschaft und Kultur prägt. Wenn wir Menschen über Gott stellen, tauschen wir das „Unvergängliche" gegen das „Vergängliche" ein, und das kann nur zu unserer Vernichtung führen. Ich würde sogar behaupten, dass der Humanismus hinter allen gescheiterten Philosophien und zerstörerischen Geschehnissen der letzten Jahrhunderte stand. Anstatt humanitäre Anliegen voranzubringen, brachte der westliche Humanismus all die Unmenschlichkeiten unseres Zeitalters hervor. Er führte zu Tyrannei und Weltkriegen, förderte die Abtreibungspolitik, verdrehte die Menschenrechte und die Rechtssysteme und stellte die grundlegenden Gesetze christlicher Nationen auf den Kopf.

Lange Zeit hat die Kirche sich gegen die Anbetung des Menschen aufgelehnt, sie „Blasphemie" genannt und richtigerweise versucht, ihre furchtbaren Konsequenzen aufzuzeigen. Doch selbst als Christen verfielen wir einem ähnlichen Irrtum, indem wir das Pendel nicht von Menschenanbetung zur Gottesanbetung schwingen ließen, sondern den Menschen selbst in Verruf brachten. Statt die Faszination, die der Mensch für seine eigenen Werke an den Tag legt, zu brechen und unseren Kopf zu erheben, um Gottes unendliche Schönheit und Größe zu sehen, haben wir den Menschen in den Schmutz gezogen und gesagt: „Wir sind nur Staub, Müll, zu nichts zu gebrauchen." Damit verleumden wir nicht nur uns selbst, sondern auch den Sohn Gottes, der Mensch wurde und den höchsten Preis bezahlte, um uns wieder mit Gott zu versöhnen. Wie Kris Vallotton oft betont, bestimmt der Preis, den Gott bezahlt hat, den Wert des Gekauften. Wenn wir uns selbst als wertlos betrachten, dann sagen wir damit, dass das Kreuz bedeutungslos war.

Die einzig richtige Antwort, welche die Gemeinde angesichts eines sich selbst verehrenden Humanismus geben kann, ist, die bessere Anbetung Gottes und deren bessere Ergebnisse aufzuzeigen. Die wahre Größe und Herrlichkeit der Menschheit kann erst dann wieder zum Vorschein kommen, wenn wir mit demjenigen in Einklang kommen, der sie uns gegeben hat – dem, der bei weitem größer und herrlicher ist.

Die Wiederherstellung unseres Auftrags

In Johannes 17 gibt uns Jesus zu erkennen, dass er uns seine Herrlichkeit gab, um uns mit ihm und dem Vater eins zu machen. Wir haben bereits gesehen, dass diese Wiederherstellung zur Herrlichkeit uns wieder in Beziehung zu ihm und zueinander brachte. Diese Wiederherstellung war jedoch viel mehr als nur ein Versöhnungsakt – sie war eine Neuschöpfung. In Christus schuf Gott eine neue Spezies von Männern und Frauen, die nicht nur sein Abbild sind, sondern auch „*Anteil an seiner göttlichen Natur*" haben (2 Pet 1,4). Wir sind nicht mehr die Söhne des ersten Adams, der in seinem Auftrag, sich die Erde untertan zu machen, versagte. Unsere Blutlinie geht zurück auf den letzten Adam, der den Tod selbst besiegte und uns als Teilhaber an seinem Wesen dazu befähigt, den Dienst, den er begonnen hatte, zu vollenden, nämlich für die Schöpfung zu sorgen und über sie zu herrschen. Unsere herrliche Aufgabe als Söhne und Töchter Gottes ist es, wie Paulus sagt, die Schöpfung in die „*Freiheit [unserer] Herrlichkeit*" zu führen:

> *Denn das sehnsüchtige Harren der Schöpfung wartet auf die Offenbarung der Söhne Gottes. Denn die Schöpfung ist der Nichtigkeit unterworfen worden – nicht freiwillig, sondern durch den, der sie unterworfen hat – auf Hoffnung hin, dass auch selbst die Schöpfung von der Knechtschaft der Vergänglichkeit frei gemacht werden wird zur Freiheit der Herrlichkeit der Kinder Gottes. Denn wir wissen, dass die ganze Schöpfung zusammen seufzt und zusammen in Geburtswehen liegt bis jetzt* (Römer 8,18-22).

Wir sehen hier, dass Paulus in Römer 8 dieselbe Sprache wie in Römer 1 gebraucht: Als wir in unseren Gedanken der „Nichtigkeit" verfielen und uns auf das „Vergängliche" einließen, wurde die Schöpfung der „Nichtigkeit" unterworfen und kam in die „Knechtschaft der Vergänglichkeit". Dies offenbart auf negative Weise, dass Gott sein Mandat der Beziehung zwischen uns und der Schöpfung nie zurückgenommen hatte. Als wir in Sünde fielen, fiel die Schöpfung mit uns. Anstatt von uns unterworfen zu werden, wurde sie *versklavt*. Indem wir jedoch aufstehen und unseren rechtmäßigen Herrschaftsbereich in Christus einnehmen, wird die Schöpfung gemeinsam mit uns wieder aufstehen. Sie wird wieder zu ihrer ursprünglichen Herrlichkeit hergestellt werden und ihr ganzes Potential erreichen, um die unglaubliche Fülle und Schönheit zum Ausdruck zu bringen, die sie nur unter unserer Obhut erreichen kann.

Diese Verheißung sollte uns aufrütteln und einige Fragen in uns aufwerfen. Sie sollte uns dazu anregen, den Fußstapfen des Psalmisten zu folgen, und die Welt, über die wir herrschen sollten, mit neuen Augen zu sehen; denn wenn wir die Schöpfung wirklich betrachten, bemerken wir sowohl ihre Schönheit als auch ihre Zerbrochenheit. Wir werden die herrliche Widerspiegelung des Schöpfers in ihr erkennen, aber auch ihr „Seufzen" unter dem Schmerz ihrer Knechtschaft spüren. Und wir werden unsere herrliche Beauftragung erkennen – mitten in der Spannung zwischen dem, was ist, und dem, was sein sollte.

Unser Auftrag führt uns unweigerlich zum Thema Umweltschutz, denn der Hauptgrund dafür, dass wir Verantwortung für unseren Planeten übernehmen sollten, ist zweifellos hier zu finden. Noch fundamentaler ist jedoch unser Auftrag der *Anbetung*. So begann und endete auch die Erkundung des Psalmisten über unsere gottgegebene Identität und Sinnhaftigkeit mit einem Ausdruck der Anbetung: *„Oh Herr, unser Herr, wie herrlich ist dein Name auf der ganzen Erde!"* (Ps 8,1). Die Kraft der Anbetung aus unserem Mund soll demjenigen gewidmet sein, der unseres Lobpreises würdig ist. Denn wenn wir dies tun, werden seine Feinde zum Schweigen gebracht und wir werden dazu befreit, die Menschen zu werden, als die er uns erschaffen hat. Und die Schöpfung wird eine Wiederherstellung erfahren, die eine Folge davon ist, dass die Söhne und Töchter Gottes sich auch an seinen Werken erfreuen, wenn sie sich an ihm erfreuen.

Was den Humanisten der Renaissance und der folgenden Generationen gefehlt hat, ist, dass Staunen und Freude an menschlichem Entdeckertum und Kreativität nur dann ihr größtes Potenzial entfalten kann, wenn sie von Anbetung angefacht sind. Zu viele Menschen leben in der falschen Annahme, dass sie ihre Gaben und Talente beiseitelegen müssen, wenn sie ihr Leben Gott hingeben. Das genaue Gegenteil ist der Fall! Nur wenn wir unser Leben in Anbetung vor Gott hingeben und als seine Partner leben, können unsere Gaben und Fähigkeiten zur ihrer von Gott bestimmten vollen Entfaltung kommen und uns letztlich Erfüllung und Freude bringen. Der Psalmist führt uns da auf eine gute Spur, wenn er uns auf die „Kinder und Säuglinge“ hinweist. Wenn Kinder einen guten Vater haben, dann ist es ihre größte Freude, ihm zu gefallen, indem sie für ihn basteln, ihm etwas vorführen, und einfach in seiner Nähe sind. Einem guten Vater wiederum bereitet nichts mehr Freude, als zuzusehen, wie seine Kinder ihre eigene Persönlichkeit, ihre Talente und ihre Kreativität entfalten. Unser himmlischer Vater hat die Absicht, dass wir als Anbeter und Herrscher aus genau dieser Dynamik leben.

Die Schatzsuche

Mir gefällt die Zeit, in der wir leben – sie ist so üppig und reich an Möglichkeiten. Ich kann mich noch gut an Gespräche mit meinem Großvater Ernest Rayner, der 1987 im Alter von 96 Jahren starb, über die fast hundert Jahre, in denen er gelebt hatte, erinnern. Er wurde geboren, bevor es Autos gab, hatte einst sogar Vieh über die *London Bridge* getrieben, und starb 20 Jahre nach der ersten Mondlandung und nachdem das elegante Überschallflugzeug Concorde die Lüfte erobert hatte. Einst hatte er noch darüber gepredigt, was passieren würde, wenn man kein Lampenöl mehr kaufen könnte. Er erlebte dann mit, wie Gas und Elektrizität verfügbar wurden, und seine Botschaft erfüllte sich vor seinen Augen: „Der Herr wird versorgen.“

Das Wunderbare daran ist, dass Gott uns versorgt, indem er uns Erkenntnisse und Ideen schenkt, die uns befähigen, die Ressourcen nutzbar zu machen, die seit Anbeginn der Schöpfung auf unserem Planeten schon verfügbar waren. Er will für unsere Nöte sorgen, aber darüber hinaus möchte er, dass wir reif werden, damit wir in unsere Berufung als Verwalter dieser Welt hineinkommen. Je mehr wir diesen Auftrag annehmen, desto mehr werden wir nämlich auf alles zugreifen können, was der Herr vorbereitet hat, um den Auftrag zu erfüllen. Jede Aufgabe von Gott kommt mit einer vollen Ausstattung daher.

Mich amüsiert manchmal der Gedanke, dass Gott im Himmel sitzt und lacht (vgl. Psalm 2,4). Ich frage mich, worüber er so lacht. Auch wenn ich den Vers ein wenig aus seinem Zusammenhang reiße, glaube ich doch, dass Gott ständig lacht – nicht nur, weil er sich über unsere dumme Arroganz lustig macht, sondern weil er sich an unseren Entdeckungen und Erfolgen erfreut. Er lacht vor Freude wie ein Vater, der sich über die ersten Schritte seines Kindes freut, und doch weiß, dass es eines Tages rennen wird wie der Wind.

Ich bin mir bewusst darüber, dass Gott ewig ist und die Geschichte für ihn wie ein fertiges Buch ist, das er selbst geschrieben hat. Es gibt also in diesem Sinne für ihn keine Überraschungen. Dennoch glaube ich, dass wir unsere Vorliebe für Überraschungen von ihm geerbt haben. Wir empfinden Freude, wenn wir nach einem stürmischen Wolkenhimmel einen Regenbogen sehen, wenn wir an Weihnachten Geschenke unter dem Baum finden oder wenn wir der Liebe unseres Lebens begegnen. Diese Freude ist jedoch nur ein winziger Funken im Vergleich zu der Freude, die Gott in jedem Moment der Geschichte empfindet, die er entfaltet. Eben weil er ewig ist, kann er an jedem Moment vollkommen gegenwärtig sein und sich an ihm völlig erfreuen.

Anders formuliert, hat Gott die Geschichte wie eine große Schatzsuche geplant. *Er* sagt: *„Es ist Gottes Ehre, eine Sache zu verbergen; aber der Könige Ehre ist es, eine Sache zu erforschen“* (Spr 25,2). Gott hat für seine Söhne und Töchter etwas

Großartiges verborgen – die Wirklichkeit seines Königreiches – und die große Überraschung am Ende wird sein, wenn seine Söhne und Töchter endlich die Hauptader entdecken. So ist für Gott jeder Moment der Geschichte mit der Vorfreude auf dieses herrliche Ende erfüllt. Selbst in unseren tapsigen Babyschritten sieht er die Anfänge eines heiligen Heeres reifer Söhne und Töchter, die wie er sein werden und alles erben werden, was er hat. Jeder Schritt, den wir machen, um zu erforschen, zu erfinden, zu entdecken und zu erschaffen, erfreut ihn.

Vom Hyde Park zu den Mammoth Lakes

Zwei Gruppen von Menschen haben mir auf besondere Weise gezeigt, welche Schönheit und Kraft in unserem Leben zum Ausdruck kommen kann, wenn unsere gottgegebene Kreativität durch die *Kraft* des Lobpreises zum Leben erweckt wird. Beide Beispiele mögen für einen Mann in seinen Fünfzigern (wie ich es bin) ungewöhnlich erscheinen. Die erste Gruppe ist die Rap- und Hiphop-Generation. Als ich eine Jugendstrafanstalt in Oxfordshire in England leitete, kamen zwei seltsame junge Männer auf mich zu, die einen Gefängnisdienst mithilfe von Rapmusik anfangen wollten. Ich war bei der Suche nach guten Rehabilitationsprogrammen schon immer wagemutig gewesen, und so lud ich sie ein. An einem Sonntagmorgen begannen *Watchman and Gifted* eine zweijährige Beziehung zu mir und zu den jungen Männern in meiner Obhut. Diese Beziehung gipfelte im stolzesten Moment meiner Karriere als Gefängnisleiter, als ich vor 100.000 Menschen im Hyde Park im hinteren Teil der Bühne stand und vier junge Männer auftreten sah. Sie waren Teilnehmer aus der Rap-Akademie von *Watchman and Gifted,* nannten sich XKONZ und führten „We Can Kick It! Yes We Can!“ auf.[1]

---

[1] Übersetzt so viel wie: „Wir können es besiegen, ja das können wir!“ – *Anm. des Übers.*

Ich glaube, dass Gott mit diesem Musikstil von Anfang an etwas vorhatte. Er wusste, dass es eine Generation geben würde, deren Augen nicht durch die Musik von Bach oder Händel gen Himmel gerichtet würden. Sie würden dazu andere Klänge und Rhythmen finden. Nur weil Rap auch benutzt wird, um Hass zu kommunizieren, sollte man ihn nicht verwerfen, sondern ihn vielmehr für einen heiligen Zweck benutzen. Mit einem gewissen Augenzwinkern hatte ich die Biographie von Tupac Shakur auf meinem Schreibtisch liegen, der einmal sagte:

> Wenn wir alle sagen, dass Rap eine Art von Kunst ist, dann müssen wir verantwortlicher mit unseren Texten umgehen. Wenn Leute wegen dem, was du sagst, sterben, geht es nicht darum, dass du sie nicht getötet hast. Es zählt nur, dass du sie nicht gerettet hast.[2]

Watchman and Gifted führten für mein Gefängnis eine Rap-Schule durch mit zwei Regeln: keine obszöne Sprache und nur positive Inhalte. Sie bewiesen, dass man mit diesem Musikstil junge Menschen erreichen und sie sogar mit Gott in Kontakt bringen konnte. Sie und auch die XKONZ haben in meinem Leben Spuren hinterlassen. Ich hoffe, dass ich dadurch immer wieder daran glauben kann, dass auch der nächste neue Trend, Stil oder Genre eine Gelegenheit für den Menschen bietet, seine Herrschaft auf diesem Planeten zu entfalten und Gott Ehre zu bringen.

Die zweite Gruppe sind die Snowboarder. Eine kleine Gemeinde aus Mammoth Lakes, einer Stadt in den Bergen von Nordkalifornien, war zu einem Seminar für geistlich-strategisches Planen gekommen, das ich hielt. Am Ende der Woche stellte jedes Team seinen Plan vor. Diese Gemeinde hatte die Vision, Menschen auf den Berghängen zum Herrn zu führen, mit ihnen zu snowboarden und sie zu Jüngern zu machen mit der Vision, sie eines Tages zu den anderen Bergen

[2] Nach Light, Alan: *Tupac Shakur*, Plexus Publishing, London 1997, S. 46.

der Welt auszusenden. Sechs Monate später hatten sie bereits eine Gemeinde in Neuseeland gegründet und mittlerweile auch in der Schweiz und in Kanada.

Sie wurden für mich zu Freunden, durch die ich lernte, dass ein Sport, der gerade mal 30 Jahre alt ist, die Herzen einer Generation erobern kann. Ihre Abenteuerlust, ihre Freude an der Natur und ihre Liebe zum Leben, welche die Snowboarder im Herzen tragen, zusammen mit einer Liebe zum Herrn ist voller Potenzial für das Reich Gottes.

Unter dieser außergewöhnlichen Gruppe ist eine echte Heldin, die das Beste aus dieser Zeit macht, in der sie lebt, und bis an ihre Grenzen geht, nicht um Menschen, sondern um Gott zu gefallen. Ihr Name ist Kelly Clark. Obwohl Kelly 2002 Olympisches Gold und 2010 Bronze auf der Halfpipe gewann, kann man sie mit der gleichen Leidenschaft bei der Anbetung Gottes in der Gemeinde in Mammoth erleben, wie auf den tollsten Pisten der Welt. Sie nimmt ihre Chance, eine neue Sportart, wahr mit dem einen Ziel: die Hänge der Welt zu meistern und mit ihrem Brett Menschen auf Gott hinzuweisen. Auf ihrem Snowboard steht – wie weltweit bei den Olympischen Spielen in Vancouver zu sehen – in großen Buchstaben ihre Lebensbotschaft: „Jesus, ich kann meine Liebe nicht verbergen!"

Die Wahrheit wiederherstellen

Der Rapper *Watchman* schrieb ein großartiges Lied mit dieser Textzeile: „Gott erschuf den Affen, der Affe hat nicht den Menschen gemacht." Das ist mein absoluter Favorit! Der Mythos der Evolution (im Gegensatz zur wissenschaftlichen Theorie) und die materialistische Sicht auf das Universum, das er hervorbringt, sind nur zwei der vielen Lügen, die der Humanismus hervorbrachte und sie gegen die „Wahrheit Gottes" eintauschte, um mit der Anbetung des Menschen fortzufahren. Die Annahme dieser Lügen öffnete Tür und Tor für Irrsinn und Krankheit, die ein Leben im Widerspruch immer zur Folge hat.

Indem wir das Übernatürliche aus der Wirklichkeit herausstreichen (Materialismus), bleibt uns nur noch eine Sicht des Universums, die gleichzeitig weitaus absurder und weit weniger schön ist als zu glauben, dass es von einem Schöpfer geschaffen wurde. Ich schau mir gerne Naturfilme an und denke dann oft: *Man braucht doch viel mehr Glauben, um sich vorzustellen, dass dieses erstaunliche Spektrum an Tieren irgendwie anders entstand als durch einen Schöpfergott. Man braucht wohl mehr Glauben dazu, als wir alle zusammen haben.* Und der ganze Glaube an die Biologie kann die Sicht von der Welt nie so erweitern, wie es David erging, der Gott über die Himmel erhoben sah. Er kann unsere Weltsicht höchstens verkleinern und sie auf pure mechanische Prozesse reduzieren.

Es ist an der Zeit, dass die Söhne und Töchter Gottes durch ihr anbetendes Leben wieder gesunden Verstand und Staunen in die Sicht der Menschen über sich selbst und über die Schöpfung bringen. Wir müssen den Menschen zeigen, wie gut und richtig und staunenswert die Welt ist, und wie herrlich und kreativ wir sein können, wenn Gott auf dem Thron sitzt, und wir als seine geliebten Kinder uns von ihm zurüsten lassen, mit ihm zusammen in Ewigkeit zu herrschen und zu regieren. Wenn wir als Anbeter und Haushalter seiner Schöpfung das wahre Bild und Wesen Gottes widerspiegeln, werden wir das falsche Bild des „vergänglichen Menschen" entlarven als das, was es ist.. Dann können wir Männer und Frauen dazu einladen, zu entdecken, wer sie wirklich sind und warum sie auf diesem Planeten leben.

Was ist der Mensch? Wir sind Gottes Idee und Gottes Ausdruck, die Vertreter seiner Familie hier auf der Erde. Wir tragen sein Ebenbild, teilen sein Wesen, sind erfüllt mit seinem Geist, haben den Sinn Christi und tragen Christus, die Hoffnung der Herrlichkeit, in uns. Wie können wir *wir selbst* sein, außer durch ein Leben, das ihn preist?

Kapitel 9

Schönheit und Herrlichkeit

Verpasse niemals die Gelegenheit, etwas Schönes zu sehen, denn Schönheit ist Gottes Handschrift.

Ralph Waldo Emerson

Unser herrlicher Auftrag als Söhne und Töchter Gottes beginnt und endet mit Lobpreis. Deshalb ist es kein Zufall, dass die Geschichte von Mose und den Israeliten, die unsere wiederhergestellte Herrlichkeit andeutet, auch auf diesen Auftrag hinweist. Nachdem der Herr das Volk Israel befreit hatte, sie sicher zum Berg Sinai geführt und ihnen das Versprechen abgenommen hatte, die Zehn Gebote zu befolgen, blieb für Gott noch ein Punkt auf seinem Plan übrig. Er berief Mose zu einem 40-tägigen „Gipfeltreffen" ein, um mit ihm seine Pläne für den Bau eines Hauses der Anbetung für sein Volk zu besprechen. Erst als das Fundament von Lobpreis und Anbetung in ihrem Leben gelegt worden war, konnten die Israeliten zu ihrer heiligen Mission aufbrechen.

Wir können uns kaum ausmalen, wie dieses Treffen auf dem Berg für Mose gewesen sein muss, als Gott ihm seine Pläne für die Stiftshütte offenbarte. Die Bibel schildert hier nicht viele Details, gibt aber Hinweise darauf, dass Gott Mose die Feinheiten jedes Aspektes seines Hauses nicht nur verbal erklärte, sondern ihn auch eine Art Modell davon sehen ließ.

Und sie sollen mir ein Heiligtum machen, damit ich in ihrer Mitte wohne! Genau so, wie ich dir das Vorbild der Wohnung

> *und das Vorbild aller ihrer Geräte zeigen werde, so sollt ihr es machen* (2 Mose 25,8-9).

Der Verfasser des Hebräerbriefes verrät uns noch mehr über dieses Vorbild, als er vom provisorischen Dienst des Alten Bundes und seiner Erfüllung im Neuen spricht:

> *Der entscheidende Punkt bei dem allem ist der: Wir haben einen Hohenpriester, der den Platz an der rechten Seite der höchsten Majestät eingenommen hat, den Ehrenplatz auf dem Thron Gottes im Himmel, und der seinen Dienst im wahren Heiligtum versieht, in dem Zelt, das vom Herrn errichtet wurde und nicht von Menschen. Jeder Hohepriester ist ja dazu eingesetzt, Gaben und Opfer darzubringen. Daher muss auch der Hohepriester, von dem wir sprechen, etwas haben, was er Gott opfern kann. Nur könnte er hier auf der Erde gar nicht Priester sein, denn hier werden die Opfer von denen dargebracht, die vom Gesetz dazu bestimmt sind. Ihr Dienst vollzieht sich freilich in einem Heiligtum, das nur ein Abbild und ein Schatten der himmlischen Wirklichkeit ist. Aus diesem Grund erhielt Mose, als er sich an den Bau des heiligen Zeltes machte, die Anweisung: „Achte darauf, dass du alles genau nach dem Vorbild ausführst, das dir auf dem Berg gezeigt wurde!“* (Hebr 8,1-5).

Diese Verse deuten etwas Erstaunliches an, etwas, das unsere Liste von allem, was Mose vor seiner kühnen Bitte sah, noch erweitert. Gott zeigte Mose das Modell der Stiftshütte, indem er ihm die *„himmlische Wirklichkeit“*, die ewigen Realitäten, zeigte, welche die Stifthütte repräsentieren sollte. Mose sah tatsächlich den Thronsaal Gottes!

Ich möchte an dieser Stelle nicht auf die vielen Einzelheiten der Einrichtungsgegenstände der Stiftshütte und ihrer reichhaltigen Symbolik eingehen, wie wir sie im 2. Buch Mose und im Hebräerbrief finden. Ich möchte uns nur wieder daran erinnern, dass uns alles, was Mose beim Empfang des Alten Bundes sah, auch eine Verheißung für uns als Gläubige im Neuen Bund war. Als Jesus der Frau am Brunnen erklärte, dass Gott sich nach echten Anbetern sehnte, die *„im Geist und in der Wahrheit anbeten"* (Joh 4,24), meinte er damit die Erfüllung genau dieses Versprechens. Wir können im Geist und in der Wahrheit anbeten, weil wir nun direkt an der himmlischen Wirklichkeit teilhaben, die Mose sah, und nicht mehr nur an ihren irdischen Symbolen.

Ich möchte allerdings einen genaueren Blick darauf werfen, was Gott Mose mitteilte, nachdem er ihm die Anweisung für das Haus, das ihm sein Volk bauen sollte, gegeben hatte. Er erklärte ihm als Nächstes, welche Kleidung die Männer tragen sollten, die in diesem Haus dienten. Genau wie bei den Einrichtungsgegenständen der Stiftshütte hatte jedes Detail der priesterlichen Kleidung einen Sinn und eine tiefere Bedeutung in Bezug auf ihren Dienst. Der Priesterschurz, der Brustharnisch, der Kopfschmuck wurden nur vom Hohepriester getragen, da diese Dinge mit seiner einzigartigen Rolle als Fürbitter zu tun hatten, wenn er am Sühnetag in das Allerheiligste eintreten durfte. Sie deuteten auf den Dienst von Christus hin, der selbst in das Allerheiligste im Himmel eintrat und sich selbst als endgültiges Sühneopfer für uns hingab (vgl. Heb 9,11-14). Das Gewand der Hohepriester und das der „Söhne Aarons" hatte allerdings eine Gemeinsamkeit, die uns etwas über das Wesen unseres Dienstes als Mitglieder des *„königlichen Priestertums"* (1 Pet 2,9) verrät:

> *Und du sollst Aaron, deinem Bruder, heilige Kleider machen, die herrlich und schön seien ... Und den Söhnen Aarons sollst du Untergewänder, Gürtel und hohe Mützen machen, die herrlich und schön seien* (2 Mose 28,2.40).

Die Männer, die in Gottes Haus dienten, sollten *„herrlich und schön"* aussehen. Die Machart ihrer Kleider verrät uns noch mehr darüber – sie sollten aus dem gleichen Material wie die Stiftshütte sein:

Und die Wohnung sollst du aus zehn Zeltbahnen machen, aus gezwirntem Leinen und Garnen von blauem und rotem Purpur und Karmesin (2 Mose 26,1).

So sollen sie deinem Bruder Aaron und seinen Söhnen heilige Kleider machen, damit er mir als Priester diene. Dazu sollen sie Gold nehmen und Garne von blauem und rotem Purpur und Karmesin und von Leinen (2 Mose 28,4-5).

Die Herrlichkeit und Schönheit der Kleidung der Priester war dieselbe wie jene der Wohnung Gottes! Sie selbst sollten eine Widerspiegelung dessen sein, was sie sahen und berührten. Sogar mehr noch – Gott wollte, dass sie ein Teil davon sein sollten.

Mose und das Königtum

In der Bibel sind die Materialien für die Stiftshütte und die Kleidung des Priesters unverkennbar mit dem *Königtum* verbunden. Als der Pharao Joseph zu königlichem Status beförderte, *„nahm [er] den Siegelring von seiner Hand und steckte ihn an die Hand Josephs, und er bekleidete ihn mit weißem Leinen und legte eine goldene Kette um seinen Hals“* (1 Mose 4,42). Als König Ahasveros Mordechai zum Minister erhob ...

... verließ [er] den König in königlichen Gewändern, in blauem Purpur und weißem Leinen und mit einer großen goldenen Krone und einem Mantel aus weißem Leinen und rotem Purpur (Esther 8,15).

Als Gott Israel zu seinem auserwählten Volk berief, tat er dasselbe und ließ ihnen durch Hesekiel verkünden:

So warst du geschmückt mit Gold und Silber, und dein Kleid war aus weißem Leinen, aus Seide und Buntwirkerei ... und du wurdest überaus schön und brachtest es bis zur Königswürde (Hesekiel 16,13).

Und wenn wir bei der Hochzeit des Lammes schließlich unsere endgültige Beförderung als Braut Christi feiern werden, werden wir *„reines, strahlend weißes Leinen“* anhaben (Offb 19,8).

Diese Materialien weisen darauf hin, dass es sich bei der Stiftshütte nicht nur um einen Anbetungsraum handelte, sondern um das Haus eines Königs. Der einzige Israelit, der bis dahin jemals in einem Königspalast gewohnt hatte, war Mose. Es wäre einfach gewesen, wenn sich Gott ein Haus aus Ziegelsteinen gewünscht hätte. Mit Ziegeln kannten sich die Israeliten aus. Sie wussten, wie man Stroh und Lehm sammelt, Ziegel formt, trocknet und brennt – wahrscheinlich hätten sie alle beliebigen Formen von Ziegeln herstellen können. Was Ziegel betraf, waren sie Experten. Gott aber wollte ein Haus, das zum Königtum passte. Und so brauchte er jemanden, der mit königlichen Dingen vertraut war und sie wertschätzte. Mose hielt sich zwar für den falschen Mann, war aber in Wahrheit nicht nur der Richtige für diese Position, sondern der Einzige. Obwohl seine Zeit am Hof des Pharaos schon einige Jahre her war, konnte er sich zweifellos daran erinnern, wie es war, so nobel zu leben. Sind Sie schon Leuten begegnet, die in gehobenen Verhältnissen aufgewachsen sind, und plötzlich mit weniger zurechtkommen mussten? Wenn man mit solchen Leuten in ein teures Geschäft oder Restaurant geht, fühlen sie sich sofort zuhause. Einen geschulten Gaumen für Delikatessen und gute Weine verliert man nicht.

Andererseits weist das Wort *„geschult“* ja schon darauf hin, dass guter Geschmack nicht angeboren ist. Er muss erst gebildet werden. Eben diese Ausbildung im Haus des Pharaos bereitete Mose auf die extravagante Vision und Beschreibung, die Gott ihm auf dem Berg gab, vor. Er konnte dadurch nicht nur den Bau der Stiftshütte besser beaufsichtigen und sicherstellen, dass alles dem „Vorbild“ gemäß ausgeführt wurde, sondern es bereitete ihn darauf vor, dass ihm offenbart wurde, welche Art von König der Herr war, wie er diese ehemaligen Sklaven in eine Beziehung zu ihm bringen wollte und dass Mose sie in diese Beziehung hineinführen sollte.

Ich glaube auch, dass Mose von Gottes Schönheit so angezogen war, dass er darauf vorbereitet wurde, seine kühne Bitte nach mehr vorzubringen, um noch inniger mit ihm in *yada* verbunden zu sein. Genau das ist das Wesen von Schönheit – *Schönheit ist die Anziehungskraft der Seele, die zur Intimität einlädt.* Wenn Sie das nicht glauben, dann fragen Sie mal einen Mann, der sich gerade frisch verliebt hat. Er sah die Schönheit, die ihn anzog und zu einer Einladung wurde, die schöne Person näher kennenzulernen. Genau aufgrund dieser Anziehung wollte Gott, dass sein Haus und seine Priester schön sind. Gott möchte um der Beziehung willen, dass sein Volk an seiner Schönheit teilhat. Er möchte, dass wir uns zu ihm hingezogen fühlen, und er sich zu uns.

Aber wie erkennen wir Schönheit? Der Spruch, dass „Schönheit im Auge des Betrachters liegt", verrät uns, wie wir Schönheit empfinden. Es bedeutet nicht, dass der Betrachter dem Objekt Schönheit verleiht, sondern dass unsere Wahrnehmung vom Zustand unseres Wahrnehmungsvermögens abhängt. Wir sehen, was uns bekannt ist. Deshalb konnte Gott nicht einen beliebigen Israeliten mit auf den Berg nehmen, um ihm die *„himmlische Wirklichkeit"* seines Thronsaales zu zeigen. Ohne eine gewisse Fähigkeit, das Königliche wahrzunehmen und zu schätzen, wäre ihm das Gesehene vollkommen fremd und unverständlich erschienen.

Genau wie Gott Mose gebrauchte, um den Israeliten seine Güte zu zeigen und sie zu schulen, in seinen Gesetzen zu leben, so setzte er Mose auch ein, um ihnen seine Schönheit zu zeigen und sie darin zu schulen. Moses Treue, alles nach dem „Vorbild" auszuführen, gab dem Volk regelmäßig die Gelegenheit, königlicher Schönheit ausgesetzt zu sein. Die Erfahrung mit Gottes Schönheit verstärkte sich in jeder Generation der Israeliten, bis schließlich ein Mann geboren wurde, der von Gottes Schönheit so überwältigt war, dass er in einen Bereich von *yada* eindringen konnte wie sonst niemand im Alten Testament.

Schönheit anschauen

Dieser Mann war natürlich David, der unübertroffene Anbeter der Bibel. Er sagte:

> *Eines erbitte ich von dem Herrn, nach diesem will ich trachten: dass ich bleiben darf im Haus des Herrn mein ganzes Leben lang, um die Lieblichkeit des Herrn zu schauen und [ihn] zu suchen in seinem Tempel* (Psalm 27,4).

Es ist auffällig, dass David hier von einem *Tempel* spricht. Da es bis zu der Zeit Salomo noch keinen Tempel in Israel gab, muss er von etwas anderem gesprochen haben. Ich vermute, dass David hier eine Vorahnung davon hatte, dass der Herr den endgültigen Plan hatte, seine Söhne und Töchter eines Tages in seine direkte Gegenwart zu bringen – in die „echte Stiftshütte". Im nächsten Vers lesen wir: *„... er verbirgt mich im Schutz seines Zeltes"* (Ps 27,5). Selbst wenn David nicht sehen konnte, dass dies Gottes Plan war, so sah er doch zumindest, dass es für ihn verfügbar war. Er war so sehr von Gottes Schönheit angezogen, dass er sich bei dieser Einladung zur Nähe über alle „Benimmregeln" hinwegsetzte, die Gott durch Mose eingeführt hatte. Er wollte nichts Nachgemachtes, sondern die echten *„himmlischen Dinge"*.

David verstand das Prinzip, das Gott offenbart hatte, indem er seine Priester mit den gleichen herrlichen Stoffen ausstattete wie die Stiftshütte, in der sie dienten. Gott wollte seinem Volk zu erkennen geben, dass sie das werden würden, was sie anschauten. Er wollte ihnen aber auch klarmachen, dass die Schönheit der Stiftshütte nur ein Hinweis auf seine eigene Schönheit war. Nur wer sich von der Schönheit der Stiftshütte zu einer Begegnung mit Gott eingeladen wusste, konnte wie David, die unendlich vielen Facetten seiner Schönheit entdecken. Diese Schönheit zu betrachten, hatte weitaus tiefere Folgen, als einen Geschmack für die äußerlichen Dinge des Königtums zu entwickeln. Die Schönheit Gottes anzuschauen, regte David an, Gott ähnlich zu werden.

Wie Gott zu werden, ist die Frucht der Anbetung. In der Anbetung betrachten wir seine Schönheit, die uns zu ihm hinzieht und uns einlädt, ihn kennenzulernen und nach ihm zu *„fragen"*. Schönheit wirft immer Fragen auf. Für den verliebten Mann ist es die Frage: „Willst du mich heiraten?" Wer so fragt, tut dies hoffentlich deshalb, weil er jemand getroffen hat, den er ein Leben lang besser kennenlernen will. Wenn er dann ein Leben lang damit verbringt, sie kennenzulernen, und sie ihn, werden sie in einem zunehmenden Maße erkennen, was es heißt, „ein Fleisch zu sein". Einer wird den Satz des anderen beenden, sie werden gleich denken und miteinander in Einklang sein. Dies ist das Gleichsein, die Einheit, von der Gott möchte, dass wir sie mit ihm erreichen, indem wir ihn ein Leben lang in Anbetung betrachten. Dazu lädt er uns mit seiner Schönheit ein.

Im Haus des Herrn bleiben

Egal, ob man sich in einer erneuerten Gemeinde oder anderswo befindet – es besteht dieselbe Gefahr, in Religiosität zu verfallen. Dies mag beängstigend klingen, aber viele haben sich das *„Eine"*, das David ersehnte, zu ihrem „einzigen" gemacht und irgendeine religiöse Routine oder einen anderen nicht aufrechtzuerhaltenden Plan entwickelt, um „ein Leben lang im Haus des Herrn zu bleiben". Es kann dabei ja niemals darum gehen, in der Kirche zu leben. Manche von uns haben das Privileg, einen Großteil ihrer Woche in der Kirche bzw. Gemeinde zu verbringen, das gilt auch für mich. Ich sage den Leuten manchmal: „Ich lebe wie im Urlaub und werde dafür bezahlt, in die Kirche zu gehen." Was für ein großartiger Lebensstil! Aber eine Kirche ist nicht das Haus, wovon David im Psalm 27 spricht. Er spricht von der Stiftshütte – der wahren, himmlischen Stiftshütte.

Im Neuen Bund leben wir in diesem große Mysterium: Wir sitzen sowohl zur Rechten Gottes im Himmel und dürfen voll Zuversicht vor seinen Thron der Gnade kommen, sind aber gleichzeitig seine Wohnstätte hier auf der Erde, der Tempel des Heiligen Geistes (vgl. Eph 2,6; Heb 4,16; 1 Kor 6,19). Wir beten also Gott im Himmel an und nicht in einem Gebäude, und doch ist das Himmelreich in uns (vgl. Lk 17,21). Das *„Eine“* des Psalmisten zu erleben, bedeutet also zu lernen, in jeder Situation, jeder Lebensphase und Beziehung, in der Wirklichkeit zu leben, dass wir in ihm und er in uns lebt. Es bedeutet zu lernen, seine Schönheit zu betrachten und in jedem Bereich unseres Lebens nach ihm zu fragen. Es beinhaltet auch, dass wir uns darin schulen, ihn in jedem Aspekt unseres Lebens zu erkennen, damit wir das Leben so sehen, wie es wirklich ist, und als seine Söhne und Töchter entsprechend handeln. Ein Zeichen dafür, dass wir dies tun, ist, dass wir uns immer mehr von Gott, von allem, was ihn ausmacht und was er erschaffen hat, angezogen fühlen und dies zum Ausdruck bringen.

Nicht weit von Redding gibt es einen wunderschönen Berg – *Mount Shasta.* Sue und mir gefällt es, von Bergen umgeben zu sein. Als wir noch in Windsor, in der Nähe von London lebten, war alles ziemlich flach, mit vielen Gebäuden, wenig offenem Gelände und absolut keinen Bergen. Wenn ich Mount Shasta ansehe, wird in mir eine Leidenschaft wach. Ich möchte ihn fotografieren, am besten von allen Blickwinkeln und zu allen Tageszeiten, umgeben mit den verschiedensten Wolkenformationen. Die Schönheit des Berges lockt mich, hinzugehen und ihn noch besser kennenzulernen – aber auf eine Art und Weise, die mir entspricht. Ich kenne andere Leute, die einen solchen Berg auf ganz andere Weise erkunden wollen, als ich: Snowboarder wollen seine Hänge hinunterfahren, Kletterer wollen ihn besteigen und Geologen und Seismologen wollen ihn erforschen. Die Künstler wollen ihn malen.

Dasselbe gilt für den Ozean. Manche wollen auf ihm surfen, segeln oder reisen, andere wollen fischen, in ihm tauchen und seinen Grund erforschen. Wieder andere wollen ihn malen oder fotografieren. Seine Schönheit zieht uns alle anders an, weil wir alle unterschiedlich sind. So hat Gott uns gemacht. Er hat jeden von uns in verschiedene Facetten seiner Schönheit gekleidet. Wenn wir seiner Schönheit begegnen und uns zu ihr hingezogen fühlen, drücken wir diese Anziehung auf ganz unterschiedliche Weise aus, und dadurch wird seine Schönheit in uns sichtbar.

Ich glaube, dass unsere verschiedenen Arten, von Schönheit angezogen zu sein, die meisten kreativen Energien und Bestrebungen der Weltgeschichte entfacht haben. Menschen haben aus diesem Grund die Tiefen der Meere erkundet oder sind weit in den Weltraum vorgedrungen. Aber dort, wo die Anziehung nicht zur Anbetung des Schöpfers geführt hat, hatte es zur Folge, dass wir die Schöpfung und einander missbraucht und missachtet haben. Wir müssen begreifen, dass unser Hingezogensein zu den Bergen, zum Meer, zu Insekten, der Architektur oder der Musik eigentlich ein Hingezogensein zu dem Einen ist, der das alles gemacht hat. Er möchte, dass wir unseren Sehnsüchten bis zu ihrer Quelle folgen und ihn fragen: „Gott, wer bist du? Wie hast du das nur gemacht? Und warum genau auf diese Art? Was kann mir der Berg über dich erzählen? Was kann ich von den kreisenden Adlern über dich lernen? Und warum ziehen mich diese Dinge so an? Was lerne ich daraus in Bezug auf das, wie Du mich gemacht hast? Und was soll ich damit anfangen?"

Dieses Nachfragen ist die Schatzsuche, von der ich im letzten Kapitel gesprochen habe. Jeder von uns ist ein König, dessen Herrlichkeit zum Vorschein kommen wird, wenn wir das erforschen, was Gott für uns versteckt hat. Und seine Schönheit beflügelt unsere Suche.

Seine Schönheit darstellen

Kürzlich kaufte ich mir die *BBC*-Serie, der *Planet Erde*. Sie ist einfach fantastisch – ich kann es gar nicht beschreiben! Es rührt einen zu Tränen, diese Filme zu betrachten, die über fünf Jahre hinweg entstanden sind und Urwälder, Wüsten, Wälder, tiefe Ozeane, flache Gewässer und andere Orte dieses unglaublichen Planeten erforschen. Es ist herrlich, das Verhalten der Tiere zu beobachten: Ein Hai, der täglich 500 Liter Milch für sein Baby produziert und dabei auf der Suche nach Futter fast selbst verhungert; oder ein Pinguin, der eine Mahlzeit für sein Küken aufspart, das gleich ausschlüpfen wird. Es ist so großartig zu sehen, was in der Tiefe des Meeres lebt, oder wie ein Wald schon einen Tag nach einem Waldbrand wieder anfängt zu leben. Es ist einfach wunderschön – so unglaublich schön! Und all diese Schönheit offenbart die Schönheit dessen, der es erschaffen hat.

Heilung ist eine wunderbare Sache. Vielleicht haben Sie das noch nie so gesehen – aber haben Sie mal beobachtet, wie Ihre Haut nach einem kleinen Schnitt heilt? Wunderbar! So hat Gott es gemacht. Er hat uns so geplant, dass wir wieder heil werden. Dies ist auch die fundamentale Wahrheit, die hinter kreativen Wundern steht, die ebenfalls wunderbar sind. Wenn Menschen errettet werden, ist das schön. Hochzeiten sind wunderschön. Die lebenslange Liebe eines Mannes zu seiner Frau, Kinder oder Enkel zu bekommen, eine Familie zu sein, ein Vermächtnis zu hinterlassen – das ist Schönheit.

Was zieht Sie an? Was bewegt Sie? Was erwacht in Ihnen, wenn Sie Gottes Schönheit bestaunen? Ich glaube, wir sollten uns, besonders im Lobpreis in der Gemeinde oder in unserer persönlichen Anbetung, öfter erlauben, unsere Gedanken wandern zu lassen: zum Universum, zu den Bergen, zu Heilungen – zur Schönheit. Seien Sie nicht verwundert, wenn Sie im Lobpreis von kreativen Ideen überflutet werden. Vielen von uns ist das schon passiert und wir versuchen sie zu unterdrücken, weil wir es für eine Ablenkung halten. Wir müssen lernen, zwischen Ablenkungen und dem *Erwecktwerden* unserer Herzen durch den Herrn zu unterscheiden. Wir sollten sogar erwarten, dass in der wunderbaren Gegenwart Gottes, die in der gemeinsamen Anbetung noch verstärkt wird, unsere eigene priesterliche Schönheit herauskommen wird: die Ideen und Wünsche, die eigentlich seine Herrlichkeit in uns sind, werden sich zeigen und zum Ausdruck kommen.

Zum andern müssen wir damit aufhören, uns mit anderen zu vergleichen und uns abzuwerten, weil wir nicht von den gleichen Dinge angezogen werden und die gleiche Schönheit wie die Person neben uns haben. Genau genommen haben wir alle die gleiche Schönheit, denn als Söhne und Töchter Gottes sind wir alle mit denselben königlichen Priestergewändern des Himmel, ausgestattet und teilen seine Schönheit. Diese Schönheit ist so reich und vielfältig, dass Gott jeden von uns braucht, um verschiedene Facetten und Eigenschaften davon darzustellen. Wenn wir lernen, die Schönheit des Herrn anzuschauen und in der Intimität, zu der sie uns hinzieht, zu wachsen, werden wir uns nicht mehr von anderen Menschen und ihren Gaben bedroht fühlen, sondern sie stattdessen wertschätzen. Wir werden dann auch unsere eigene Schönheit erkennen und anfangen sie zum Ausdruck zu bringen.

Ich bin der festen Überzeugung, dass der Herr die Welt durch die Schönheit seiner Priester gewinnen will. Leute lassen sich nur bedingt durch die Androhung von Hölle und Feuerqualen von Gott überzeugen. Der Grund dafür ist einfach: Sie sind dafür geschaffen, sich zu schönen Dingen hingezogen, von hässlichen jedoch abgestoßen zu fühlen. Genau wie Jesus in Johannes 17 betete, ist es unser Einssein mit Gott, die Tatsache, dass Gottes Söhne und Töchter seine Herrlichkeit und Schönheit in ihrem Gesicht und ihrem Leben zum Ausdruck bringen, das die Menschen zum Glauben an ihn führt. Dies zieht sie an, ihn kennenzulernen. Wenn wir lernen, seine Schönheit darzustellen, werden wir die Welt der Schönheit des Himmels aussetzen und letztendlich ganze Nationen mit einer Sehnsucht fesseln, denjenigen zu kennen, welcher der Innbegriff von Schönheit ist.

Achten Sie also auf die Dinge, zu denen Sie sich hingezogen fühlen. Wenn Sie diese nach ihrer Quelle verfolgen, werden auch Sie in Ihren priesterlichen Dienst auf dieser Erde hineinfinden, in die spezielle Aufgabe, die Gott für Sie hat, in der Zusammenarbeit mit ihm seine Schönheit zu offenbaren. Ich kann kaum erwarten zu sehen, was passiert, wenn eine große Menge von Menschen, eine ganze Generation, anfängt, diese Schönheit zu sehen, ihr nachzujagen und sie auszustrahlen. Als Gläubige haben wir so viel, und nehmen doch so wenig davon in Anspruch. Wir haben viermal so viele Ressourcen wie der erfolgreichste Ungläubige in unserer Gesellschaft. Er ist ebenso im Bilde Gottes gemacht wie wir. Wir aber sind mit dem Heiligen Geist erfüllt, haben Christus in uns, die Hoffnung der Herrlichkeit, und wir haben den Sinn Christi. Wir haben direkten Zugang zu dem Einen, der das Universum erschuf, und haben seine Verheißung, dass er uns die Weisheit geben wird, die Welt untertan zu machen, indem er uns in alle Wahrheit führt (vgl. Joh 16,13). Ich glaube, es ist an der Zeit, dass die Gemeinde die größte und attraktivste Organisation auf der Welt wird!

Wir dürfen dabei aber nicht aus den Augen verlieren, dass unsere Anziehungskraft für die Welt nur das Nebenprodukt, nicht das Ziel der Anbetung ist. Das Ziel der Anbetung ist es, dass der König angezogen wird. Wie jede reine Braut, spart auch die Braut Christi ihre ganze Schönheit und Herrlichkeit allein für ihren Bräutigam auf. Wenn er wirklich das *„Eine"* ist, nach dem wir uns sehnen, wird er – wie jeder leidenschaftliche Bräutigam – nicht lange auf sich warten lassen.

> *Höre, Tochter, schau her und neige dein Ohr; vergiss dein Volk und das Haus deines Vaters! Und wird der König deine Schönheit begehren – denn er ist dein Herr –, so huldige ihm! Ganz herrlich ist die Königstochter im Innern; aus gewebtem Gold ist ihr Gewand* (Ps 45,11-12.14).

KAPITEL 10

Ehre

Niemand wurde je für das ausgezeichnet, was er empfangen hat. Ehre ist der Preis für etwas, was man gegeben hat.

Calvin Coolidge

Jesus zeigte uns, dass Herrlichkeit sich in Beziehungen offenbart. Er brachte uns in seine Beziehung zum Vater hinein, und in und durch diese Beziehung erfahren wir eine Herrlichkeit, die jene von Mose wie gar keine Herrlichkeit aussehen lässt. Jesus war auch ein Beispiel dafür, was diese Beziehung auszeichnet – nämlich Ehre oder Ehrerbietung. Ehrerbietung ist zugleich der Wunsch und die Fähigkeit, Herrlichkeit in anderen anzuerkennen. (*Kabod*, das hebräische Wort für Herrlichkeit, wird im Alten Testament 32-mal mit „*Ehre*" übersetzt).[1] Jedes Mal, wenn ich in jemand oder etwas die Eigenschaften, das Wesen oder die Kraft Gottes erkenne, begebe ich mich auf die Reise der Ehre. Oder anders ausgedrückt, Ehre ist, wenn ich etwas wertschätze, weil es irgendwie Gott offenbart.

Die Offenbarung von Ehre am Kreuz

Im Kreuz zeigt sich Ehre auf vollkommene Weise. Jesus bewies uns damit, wie sehr er jeden Menschen, der je geboren

---

[1] Nach der gebräuchlichen engl. Strong-Konkordanz, http://www.blueletterbible.org/lang/lexicon/lexicon.cfm?strongs=H3519.

wurde und noch geboren wird, wertschätzt. Und er meint damit jeden Mann, jede Frau und jedes Kind, und das schließt sogar den schlimmsten Verbrecher auf der Welt mit ein. Wir alle waren ihm mehr wert als sein eigenes Leben. Warum schätzt uns Jesus so hoch? Und wie konnte er in uns Herrlichkeit sehen, wenn wir doch seine Herrlichkeit verfehlt haben? Die Antwort auf beide Fragen ist, dass Jesus unseren Wert und unsere Herrlichkeit in der Ewigkeit erkannte. Er kannte den Plan des Vaters, „viele Söhne zur Herrlichkeit zu bringen" (vgl. Hebr 2,10), und sah jeden von uns, trotz des Sündenfalls, als Söhne und Töchter an, die sein Vater für diesen Zweck erschaffen hatte.

Natürlich steckt dahinter noch mehr. Das Wort *„erkennen"* ist ein wenig zu kurz gegriffen, denn es legt nahe, dass Christus in uns etwas Wertvolles sah, das wir schon besaßen. Wir besitzen es auch für alle Ewigkeit, allerdings nur, weil *er* es uns gab, indem er für uns starb. Christus erwies uns durch seinen Tod Ehre, denn nur durch seinen Tod wurden wir ehrbar. Indem er uns zeigte, wie sehr er uns wertschätzte, gab er uns diesen Wert.

Der Tod Christi stellte jedoch nicht nur unseren Wert wieder her, den wir durch den Sündenfall verloren hatten. Der Preis, den Gott bezahlte, um uns zu erlösen, war viel größer als der, den er bezahlte, um uns zu erschaffen. Deshalb besitzt die erlöste Menschheit auch viel mehr Wert und Herrlichkeit, als Adam und Eva in ihrer Unschuld besaßen. Als Christus uns zur Herrlichkeit wiederherstellte (vgl. Joh 17,22), machte er uns nicht wie Adam und Eva, sondern wie sich selbst. Ja, in Wirklichkeit machte er uns sogar zu einem Teil seiner selbst. In ihm gehören wir nun zu einer neuen göttlich-menschlichen Spezies und haben auf eine Weise Anteil an Gottes Wesen, wie wir es als die, die „nur" im Bild Gottes geschaffen waren, nie hatten.

Dieser Akt, durch den uns Christus für immer zu „neuen Geschöpfen" gemacht hat, bestimmt nun, wie wir uns als Menschen von so hohem Wert gegenseitig behandeln sollten.

Paulus beschreibt, dass dieser Akt höchster Ehrerbietung gleichzeitig der Akt höchster Demut ist:

> *Das ist die Haltung, die euren Umgang miteinander bestimmen soll; es ist die Haltung, die Jesus Christus uns vorgelebt hat. Er, der Gott in allem gleich war und auf einer Stufe mit ihm stand, nutzte seine Macht nicht zu seinem eigenen Vorteil aus. Im Gegenteil: er verzichtete auf alle seine Vorrechte und stellte sich auf dieselbe Stufe wie ein Diener. Er wurde einer von uns – ein Mensch wie andere Menschen. Aber er erniedrigte sich noch mehr: Im Gehorsam gegenüber Gott nahm er sogar den Tod auf sich; er starb am Kreuz wie ein Verbrecher* (Phil 2,5-8).

Es scheint der Demut genug, dass Gott Mensch wurde. Das war aber erst der Anfang. Paulus schreibt, dass Gott bereits als Mensch in Erscheinung getreten war und sich *dann* demütigte – bis hin zum Tod. In seinem Tod nahm Jesus einen Platz noch unterhalb der schlimmsten Sünder ein, noch unterhalb einer ganzen Generation von Sündern. Er demütigte sich bis zum tiefsten Punkt der Demut und schaute dann nach oben; denn in vollkommener Demut kann man nur noch nach oben schauen. Aber genau das – auf den untersten Grund aller Dinge zu gelangen – brachte Christus in die Lage, über sie zu herrschen.

Eines Samstags besuchte ich als zuständiger Gefängnisleiter einmal den Isolationstrakt des Jugendstrafvollzugs. Das ist der Ort, wo die ganz bösen Jungs hinkommen. In diesem Fall wurde ein junger Mann von vier großen, starken Wärtern im Haltegriff zu uns gebracht. Wie sie es gelernt hatten, brachten die Wärter ihn in eine nackte Zelle und legten ihn in Bauchlage auf den Boden. Der normale Ablauf wäre gewesen, dass je einer in Kopfhöhe und die andern in Arm- und Beinhöhe positioniert waren und dass dann einer nach dem andern den Körperteil losließ, den er hielt und dann die Zelle verließ. Das stellte sicher, dass der Gefangene weder sich selbst noch einen Wärter verletzen konnte.

Als die Wärter den Gefangenen so am Boden hielten, betrat ich die Zelle. Ich hatte eine innere Gewissheit, was – trotz seiner bedrohlichen Erscheinung – wirklich in dem Gefangenen vor sich ging. Ich wusste, dass er in Wirklichkeit mehr verängstigt als gefährlich war. Als Direktor galt mein Wort, weshalb ich für gewöhnlich nichts sagte, bevor ich mir nicht hundertprozentig sicher war.

„Lasst ihn los!", sagte ich.

„Wissen Sie, was Sie da tun?"

„Ja, lasst ihn los."

Dann setzte ich mich auf den Boden neben ihn. Nun sah ich die Situation aus seiner Perspektive. Vier große Gefängniswärter hatten sich über uns aufgebaut – es war tatsächlich furchteinflößend. Ich bin körperlich nicht sehr imposant, schon gar nicht, wenn ich auf dem Boden sitze. Und trotzdem war ich immer noch der Gefängnisdirektor. Von dieser Position aus begann ich mit dem jungen Häftling zu sprechen und die Situation in die Hand zu nehmen. Ich gab ihm die Chance, mir zu vertrauen – einer Respektsperson, die sich auf sein Niveau hinunterbegeben hatte. Als ich ihn an den folgenden Tagen besuchte, fand ich heraus, dass ich mit meinem Verhalten die Grundlage für eine Beziehung zu ihm gelegt hatte, die auf Verständnis und Vertrauen ausgelegt war, und nicht Befürchtungen, die auf seinen früheren Erfahrungen mit anderen Autoritätspersonen basierte.

An jene Situation wurde ich erinnert, als ich über die Demut Jesu nachdachte. Jesus kam auf unser Niveau herab und ging sogar noch tiefer, indem er uns diente – zuerst in seinem Leben und dann in seinem Tod, als er *„in die unteren Teile der Erde stieg"* (Eph 4,9). Jesus begab sich in den äußersten Abgrund der Menschheit hinein – in Sünde und Tod – und noch darunter. Er sah die Dinge aus unserer Perspektive, und zwar noch klarer als wir, da er nicht nur unsere Zerbrochenheit, sondern auch deren ganze Last fühlte. Doch selbst als Jesus sich völlig mit den Konsequenzen der Sünde identifizierte, verlor er nie sein Recht noch seine Fähigkeit zu herrschen. Er herrschte jedoch von unten und nicht von oben her. Er stellte sich unter uns, um uns emporzuheben.

Es mag paradox klingen, dass Christus sich selbst erniedrigte, um danach erhoben zu werden, doch genau diese Wahrheit verkündigte er auch: *„... wer sich selbst erniedrigt, wird erhöht werden“* (Mt 23,12). Paulus beschreibt, dass genau dies am Kreuz passiert ist: *„Er erniedrigte sich noch mehr: Im Gehorsam gegenüber Gott nahm er sogar den Tod auf sich; er starb am Kreuz wie ein Verbrecher. Deshalb hat Gott ihn auch so unvergleichlich hoch erhöht ...“* (Phil 2,8-9). Seine Demut und Erhöhung geschah allein für uns. Seinen Weg zum tiefsten Ort beschritt er allein deshalb, damit wir das von Gott empfangen konnten, was wir dringend brauchten, uns selbst aber nicht verschaffen konnten: Gnade.

Eine der unveränderlichen Eigenschaften Gottes neben seiner vollkommen Güte ist folgende: *„Gott widersteht den Hochmütigen; den Demütigen aber gibt er Gnade“* (Jak 4,6; 1 Pet 5,5). Aufgrund unseres Stolzes hatten wir keinen Zugang mehr zur Gnade. Gott fand jedoch einen Weg, um uns das Eine zu geben, das uns wiederherstellte, ohne dabei gegen seinen Charakter zu verstoßen, und dies geschah auf dieselbe Weise, wie er uns seine Herrlichkeit geschenkt hat. Wie wir in Kapitel 3 gesehen haben, tat Gott für den Sohn des Menschen, was er für Mose nicht tun konnte. Er konnte auf Jesu Bitte nach Herrlichkeit eingehen, weil Jesus nicht „irgendeiner“ war. Gleichermaßen konnte Gott einer in Stolz verfallenen Menschheit nicht jene Gnade gewähren, die er Jesus gewähren konnte, der sich selbst demütigte.

Um aber das volle Maß der Gnade zu empfangen, das Sünder benötigen, musste Jesus sich vollkommen mit uns identifizieren. Und um sich mit denen, die in der Sünde tot waren, zu identifizieren, musste er sterben. Und weil er sich vollkommen mit uns identifizierte, wurde sein Tod zu unserem Tod, wie Paulus schrieb: *„Wenn einer für alle gestorben ist, so sind sie alle gestorben“* (2 Kor 5,14). Am Kreuz waren wir nicht mehr tot in unserer Sünde, sondern tot in Christus. Und weil wir mit ihm gestorben sind, sind wir auch mit ihm auferstanden, als ihn sein Vater von den Toten auferweckte:

> *Gott aber, der reich ist an Erbarmen, hat um seiner großen Liebe willen, mit der er uns geliebt hat, auch uns, die wir tot waren durch die Übertretungen, mit Christus lebendig gemacht – aus Gnade seid ihr errettet! – und hat uns mitauferweckt und mitversetzt in die himmlischen Regionen in Christus Jesus, damit er in den kommenden Weltzeiten den überschwänglichen Reichtum seiner Gnade in Güte an uns erweise in Christus Jesus* (Eph 2,4-7).

Christus ging vom tiefsten Punkt der Demut hinauf zum höchsten Ehrenplatz und nahm uns durch die Kraft der Gnade mit sich. Damit erhob er uns in den Stand, den wir von Anfang an haben sollten: den der glorreichen Söhne und Töchter des Königs der Könige und des Herrn der Herrn.

Ehre spendet Leben

Paulus sagte uns klar, wie wir mit dieser dramatischen Geschichte umgehen sollen, dieser großen Geste Gottes, der zur Menschheit herabkam und in den Tod ging und dann mit der Menschheit zum Leben auferstand:

> *Tut nichts aus Eigennutz oder um eitler Ehre willen, sondern in Demut achte einer den andern höher als sich selbst, und ein jeder sehe nicht auf das seine, sondern auch auf das, was dem andern dient* (Phil 2,3-4).

Noch einmal: Die Ehre, die Christus uns am Kreuz erwiesen hat, legt die Art und Weise dar, wie wir miteinander umgehen sollen. Auf unserem Weg, Ehre zu praktizieren, müssen wir erstens lernen, einander die gleiche Wertschätzung entgegenzubringen, die Christus uns entgegengebracht hat. Und zweitens sollen wir lernen, diesen Wert zum Ausdruck zu bringen, wie es Christus getan hat, indem wir auf das sehen, *„was den* *anderen dient*" und diese höher achten als uns selbst. Wir sind berufen, ein „*Knecht aller*" (Mk 10,44) zu werden und die niedrigere Position einzunehmen, um unsere Mitmenschen zu erheben.

Während meiner Dienstzeit als Gefängnisdirektor habe ich immer wieder nach Wegen gesucht, wie ich „unter" die Häftlinge gelangen konnte. Zwei Jahre lang habe ich es keinem der neuen Häftlinge erlaubt, in mein Gefängnis zu kommen, ohne nicht zunächst ein fünfzehnminütiges Gespräch mit mir zu führen. Es war eine etwas ungewöhnliche Vorgehensweise, aber ich hatte den starken Eindruck, dass ich es tun sollte. In dieser Zeit habe ich über 300 Häftlinge interviewt. Ich begann diese Gespräche meist folgendermaßen: „Ich möchte nicht über Ihre Straftat sprechen. Sie haben auf Ihrem Weg hierher Ihr Verbrechen Ihren Eltern, Ihrem Bewährungshelfer, ungefähr zehn Anwälten und drei Richtern und der Polizei erzählt und außerdem in den zwei anderen Gefängnissen, in denen Sie waren, mit fast jedem darüber gesprochen. Ich möchte über *Sie* reden. Was machen Sie gerne? Was ist das Beste, das Ihnen je passiert ist? An welchen Urlaub mit Ihrer Familie erinnern Sie sich noch? Was möchten Sie hier im Gefängnis tun und erreichen?"

Einige konnten auf diese Fragen einfach nichts antworten; sie waren zu geschockt, dass ich mich für sie interessierte. Sie fingen an, mir von ihren Verbrechen zu erzählen, bis ich unterbrach: „Das will ich gar nicht wissen." Oft sagten sie: „Ich muss sechs Jahre absitzen." Und ich wandte ein: „Ich weiß, dass Sie sechs Jahre absitzen müssen. Aber darum geht's nicht. Ich möchte etwas über Sie wissen. Ich möchte Sie kennenlernen."

Der Vorstand des Besucherüberwachungskomitees führte normalerweise ein Gruppeninterview mit den Häftlingen durch, die mit mir gesprochen hatten. Eines Tages kam Andrea, eine reizende Dame des Komitees, auf mich zu und meinte: „Paul, Sie haben da ein Problem."

„Welches denn?", fragte ich.

„Diese Insassen denken, dass Sie sie wirklich mögen."

„Das ist nicht ganz richtig", erwiderte ich, „ich mag sie nicht nur; ich liebe sie."

Ich hatte mich dazu entschlossen, für diese jungen Männer eine Stimme der Ehre zu sein. Ich wollte ihnen auf der Grundlage dessen, was Gott über sie sagte, Wertschätzung vermitteln, und nicht aufgrund der falschen Entscheidungen, die sie in ihrem Leben getroffen hatten. Ich wollte das Herrliche in ihnen erkennen, egal, wie tief es begraben lag. Und ich konnte dabei zusehen, wie viele von ihnen auf die unterschiedlichste Weise Lebenszeichen von sich gaben. Nach dem ersten Interview wollten mir viele von ihnen immer wieder ihre Fortschritte zeigen. Wenn ich sie im Kunstraum, in der Werkstatt oder im Sportraum besuchte, zeigten sie mir eifrig ihre Werke und Erfolge.

Ehre spendet Leben. Am Kreuz sehen wir dies auf extrem dramatische Weise: Christus brachte der gesamten Menschheit durch seine Ehre ewiges, überfließendes Leben. Gott hatte dieses Prinzip jedoch schon Jahrhunderte zuvor im fünften Gebot durch Mose erstmals verkündet: *„Du sollst deinen Vater und deine Mutter ehren, damit du lange lebst in dem Land, das der Herr, dein Gott, dir gibt!"* (2 Mose 20,12). Wie ich bereits beschrieben habe, ist vieles in mir zum Leben erweckt worden, als meine Verbindung zu meinem Vater wiederhergestellt wurde und ich anfing, ihn wertzuschätzen. Ehre öffnete das blockierte Blutgefäß der Sohnschaft, und seit dieser Zeit fließt mir daraus Kraft zu, die sich positiv auf mein Leben, meine Familie und meine Zukunft ausgewirkt hat.

Wenn wir unsere Eltern – auch wenn sie nicht mehr da sind – in unseren Herzen und Gedanken ehren, können wir von ihnen Leben empfangen. Dieses Prinzip erstreckt sich auf alle unsere Begegnungen mit Menschen, denn obwohl unsere Familienbande die engsten und daher am meisten Leben spendenden Beziehungen sind, hat die Ehre, die Jesus am Kreuz allen Menschen erwies, uns alle zu einer Familie und der Ehre würdig gemacht. Jede Begegnung mit anderen trägt somit

Leben spendendes Potenzial, wenn wir den Wert Christi im Gegenüber erkennen; selbst in denen, die ihn noch nicht kennen. Denn auch Christus sah uns als wertvoll an, noch bevor wir ihn kannten. Und noch einmal: Wenn wir einfach Ehre im Herzen tragen, können wir Leben spenden, selbst wenn wir nicht direkt mit Menschen in Kontakt kommen. Die Schrift lehrt uns zum Beispiel, auch weltliche Autoritäten zu ehren. Denn auch wenn wir dem Präsidenten oder der Kanzlerin nie selbst begegnen, können wir durch unsere Gebete dazu beitragen, dass ihr Einflussbereich von Leben und Frieden durchströmt wird (vgl. Röm 13,1-7; 1 Tim 2,1-2).

Allerdings wirkt das Prinzip der Ehre auch im Negativen. Die Schrift spricht ganz klar darüber, dass Ehre (der Demut vorausgeht) Leben spendet, dass aber ebenso Ehrlosigkeit (der Stolz vorausgeht), Leben verhindert. In Sprüche 18,12 lesen wir: *„Vor dem Zusammenbruch wird das Herz des Menschen hochmütig, aber vor der Ehre kommt die Demut."* Ich illustriere dieses Prinzip gerne mit einem Bild aus der Kochkunst, da ich gerne koche und Rezepte sammle. (Mit acht Jahren schaute ich schon *Galloping Gourmet*, eine Sendung mit einem der ersten Fernsehköche, und ich begann für meine Eltern zu kochen, die einen kleinen Lebensmittelladen hatten und mir dadurch Zugang zu allerlei Zutaten verschafften. Meine Eltern und später meine Frau bestätigten mir meine Kochkünste in Bezug auf die Gerichte von *Galloping Gourmet*, waren aber nicht so begeistert über das Chaos, das ich im Stil dieses Fernsehkochs in der Küche hinterließ.)

Stellen Sie sich nun einmal vor, ich sei ein berühmter Koch und würde eine großartige Köchin zu Hause besuchen. Folgendes würde ich zwar nie tun – aber malen Sie sich einmal aus, sie würde ihr mit viel Mühe zubereitetes Dessert auf den Tisch stellen, und ich würde sofort damit herausplatzen, dass meine Version ihres Desserts viel besser sei. Ihre Hoffnung, mich zufriedenzustellen, wäre sofort dahin! Um ihre Enttäuschung zu verbergen, lächelt sie nur und serviert mir unter der Bemerkung, es tue ihr leid, dass es nicht so recht gelungen sei, eine Portion. Starrköpfig erläutere ich mit jedem Bissen weiter, was ich vermisse, bis ich abrupt unterbrochen werde. Das Dessert ist auf meinem Hemd gelandet und die Köchin nötigt mich, sofort das Haus zu verlassen. Meine – durch Stolz genährte – fehlende Ehrerbietung hat jeden förderlichen Austausch verhindert und stattdessen Zerrüttung hervorgebracht.

Stellen Sie sich im Gegensatz dazu nun einmal vor, ich würde verkleidet in das Haus der Köchin kommen. Beim Anblick des Desserts bin ich schon ganz hingerissen und bemerke, wie wunderbar es duftet. Sie gibt mir eine Portion und nach ein paar Bissen schwärme ich über die meisterhafte Zubereitung. Geschmeichelt von meinen Komplimenten, erzählt sie mir den Hintergrund dieses Desserts, dessen Rezept bereits ihre Urgroßmutter mit nach Amerika gebracht hatte. Daraufhin holt sie aus einem Regal ein selbst zusammengestelltes Kochbuch und ein Foto ihrer Urgroßmutter. Mein geprüfter Chefkochblick verrät mir, dass es sich hierbei um eine recht außergewöhnliche Sammlung wertvoller Familienrezepte handelt. An diesem Punkt enthülle ich nun, wer ich wirklich bin, und eröffne ihr, dass ihr Kochbuch es wert wäre, veröffentlicht zu werden, und biete ihr dazu meine Hilfe an.

In diesem zweiten Szenario führt Demut zu Ehrerbietung, und Ehre bringt Leben hervor. Was ist dieses Leben? Der Genuss und Verzehr des Desserts war sicherlich nur ein kleiner Teil davon. Der wirkliche Schatz, der durch Ehrerbietung zum Vorschein kam, war die Begabung der Köchin und ihrer Familie. Dadurch wurde Raum geschaffen, damit die wirkliche Größe der Köchin ans Licht kommen konnte.

Von Herrlichkeit zu Herrlichkeit durch Ehre

In der Bethel-Gemeinde haben wir daran gearbeitet, eine Kultur der Ehre zu entwickeln, eine Kultur, bei der wir gegenseitig die Größe, das „Gold", in uns entdecken und wecken wollen. Wir haben uns das Reich-Gottes-Prinzip zu eigen gemacht, dass die Qualität in unserer Gemeinschaft sich daran messen lässt, wie erfolgreich wir dabei sind, die Herrlichkeit in anderen zu erkennen und ihnen zu helfen, diese Herrlichkeit zum Ausdruck zu bringen. Worte der Ermutigung gehören zu unserem täglichen Brot. Man muss nicht lange in Bethel sein, um jemanden sagen zu hören, was für eine Herrlichkeit er oder sie in Ihnen sieht. Eine Folge davon ist, dass alle Menschen in unserer Umgebung aufleben – es ist *wunderbar*!

Beim Etablieren dieser Ehre in unserem Leben haben wir jedoch etwas Wichtiges gelernt. Wie ich im letzten Kapitel schon erwähnt habe, sehen wir immer nur das, was uns bekannt ist. Herrlichkeit in anderen Menschen zu erkennen, geschieht nicht einfach automatisch. Wir müssen unsere Augen trainieren, sie zu sehen, indem wir unsere Gedanken trainieren, dass sie mit der Wahrheit übereinstimmen, also damit, wie Christus den Wert der Menschen definiert hat. Diesen Trainingsprozess nennt die Bibel *Umkehr*. Das griechische Wort dafür ist *metanoia*, was so viel bedeutet wie „umdenken" oder „sein Denken verändern".[2] Nur wenn wir unsere eigene Herrlichkeit und die der anderen erkannt haben und schätzen, werden wir fähig sein, uns auch „ehrenhaft" zu verhalten. Dazu müssen wir jedoch die falschen Überzeugungen, die wir übereinander haben, ablegen. Hier beginnt der echte Glaubenskampf. Es ist der Kampf darum, einer unsichtbaren, ewigen Realität zu vertrauen, und zuzulassen, dass sie unseren Umgang mit der sichtbaren, temporären Wirklichkeit verändert, in der immer noch augenfällig ist, wie wenig wir selbst und alle anderen unserem älteren Bruder wirklich gleichen.

Unser Denken übereinander zu verändern, ist in unserer Kultur keine einfache Aufgabe, da diese ausgesprochen entehrend ist – insbesondere, was Autoritäten angeht. Als junger Mann habe ich in der Schule die Anweisungen eines Parkwächters oder uniformierter Männer immer befolgt, da es damals noch normal war, Autoritätspersonen zu ehren und ihnen

---

[2] Nach der engl. Strong-Konkordanz, http://www.blueletterbible.org/lang/lexicon/lexicon.cfm?strongs=G3340.

Folge zu leisten. Heute ist es normal geworden, über Autoritätspersonen zu spotten, sie zu kritisieren und ihnen nicht zu gehorchen – egal, ob es sich um unsere Eltern oder den Präsidenten handelt. Auch hier ist Stolz die Wurzel der Ehrlosigkeit. Wir sind so arrogant geworden und maßen uns an, alle und jeden richten oder kritisieren zu können, ungeachtet ihres Titels oder ihrer Stellung. Jesus beschrieb uns hervorragend, als er uns lehrte, nicht zu richten:

> *Verurteilt niemand, damit auch ihr nicht verurteilt werdet. Denn so, wie ihr über andere urteilt, werdet ihr selbst beurteilt werden, und mit dem Maß, das ihr bei anderen anlegt, werdet ihr selbst gemessen werden. Wie kommt es, dass du den Splitter im Auge deines Bruders siehst, aber den Balken in deinem eigenen Auge nicht bemerkst? Wie kannst du zu deinem Bruder sagen: „Halt still! Ich will dir den Splitter aus dem Auge ziehen" – und dabei sitzt ein Balken in deinem eigenen Auge? Du Heuchler! Zieh zuerst den Balken aus deinem eigenen Auge; dann wirst du klar sehen und kannst den Splitter aus dem Auge deines Bruders ziehen* (Mt 7,1-5).

Mit großen Balken von Stolz vor unseren Augen können wir einfach nicht erkennen, wie die Menschen um uns herum wirklich sind. Je mehr wir einander richten und verurteilen, desto mehr kommen wir selbst unter das Gericht, denn so wirkt sich das Richten aus. Deshalb finden wir in unserer Kultur immer weniger Größe und dafür immer mehr Gesetzlosigkeit. Die meisten meiner Häftlinge sind in genau dieser ehrlosen, gegen Autorität gerichteten Haltung aufgewachsen, welche anhaltend ihr Leben zerstört hat.

Doch wirkt das Urteilen auch andersherum, positiv. Eigentlich ist der Kern von Ehre die richtige Beurteilung der Herrlichkeit anderer. Wenn wir durch Demut und Umkehr die Balken vor unseren Augen entfernen, dann können wir „klar sehen" und auch anderen dazu verhelfen. Wenn wir andere höher achten als uns selbst, und ihre Herrlichkeit sogar über die unsere stellen, dann dürfen wir auch erwarten, mit demselben Maß gemessen zu werden. Anstatt dass Größe aus unserer Kultur verschwindet, wird sie dann zunehmen.

Diese Dynamik der Ehrerbietung in Beziehungen war eines der wichtigsten Dinge, die Paulus im dritten Kapitel des zweiten Korintherbriefs beschreibt. Er malt den Korinthern zunächst folgendes Bild vor Augen:

> *Unser Brief seid ihr, eingeschrieben in unsere Herzen, erkannt und gelesen von allen Menschen; von euch ist offenbar geworden, dass ihr ein Brief Christi seid, ausgefertigt von uns im Dienst, geschrieben nicht mit Tinte, sondern mit dem Geist des lebendigen Gottes, nicht auf steinerne Tafeln, sondern auf Tafeln, die fleischerne Herzen sind* (2 Kor 3,2-3).

Er vergleicht dieses Bild dann mit dem Bild von Mose, der mit leuchtendem Angesicht und mit den steinernen Tafeln in der Hand vom Berg herunterkam. Diese beiden Bilder stehen für zwei unterschiedliche Bünde. Laut Paulus hatte jedoch das strahlende Angesicht Moses keine Herrlichkeit im Vergleich zu der Herrlichkeit, die wir als „lebendiger Brief" Christi besitzen. (Dies ist meiner Meinung nach auch der Grund dafür, dass der Kanon der Bibel abgeschlossen ist. Die Geschichte kann nicht mehr auf Tafeln und Papier verfasst werden, sondern wird nun über die Jahrhunderte hinweg auf einem stetig wachsenden Pergament von Menschenleben geschrieben.) Auf mancherlei Weise scheint das leuchtende Gesicht von Mose leichter zugänglich und dadurch auch realer zu sein als die Herrlichkeit, die wir ineinander erkennen sollen. Ich habe für meinen Teil noch nie das Gesicht von jemanden so leuchten sehen, dass ich es nicht hätte anschauen können – daran würde ich mich garantiert erinnern! Dies ist aber wirklich geschehen und ich kann mir gut vorstellen, dass solche Manifestationen zunehmen, wenn die Gemeinde *„von Herrlichkeit zu Herrlichkeit"* geht. Genau dies ist Mose aber nie passiert; seine Herrlichkeit verblasste wieder, weil sie nur im äußerlichen Bereich sichtbar war. Wir haben eine weitaus größere Herrlichkeit, die in uns und unsichtbar ist. Sie ist in unsere Herzen geschrieben.

Diese höhere Herrlichkeit kann man nicht einfach sehen. Sie kann nur von jemand „gelesen“ werden, der die Sprache der Herrlichkeit versteht. Der Lernprozess, der dazu nötig ist, die lebendigen Briefe in den Herzen anderer „lesen“ zu können, ist eine Herausforderung, aber entscheidend für den Prozess, durch den wir „von Herrlichkeit zu Herrlichkeit“ gehen. Betrachten wir, wie Paulus sein Kapitel beendet:

> *Aber bis heute, sooft Mose gelesen wird, liegt eine Decke auf ihrem Herzen. Dann aber, wenn sich jemand zum Herrn wendet, wird die Decke weggenommen. [...] Wir alle aber schauen mit aufgedecktem Angesicht die Herrlichkeit des Herrn an und werden so verwandelt in dasselbe Bild von Herrlichkeit zu Herrlichkeit, wie es vom Herrn, dem Geist, geschieht* (2 Kor 3,15.16-18).

Im Alten Bund bedeckte ein „Schleier“ die Dimension des Herzens, d. h. des geistlichen Bereichs. Wenn wir uns hingegen zum Herrn wenden, wird der Schleier gelüftet und wir sind in der Lage, das zu sehen, was unsichtbar ist – sowohl Christus, als auch diejenigen, die in Christus sind. Wenn wir daran denken, die Herrlichkeit im Angesicht Christi „schauen“ zu wollen, beinhaltetet dies meiner Meinung nach notwendigerweise, dass wir Christus auch in den Gesichtern der anderen erkennen wollen. Paulus bestätigt dies später in seinem Brief:

> *Daher kennen wir von nun an niemand nach dem Fleisch; wenn wir Christus auch nach dem Fleisch gekannt haben, so kennen wir ihn doch jetzt nicht mehr so* (2 Kor 5,16).

Wir müssen lernen, über die Menschen, die uns begegnen, das zu sagen, was Mutter Teresa über die Armen sagte, denen sie diente: „In jedem von ihnen begegnet uns Jesus in

Verkleidung."[3] Denn wenn wir lernen zu sehen, wie Christus sich in unseren Gesichtern widerspiegelt, werden wir den Maßstab, den er an uns anlegte, als er uns ehrte, auch untereinander anlegen. Dies erzeugt einen Strom des Lebens und der Gnade, der das Unsichtbare in unserem Leben ans Licht bringt und die Kluft zwischen Himmel und Erde schließt.

Für meine Gemeinde besteht der grundlegende Auftrag des Leibes Christi darin, *„wie im Himmel so auf Erden"* (Mt 6,10) zu leben. Deswegen gehört Ehre bzw. Ehrerbietung auch zu unseren Grundwerten. Es geht uns nicht nur darum, dass wir gute Gefühle über uns selbst bekommen; wir haben verstanden, dass der Himmel auf die Erde kommt, wenn wir die Herrlichkeit ineinander erkennen, sie wachrufen und ihr Raum geben, damit sie sich ausdrücken kann. Menschen entsprechend dem zu behandeln, wie Gott sie sieht, ist der Schlüssel, um ihnen zu helfen, sich selbst so zu sehen, wie Gott sie sieht. Diese Offenbarung befähigt sie, als die herrlichen Söhne und Töchter Gottes zu leben, die sie in Christus tatsächlich schon sind. Wir glauben, dass diese Kultur der Ehre letztendlich ein solches Gewicht an Herrlichkeit hervorbringt und so viel Leben und Größe freisetzt, dass es die Welle der Zerstörung, die Ehrlosigkeit in unserer Gesellschaft angerichtet hat, umkehren wird.

Ich möchte Sie also herausfordern: Streben Sie danach, die Sprache Herrlichkeit in den Herzen Ihrer Mitmenschen noch besser lesen zu lernen! Beten Sie wie Paulus: *„Er erleuchte die Augen eures Herzens, damit ihr wisst ... was der Reichtum der Herrlichkeit seines Erbes in den Heiligen ist"* (Eph 1,18). Erlauben Sie dem Heiligen Geist, Ihnen zu zeigen, wo Sie in Ihrem Herzen und Verstand andere oder sich selbst nicht ehren, und kehren Sie schnell um! Machen Sie sich auf die Suche nach den „niedrigen" Orten, wo Sie Menschen dienen und erheben können. Und streben Sie danach, andere stets nach

---

[3] Nach der Catholic Bible 101, http://www.catholicbible101.com/motherteresaquotes.htm, 21.06.2013.

dem Maßstab Christi zu beurteilen, denn es wird zu Ihnen zurückkommen – Leben um Leben, Herrlichkeit um Herrlichkeit, Ehre um Ehre.

Kapitel 11

Shekinah

Da bedeckte die Wolke das Zelt der Begegnung, und die Herrlichkeit des Herrn erfüllte die Wohnung.

2. Mose 40,34

Shekinah-Herrlichkeit. Ich weiß nicht, wie bekannt Ihnen dieser Ausdruck ist. In meinem Leben als Christ habe ich es oft gehört und gemeint, es im Großen und Ganzen verstanden zu haben. *Shekinah* taucht oft auf, wenn Menschen von den atemberaubendsten, übernatürlichen Erscheinungen der Herrlichkeit Gottes erzählen. Schon der Klang des Wortes weckt Gefühle von Geheimnis und Stauen, die mit solchen Erscheinungen verbunden sind. Ich dachte immer, es handle sich dabei um ein biblisches Wort – nicht zuletzt, weil es als Randnotiz in meiner Studienbibel (einer Thompson Studienbibel mit Kettenverzeichnis) auftauchte. Als ich begann, mich näher mit dem Wort zu beschäftigen, fiel mir einerseits auf, dass es nie in der Bibel vorkommt, und andererseits, dass es eine viel spezifischere Bedeutung hat, als ich angenommen hatte.

Natürlich kommt die Realität der *Shekinah* in der Bibel vor, auch wenn das Wort an sich nicht gebraucht wird. Das trifft auf viele vermeintlich biblische Wörter in unserem Sprachgebrauch zu. Die Worte „Dreieinigkeit“ und „Menschwerdung“ werden zum Beispiel in der Bibel auch nie erwähnt, obwohl diese Begriffe direkt aus dem abgeleitet sind, was in der Bibel steht. *Shekinah* ist einer der ältesten dieser theologischen

Fachbegriffe. In Kommentaren über die Zeit zwischen dem Alten und Neuen Testament führten Rabbiner es zum ersten Mal ein, indem sie das Verb *shakan* (verweilen, wohnen) nahmen und es zu einem Substantiv machten.[1] Sie unterschieden es allerdings von *mishkan* (einer weiteren Ableitung von *shakan*), was normalerweise als „Stiftshütte" übersetzt wird.[2] *Shekinah* ist im Gegensatz dazu nicht an spezielle Orte, Personen oder Gebäude gebunden, in denen die Gegenwart Gottes wohnt. Das Wort offenbart uns eher, dass es das Wesen der Gegenwart Gottes ist, an einem Ort zu „wohnen" oder zu „verweilen". *Shekinah* bedeutet also im Grunde genommen: „Der Verweilort dessen, der verweilt." Deshalb steht in meiner Studienbibel auch immer dann die Anmerkung *Shekinah-Herrlichkeit*, wenn „Herrlichkeit" (die manifeste Gegenwart Gottes) und „wohnen", „verweilen" oder „bleiben" zusammen auftauchen.

Gott ist jemand, der verweilt oder wohnt. Dies ist eine der Haupteigenschaften seiner Herrlichkeit. Wenn uns das nicht klar ist, sind wir nicht darauf vorbereitet, diese Herrlichkeit zu sehen. Wir könnten beim Lesen der Bibel zum Beispiel auf die Idee kommen, dass Gott eher eine Art Besucher als ein Bewohner seiner Schöpfung ist. Besonders im Alten Testament wird über lange Zeiträume nichts berichtet, und man könnte annehmen, dass die Manifestationen von Gottes Herrlichkeit nur selten waren und zeitlich weit auseinander lagen. Wenn wir *Shekinah* aber durch die Bibel genauer verfolgen und nach dem Gott suchen, der verweilt, entdecken wir eine wunderbar fortschreitende Offenbarung von Gottes ewigem Plan, bei uns zu wohnen.

---

[1] Nach der engl. Strong-Konkordanz, http://www.blueletterbible.org/lang/lexicon/lexicon.cfm?strongs=H7931.

[2] Nach der engl. Strong-Konkordanz, http://www.blueletterbible.org/lang/lexicon/lexicon.cfm?strongs=H4908.

Vom Garten zur Stiftshütte

In meiner Bibel gibt es für die ersten Kapitel des ersten Buches Mose keine Anmerkungen, aber ich gehe davon aus, dass die Offenbarung von *Shekinah* damit beginnt, dass Adam und Eva in Gottes Herrlichkeit gekleidet waren und im Garten ihr Leben mit Gott teilten. Ganz am Anfang wohnten Gott und Mensch zusammen. Wir können uns nur schwer vorstellen, wie dieser „Haushalt" ausgesehen haben muss. Wir wissen nur, dass Adam und Eva sie verlassen mussten, nachdem sie gesündigt hatten. Die Folge des Sündenfalls war, dass die Menschheit heimatlos wurde. Wir Menschen hörten auf, Familienangehörige zu sein, die bevollmächtigt waren, die Grenzen ihres Zuhauses auf der Erde zu erweitern. Stattdessen wurden wir zu Wanderern und Fremden, die durch die Cherubim und ein flammendes Schwert von ihrer ursprünglichen Heimat in Gottes Herrlichkeit ausgeschlossen und gezwungen waren, in einer feindlichen Umgebung zu überleben.

Dies war jedoch nur der Beginn der Geschichte. Etliche Jahrhunderte später sah Mose auf einem Berg inmitten einer Wolke die Cherubim wieder, als Gott ihm den Auftrag zum Bau eines Abbildes seiner himmlischen Wohnung auf der Erde gab. Gott wollte sich auf der Erde inmitten seines im Exil lebenden Volkes einen Außenposten errichten. Dieser sollte Ausdruck seiner Sehnsucht sein, sie wieder in ihre ursprüngliche Heimat zurückzuholen. Demzufolge bewachten die Cherubim nicht mehr den Eingang seines Hauses, sondern standen über dem Ort, an dem er bei seinem Volk verweilen und mit ihnen kommunizieren wollte: *„Dort will ich dir begegnen, und vom Gnadenthron aus, der auf der Lade mit dem Gesetz ist, zwischen den beiden Cherubim ..."* (2 Mose 25,22). Und obwohl nur Mose, Aaron und später die Hohepriester vor die Bundeslade im Allerheiligsten treten durften, wussten alle Israeliten, wo die *Shekinah* war, da sie Zeugen davon wurden, wie zwei ihrer Hauptmanifestationen – die Wolke und die Feuersäule – in die Stiftshütte einzogen.

Nach der Fertigstellung der Stiftshütte war zunächst die Wolke dran:

> *Da bedeckte die Wolke das Zelt der Begegnung, und die Herrlichkeit des Herrn erfüllte die Wohnung. Und Mose konnte nicht in das Zelt der Begegnung hineingehen; denn die Wolke hatte sich darauf niedergelassen [shakan], und die Herrlichkeit des Herrn erfüllte die Wohnung* (2 Mose 40,34-35).

Darauf folgte das Feuer, nachdem Mose alle Priester mit Blut und Öl gesalbt und die rechtmäßigen Opfer dargebracht hatte:

> *Und Aaron erhob seine Hände zum Volk hin und segnete sie. Und er stieg herab nach der Opferung des Sündopfers und des Brandopfers und des Heilsopfers. Und Mose und Aaron gingen hinein in das Zelt der Begegnung. Und als sie herauskamen, segneten sie das Volk. Da erschien die Herrlichkeit des Herrn dem ganzen Volk. Und Feuer ging vom Herrn aus und verzehrte auf dem Altar das Brandopfer und die Fettstücke. Als das ganze Volk es sah, da jauchzten sie und fielen auf ihr Gesicht* (3 Mose 9,22-24).

Von diesem Moment an waren die Wolke und das Feuer der *Shekinah* der Mittelpunkt und die wahre Heimat der Israeliten. Wenn sie sich bewegte, folgten sie ihr:

> *Sooft sich die Wolke von der Wohnung erhob, brachen die Söhne Israel auf, auf all ihren Wanderungen. Wenn sich aber die Wolke nicht erhob, dann brachen sie nicht auf bis zu dem Tag, an dem sie sich erhob. Denn die Wolke des Herrn war bei Tag auf der Wohnung, und bei Nacht war ein Feuer in der Wolke vor den Augen des ganzen Hauses Israel, solange sie auf der Wanderung waren* (2 Mose 40,36-38).

Von der Stiftshütte zum Tempel

Ein ähnliches Ereignis wie die Einweihung der Stiftshütte fand einige Jahrhunderte später bei der Einweihung von Salomos Tempel statt. Der Umzug von einem Zelt in einen Tempel war aus vielerlei Gründen bedeutsam, am meisten aber wohl deshalb, weil Gott diesen Umzug nicht selbst initiiert hatte. David war der Erste, der darauf bestand, die Bundeslade in seine Nähe nach Jerusalem zu holen, und der sich dann wünschte, ihr ein beständiges Haus zu errichten. Diese Aufgabe übertrug er schließlich seinem Sohn Salomon, und dieser legte bei der Tempeleinweihung Wert darauf, dass sein eigentlicher Ursprung bekannt gemacht wurde:

> *Und er sagte: „Gepriesen sei der Herr, der Gott Israels, der mit seinem Mund zu meinem Vater David geredet und mit seiner Hand erfüllt hat, was er verheißen hatte, als er sprach: ‚Von dem Tag an, da ich mein Volk Israel aus Ägypten herausführte, habe ich aus allen Stämmen Israels keine Stadt erwählt, um darin ein Haus zu bauen, damit mein Name dort sei; aber ich habe David erwählt, dass er König über mein Volk Israel sei.' Nun lag es meinem Vater David am Herzen, dem Namen des Herrn, des Gottes Israels, ein Haus zu bauen. Doch der Herr sprach zu meinem Vater David: ‚Dass dir das am Herzen lag, meinem Namen ein Haus zu bauen, daran hast du gut getan, dass es dir am Herzen lag'“* (1 Kön 8,15-18).

In Davids Wunsch, dem Herrn ein Haus zu errichten, wurde *„das Eine“*, nach dem er sich sehnte, am deutlichsten sichtbar: in Gottes Nähe zu verweilen. Und bei seinem Volk zu wohnen, lag „zufällig“ auch auf Gottes Herzen. Aber darüber hinaus hatte Gott im Herzen, dass dieser gegenseitige Wunsch von Gott und Mensch, wieder zusammenzuwohnen, in Erfüllung gehen würde. Und so suchte er sich keine Stadt und auch kein Gebäude dafür aus, sondern einen Menschen nach seinem

Herzen, und erfüllte den Wunsch in dessen Herzen. Obwohl er David den Tempel nicht selbst bauen ließ, gab Gott ihm – wie damals Mose – die detaillierten Baupläne (vgl. 1 Chr 28,19) und befähigte Salomo dazu, ihn zu errichten (ein Sieben-Jahresprojekt, das schätzungsweise 18 Milliarden Dollar für Material und Arbeit kostete), und schließlich zog er ein.

Passend dazu wurde der Einzug der *Shekinah* in dieses neue Haus von etwas begleitet, was bei der Stiftshütte des Moses nicht vorhanden war:

> *Und es geschah, als die Priester aus dem Heiligtum hinausgingen ... und als auch die Leviten, alle Sänger, Asaph, Heman, Jeduthun und ihre Söhne und ihre Brüder, in weißes Leinen gekleidet, dastanden mit Zimbeln, Harfen und Lauten östlich vom Altar, und bei ihnen 120 Priester, die auf Trompeten bliesen – da war es, wie wenn die, welche die Trompeten bliesen und sangen, nur eine Stimme hören ließen, um den Herrn zu loben und ihm zu danken. Und als sie die Stimme erhoben mit Trompeten, Zimbeln, ja, mit Musikinstrumenten und mit dem Lob des Herrn, dass er gütig ist und seine Gnade ewig währt, da wurde das Haus, das Haus des Herrn, mit einer Wolke erfüllt, sodass die Priester wegen der Wolke nicht hinzutreten konnten, um ihren Dienst zu verrichten, denn die Herrlichkeit des Herrn erfüllte das Haus Gottes* (2 Chr 5,11-14).

Auf die Stiftshütte hatte sich die Wolke Gottes ganz in der Stille gelegt. Bei der Einweihung des Tempels hingegen ließ sie sich inmitten eines herrlichen Konzertes seines Volkes nieder, das mit „*einer Stimme*" den Herrn anbetete. Denn dieses Haus war ein Ausdruck des gemeinsamen Begehrens Gottes und des Menschen, zusammen zu wohnen. Auf die Wolke folgte wiederum, vor den Augen der ganzen Nation, das Feuer:

> *Als nun Salomo sein Gebet vollendet hatte, da fiel Feuer vom Himmel und verzehrte das Brandopfer und die*

Schlachtopfer. Und die Herrlichkeit des Herrn erfüllte das Haus, sodass die Priester nicht in das Haus des Herrn hineingehen konnten, weil die Herrlichkeit des Herrn das Haus des Herrn erfüllte. Als aber alle Kinder Israels das Feuer herabfallen sahen und die Herrlichkeit des Herrn über dem Haus, da fielen sie auf ihre Knie, mit dem Angesicht zur Erde, auf das Pflaster, und beteten an und dankten dem Herrn, dass er gütig ist und seine Gnad ewiglich währt (2 Chr 7,1-3).

Etwas über 400 Jahre lang verweilte die *Shekinah* im Tempel, eine Zeitspanne, in der Israel leider häufig versagte, ihrem Bund mit Gott treu zu bleiben, was in ihrer Gefangenschaft in Assyrien und Babylon endete. Zu Beginn dieser Gefangenschaft empfing Hesekiel die erschütternde Vision davon, wie Gott in seinem Zorn über den Götzendienst in der Stadt die *Shekinah* vom Tempel wegnahm (vgl. Hes 8-10). In einer späteren Vision offenbarte Gott Hesekiel seine Pläne für den Wiederaufbau seines Hauses sowie den Wiedereinzug der *Shekinah* (vgl. Hes 40–43). Bei der Fertigstellung des zweiten Tempels berichtet die Bibel jedoch nicht vom Einzug der *Shekinah*. Eine jüdische Enzyklopädie schreibt: „Dem Babylonischen Talmud zufolge fehlten dem zweiten Tempel fünf Dinge, die Salomos Tempel besaß, nämlich die Bundeslade, das heilige Feuer, die *Shekinah*, der Heilige Geist und die Urim und Thummim."[3]

Vom Tempel zu einem Haus aus lebendigen Steinen

Die *Shekinah* kehrte in kein anderes Gebäude zurück, weil Gott stattdessen wieder einen Menschen erwählt hatte. Man nannte ihn sowohl den Sohn Davids als auch Sohn Gottes, und auch er hatte es auf dem Herzen, ein Haus zu bauen,

[3] Nach der Jüdischen Enzyklopädie, http://www.jewishencyclopedia.com/view.jsp?artid=128&letter=T&search=the second temple.

allerdings keines aus Zedernholz und Gold. Er selbst war das Haus. Demgemäß schrieb Johannes:

> *Und das Wort ward Fleisch und wohnte unter uns, und wir sahen seine Herrlichkeit, eine Herrlichkeit als des eingeborenen Sohnes vom Vater, voller Gnade und Wahrheit* (Joh 1,14).

Im Griechischen wird hier für „wohnen" das Wort *skenoo* verwendet, was wörtlich heißt: „seine Hütte oder sein Zelt aufbauen."[4] Es entspricht dem hebräischen *shakan*. Die beständige und herrliche Gegenwart Gottes, die *Shekinah*, „zeltete" unter uns in dem Menschen Jesus Christus.

Jesus sagte von sich selbst, er sei die neue Offenbarung der *Shekinah*, der Wohnort dessen, der wohnt. Jesus verkündete, er sei größer als der Tempel (vgl. Mt 12,6), prophezeite dessen Zerstörung (vgl. Mt 24,1-2) und verwendete für sich selbst die Bezeichnung *Tempel*:

> *Jesus antwortete und sprach zu ihnen: Brecht diesen Tempel ab und in drei Tagen will ich ihn aufrichten. Da sprachen die Juden: Dieser Tempel ist in sechsundvierzig Jahren erbaut worden, und du willst ihn in drei Tagen aufrichten? Er aber redete von dem Tempel seines Leibes* (Joh 2,19-21).

Diese Aussage kennzeichnet nicht nur den Übergang von Gottes Wohnort von einem Gebäude zu einer Person, sondern sagt auch etwas darüber aus, was in dieser fortschreitenden Offenbarung als Nächstes geschehen würde. Wie bereits gesagt, kam Christus, um ein Haus zu bauen. Er wollte jedoch nicht unter uns wohnen, sondern uns selbst zu einem Teil seiner Wohnung machen. Darin besteht das große Mysterium des Kreuzes: Indem Christus zuließ, dass der Tempel seines

---

[4] Nach der engl. Strong-Konkordanz, http://www.blueletterbible.org/lang/lexicon/lexicon.cfm?strongs=G4637.

Leibes zerstört wurde, war er in der Lage, ihn wieder neu aufzubauen und damit die gesamte Menschheit in das Haus zu bringen, uns zu seinem Leib zu machen. Von diesem Zeitpunkt an bezieht sich die Bibel bei dem Wort „Tempel“ oder „Haus“ stets auf den Leib Christi bzw. die Gemeinschaften der Gläubigen:

> *So seid ihr nun nicht mehr Gäste und Fremdlinge, sondern Mitbürger der Heiligen und Gottes Hausgenossen, erbaut auf den Grund der Apostel und Propheten, da Jesus Christus der Eckstein ist, auf welchem der ganze Bau ineinandergefügt wächst zu einem heiligen Tempel in dem Herrn. Durch ihn werdet auch ihr mit erbaut zu einer Wohnung Gottes im Geist* (Eph 2,19-22).

> *Und auch ihr als lebendige Steine erbaut euch zum geistlichen Hause und zur heiligen Priesterschaft, zu opfern geistliche Opfer, die Gott wohlgefällig sind durch Jesus Christus* (1 Petr 2,5).

Wie er versprochen hatte, errichtete Christus sein Haus in drei Tagen, als er gekreuzigt wurde und wieder auferstand. Aber wann erfüllte die *Shekinah* das Haus? Ich glaube, dass die Evangelien und die Apostelgeschichte eine Reihe ähnlicher Vorgänge beschreiben, wie sie bei der Einweihung der Stiftshütte und des Tempels in den Ereignissen vorgekommen waren. In beiden Fällen erfüllte zuerst die Wolke das Haus, und danach kam das Feuer und verzehrte die dargebrachten Opfer. Ich glaube, dass die Jünger erstmals mit dem Geist erfüllt wurden, als Jesus am Tag seiner Auferstehung zu ihnen kam, *„sie anblies und spricht: Nehmt hin den Heiligen Geist!“* (Joh 20,22). Bibelwissenschaftler geben an, dass hier sprachlich eine direkte Parallele zur Genesis besteht, wo Gott Adam Leben einhauchte und er zu einem lebendigen Wesen wurde (vgl. 1 Mose 2,7). Als die „Wolke“ seines Atems die Jünger erfüllte, verlieh Jesus ihnen seinen Geist und machte sie damit zu einer neuen Schöpfung.

Daraufhin wies Christus die Jünger an, in Jerusalem zu warten, bis sie Kraft empfangen hätten – die versprochene Taufe *„mit dem heiligen Geist und mit Feuer"* (Lk 3,16). Gehorsam blieben sie *„stets beieinander einmütig im Gebet"* (Apg 1,14). Genau wie beim Tempel Salomos bereitete diese Haltung der gemeinsamen Anbetung den Weg für die Ankunft der göttlichen Gegenwart vor. In der Zwischenzeit brachte Jesus, wie es Mose und Salomo getan hatten, während Israel anbetete und auf den Herrn wartete, ein Opfer. Laut Hebräer 9 erfüllten die Opfer in der Stiftshütte und im Tempel zweierlei Funktion: sie weihten Israels Bund mit Gott ein (bzw. erneuerten ihn im Fall Salomos) und reinigten alles im Haus für den göttlichen Gebrauch mit Blut (Hebr 9,22). Die Häuser, Opfer und die Bünde Moses und Salomos konnten jedoch nicht vollständig von Sünde reinigen, und dies war ja auch gar nicht möglich, da es sich nur um Abbilder und nicht um endgültige Realitäten handelte. Christus brachte dagegen das echte Opfer – das höhere Opfer seines eigenen Blutes – in das Allerheiligste des Himmels. Dieses *„einzige Opfer für alle Sünden"* (Heb 10,20) reinigte uns endgültig und vollständig und beendete so die Trennung zwischen Mensch und Gott. Der Vorhang des herodianischen Tempels, der am Tag der Kreuzigung zerriss, steht als Bild dafür, was das Opfer Christi im Himmel bewirkte – es begründete einen *„neuen und lebendigen Weg durch den Vorhang hindurch, das heißt, durch sein Fleisch"* (Hebr 10,20).

Als nun das Blut dieses *„besseren Opfers"* dargebracht und die Reinigung vollzogen war, der neue Weg sich geöffnet hatte, der Neue Bund eingeweiht war und die Menschen sich in Anbetung vorbereitet hatten, fiel das Feuer:

> *Und als der Tag der Pfingsten sich erfüllte, waren sie alle einmütig beisammen. Und es entstand plötzlich vom Himmel her ein Brausen wie von einem daher fahrenden gewaltigen Wind und erfüllte das ganze Haus, in dem sie saßen.*

Und es erschienen ihnen Zungen wie von Feuer, die sich zerteilten und sich auf jeden von ihnen setzten. Und sie wurden alle vom Heiligen Geist erfüllt und fingen an, in anderen Sprachen zu reden, wie der Geist es ihnen auszusprechen gab (Apg 2,1-4).

Pfingsten war der Tag, an dem die Juden den Bundesschluss des Alten Bundes mit Mose am Berg Sinai feierten. Als das Feuer genau an diesem Tag auf die Jünger fiel, hätte die Botschaft nicht klarer sein können: Das Alte ist vorüber, Neues ist gekommen. Die *Shekinah* war nicht länger in einem Kasten, einem Gebäude oder in einem einzelnen Menschen. Stattdessen ruhte die erfüllende Gegenwart (Wolke) und die Taufe (Feuer) des Heiligen Geistes jetzt in und auf allen Gläubigen. Wir selbst wurden zum Wohn- und Ruheort Gottes, der verweilt.

Träger der Shekinah

Wohin führt uns nun diese fortschreitende Offenbarung? Zunächst gibt es zwei Punkte, zu denen sie uns offensichtlich nicht führen sollte. Sie sollte uns nicht dazu verleiten, zu denken, unsere innewohnende Herrlichkeit komme von uns selbst. Das wäre wiederum die Sünde des Humanismus. Im Eingangsbereich der Kongressbibliothek in Washington DC steht übrigens folgender Ausspruch des großen Heiligen und Kirchenvaters Johannes Chrysostomos: „Die wahre Shekinah ist der Mensch." Leider wurden diese Worte vielfach von den Humanisten übernommen und so benutzt, dass sie eine umgekehrte Bedeutung erhalten haben. Anstatt anzuerkennen, dass unsere Herrlichkeit von dem einzig *Herrlichen* kommt, verhalten wir uns so, als wäre diese Herrlichkeit schon immer die unsere gewesen. Wir sollten allerdings auch nicht, wie viele vor uns es getan haben, in den anderen Irrtum verfallen und zögern, in die Fülle unserer Berufung als Träger der *Shekinah*-Herrlichkeit hineinzugehen.

Die fortschreitende Offenbarung von *Shekinah* sollte uns zu der einfachen Schlussfolgerung führen, dass es der ganze Sinn unseres Lebens ist, bei Gott zu wohnen. Christus befiehlt uns, in ihm zu „bleiben", so wie er in uns „bleibt" (vgl. Joh 15,4). Wir verwenden dafür unterschiedliche Ausdrücke wie mit Gott wandeln, vom Geist geleitet sein, Gottes Gegenwart in uns tragen – aber alle diese Ausdrücke bringen den zentralen, entscheidenden und lebenslangen Auftrag jedes Gläubigen zum Ausdruck. Gott nahm viele Jahrhunderte und unzählige Ressourcen und bezahlte schließlich den unvorstellbaren Preis seines einzigen Sohnes, damit er uns diesen Auftrag auf sorgfältigste Weise offenbaren und auch ermöglichen konnte. Dies ist das größte Privileg unseres Lebens.

Lernen, in Christus zu bleiben, bedeutet, das Bewusstsein zuzulassen, dass wir die Wohnung Gottes und der Tempel des Heiligen Geistes sind, und dass diese Wahrheit jeden Aspekt unseres Lebens beeinflusst. Daraus ergeben sich so viele praktische Auswirkungen, dass ich sie an dieser Stelle nicht alle aufzählen kann. Ich möchte aber damit abschließen, wenigstens die wichtigsten zu nennen, die das Neue Testament lehrt.

Als ersten Schritt müssen wir lernen und immer wieder üben, Gott *nahe* zu kommen:

> *Weil wir denn nun, liebe Brüder, durch das Blut Jesu die Freiheit haben zum Eingang in das Heiligtum, den er uns aufgetan hat als neuen und lebendigen Weg durch den Vorhang, das ist: durch das Opfer seines Leibes, und haben einen Hohenpriester über das Haus Gottes, so lasst uns hinzutreten mit wahrhaftigem Herzen in vollkommenem Glauben, besprengt in unsern Herzen und los von dem bösen Gewissen und gewaschen am Leib mit reinem Wasser* (Hebr 10,19-22).

Alles in unserem Leben soll davon ausgehen, dass unsere innige Beziehung mit Gott im Mittelpunkt steht. Ihm in Gebet und Lobpreis, im Hören seiner Stimme nahe zu kommen und in seiner Gegenwart mit ihm Gemeinschaft zu haben, ist unsere erste Verantwortung und unsere größte Freude als Träger seiner Herrlichkeit.

Zweitens dürfen wir in seiner Nähe, wie Jesus uns lehrte, um Dinge bitten. Wir haben bereits erkundet, dass dies das Privileg und der Ausdruck unserer Sohnschaft ist; es ist aber gleichzeitig von zentraler Bedeutung für unsere Rolle als Träger der *Shekinah.* Jesus sagte: „*Wenn ihr in mir bleibt und meine Worte in euch bleiben, könnt ihr bitten, um was ihr wollt: Eure Bitte wird erfüllt werden*" (Joh 15,7). Wer in ihm bleibt, und ein lebendiger Wohnort für Gottes Gegenwart ist, bittet ihn auch um Dinge.

Als Drittes gehen diejenigen, die in ihm bleiben, verantwortlich mit ihrem Körper und damit verbunden mit all ihren materiellen Gütern um. Paulus schreibt: „*Oder wisst ihr nicht, dass euer Leib ein Tempel des Heiligen Geistes ist, der in euch ist und den ihr von Gott habt, und dass ihr nicht euch selbst gehört? Denn ihr seid teuer erkauft; darum preist Gott mit eurem Leibe!*" (1 Kor 6,19-20).

Geschichtlich gesehen gibt es in Bezug auf unseren Körper und unsere Beziehung zur physischen Realität zwei grundsätzliche Irrlehren. Die eine besteht darin, dass wir unsere Leiber als Quelle des Vergnügens und Glücks vergöttern; die zweite nennt diese Leiber die Quelle der Verderbtheit und versucht aller Körperlichkeit zu entfliehen. Als Träger der *Shekinah* dürfen wir keines von beiden tun. Stattdessen sollen wir unsere Körper und alles, was Gott geschaffen hat, als heilig und zu seiner Verwendung bestimmt betrachten. Wir bleiben in ihm, indem wir das, was er gemacht hat, für seine Zwecke nutzen.

Letztlich sind wir als Träger der *Shekinah* auch dazu berufen, miteinander Gemeinschaft zu haben. Der Verfasser des Hebräerbriefes schließt an seine Aufforderung, Gott näher zu kommen, direkt eine zweite Anweisung an, nämlich einander näher zu kommen:

> *Und lasst uns ... gegenseitig anspornen zur Liebe und zu guten Werken, indem wir unsere eigene Versammlung nicht verlassen, wie es einige zu tun pflegen, sondern einander ermahnen, und das umso mehr, als ihr den Tag herannahen seht!* (Hebr 10,24-25).

Die Tatsache, dass wir alle, gemeinschaftlich, der Wohnort Gottes sind, bestimmt für immer die Art und Weise, wie wir miteinander umgehen sollen. In Christus bleiben setzt auch voraus, dass wir die Herrlichkeit in allen Gliedern seines Leibes ehren.

Kapitel 12

Weisheit: Herrlichkeit verwalten

... und hat ihn mit dem Geist Gottes erfüllt, mit Weisheit und Verstand und Erkenntnis und mit Geschicklichkeit für jede Arbeit.

2. Mose 35,31

Das Wort Weisheit wird oft dem Bereich des Intellekts zugeordnet, welcher wiederum zumeist auf den bloßen Besitz von Informationen reduziert wurde. Dies ist ein klarer Fehler. Ich kenne viele Menschen, die extrem viel wissen, aber nicht unbedingt weise sind! Mir ist jedoch auch aufgefallen, dass selbst viele derer, die besser verstehen, was Weisheit ist, den Zusammenhang zwischen Weisheit und Herrlichkeit nicht genügend erkannt haben, der schon bei der ersten Erwähnung von Weisheit (hebr. *chokmah*)[1] in der Bibel deutlich wird:

> *Und du sollst Aaron, deinem Bruder, heilige Kleider machen, die herrlich und schön seien, und sollst reden mit allen, die sich darauf verstehen, die ich mit dem Geist der Weisheit erfüllt habe, dass sie Aaron Kleider machen zu seiner Weihe, dass er mein Priester sei* (2 Mose 28,2-3).

Damit die Gewänder von Gottes Priestern Herrlichkeit ausstrahlten, benötigte er weise Menschen, die sie anfertigen

---

[1] Nach der englischen Strong-Konkordanz, http://www.blueletterbible.org/lang/lexicon/lexicon.cfm?strongs=H2451.

konnten. Genauer gesagt sollten sie drei Eigenschaften haben, die zusammen ihre Weisheit ausmachten. Zunächst sollten sie sich *darauf verstehen*, also handwerklich begabt sein. Im Hebräischen steht wörtlich „weisen Herzens" sein. Dies deutet darauf hin, dass die besonderen handwerklichen Fähigkeiten, welche die Kunsthandwerker bei der Verarbeitung der Edelmetalle und Edelsteine sowie beim Weben der Stoffe einsetzten, selbst ein gewisses Maß an Weisheit zum Ausdruck brachten: Sie bewiesen dadurch, dass sie bestimmte praktische Tätigkeiten beherrschten. Als Zweites benötigten sie den *Geist der Weisheit*. Diese besondere Salbung verbesserte ihre natürlichen Fähigkeiten und Kenntnisse und machte sie übernatürlich. Und schließlich brauchten sie auch noch eine *Sicht für den göttlichen Plan*. Erst als Mose ihnen das „Modell" der himmlischen Dinge, das er auf dem Berg empfangen hatte, erklärte, kamen ihre natürlichen und übernatürlichen Befähigungen zur vollen Entfaltung. Die Kombination dieser drei Elemente befähigte die Kunsthandwerker dazu, die Rohmaterialien so zu verarbeiten, dass Moses Vision dieser brandneuen, für heilige Zwecke und Herrlichkeit bestimmten Gewänder verwirklicht wurde.

Diese drei Aspekte sollten unser Verständnis von Weisheit ausmachen und bestimmen. Wissen und Fähigkeiten alleine machen nicht automatisch weise, nicht einmal, wenn sie übernatürlicher Natur sind. Wahre Weisheit hat immer damit zu tun, dass Gott und Mensch Hand in Hand zusammenwirken, um einen heiligen Zweck zu erfüllen. Dass sich Weisheit in Beziehung und Zusammenarbeit ausdrückt, findet sich am deutlichsten im Buch der Sprüche wieder, dem zentralen Buch der Weisheitsliteratur in der Bibel. Dort wird die Weisheit als Frau dargestellt, die jeden ruft, der zuhören will und bei ihr Rat holen möchte (vgl. Sprüche 1,8-9). Die Weisheit sagt von sich selbst, sie sei der „Werkmeister" oder Architekt, der mit Gott zusammengearbeitet habe, als dieser das ganze Universum erschuf (vgl. Spr 8,30 SLT).

Wie wir bereits entdeckt haben, ist nicht nur die Stiftshütte, sondern alles, was Gott geschaffen hat, ein Abglanz und Vorbild seiner himmlischen Herrlichkeit – seines Wesens, seiner Eigenschaften und seines Charakters. Die Weisheit kennt dieses Vorbild genau und möchte mit uns darüber sprechen, damit wir wie die Kunsthandwerker der Stiftshütte eine Vision für den göttlichen Plan bekommen, wie wir mit allem, was Gott geschaffen hat, umgehen sollen. Denn wir haben als Ebenbilder des Schöpfers in der Schöpfung eine einzigartige Rolle als „Unter-Schöpfer"; wir alle sind Kunsthandwerker mit dem Auftrag, eine ewige Partnerschaft mit der Weisheit einzugehen, um die Schöpfung zu ihrer vollen Herrlichkeit zu bringen.

Verwalterschaft ist ein passendes biblisches Wort für diesen Auftrag. Es mag in der heutigen Wirtschaft etwas altmodisch klingen, aber früher wurde ein Verwalter dazu eingesetzt, den Haushalt und Besitz eines anderen in dessen Abwesenheit zu verwalten. Der Gutsherr betraute den Verwalter mit der Verantwortung, sicherzustellen, dass alles, was er besaß, ordnungsgemäß und nach seinen Prioritäten benutzt wurde. Was Gottes Haushalt angeht, hat er ein ganzes Geschlecht – seine eigenen Familienmitglieder – als seine Verwalter und Haushalter dazu eingesetzt, als er uns den Auftrag gab, uns zu mehren, die Erde zu füllen, sie untertan zu machen und über sie zu herrschen (vgl. 1 Mose 1,28).

Jeder von uns verwaltet dabei natürlich nur einen kleinen Teil der himmlischen Angelegenheiten auf der Erde. Unser Erfolg erfordert aber, dass wir verstehen, wie sich unsere Verantwortlichkeiten aus den obersten Zielen des Meisters für seinen Haushalt ableiten, Ziele, die durch das definiert sind, was seine Herrlichkeit auszeichnet. Dazu gehört: die Erde mit der Erkenntnis seiner Herrlichkeit zu füllen, die gute Nachricht von seinem Königreich allen Völkern zu predigen, alle Völker zu Jüngern zu machen, alle Königreiche der Erde in sein Königreich hineinzubringen und am Ende der Zeiten alles neu zu machen (vgl. Hab 2,14; Mt 24,14; Mt 28,19; Offb 11,15; Offb 21,5). Kurz gesagt, Gott hat vor, die Erde dem Himmel gleichzumachen (vgl. Mt 6,10). Und alles, wozu wir als seine Verwalter im Einzelnen beauftragt sind, ist ein Teil der Erfüllung dieses Planes.

Meiner Meinung nach ist echte Weisheit die Fähigkeit, die *Herrlichkeit des Herrn zu „verwalten"*. Diese Fertigkeit zu entwickeln, erfordert erstens, dass wir den Zusammenhang unserer individuellen Berufung mit den Prioritäten unseres himmlischen Haushalts verstehen. Zweitens erfordert es, dass wir lernen, alle uns anvertrauten Ressourcen dafür einzusetzen, diese Berufung zu erfüllen. Wenn das „Verwalteramt" in der Gemeinde trocken und altmodisch geworden ist, dann deshalb, weil wir vom westlichen Materialismus getäuscht worden sind und meinen, wir hätten nur materielle Ressourcen zu verwalten. Wir haben vergessen, dass wir die Erde nicht nur bewahren, sondern sie dem Himmel gleichmachen sollen.

Dafür sind uns sowohl materielle Ressourcen als auch *„Reichtümer der Herrlichkeit"* (Phil 4,19) gegeben, also die übernatürlichen Ressourcen des Himmels. Wenn wir diese beiden zusammen einsetzen, werden wir uns niemals langweilen. Zumindest kann ich mir nicht vorstellen, dass es den Kunsthandwerkern der Stiftshütte langweilig wurde, als sie entdeckten, dass ihre natürlichen Talente durch den Heiligen Geist verbessert wurden, damit sie natürliche Materialien in prachtvolle, nie zuvor gesehene schöne und herrliche Dinge verwandeln konnten. Ich glaube auch nicht, dass Jesus Langeweile hatte, als er Kranke heilte, Tote auferweckte, Brot vermehrte, Wasser in Wein verwandelte oder auf andere Weise wiederholt bewies, wie wirkungsvoll man natürliche Mittel zusammen mit den übernatürlichen Ressourcen des Himmels verwalten kann.

Als weise Haushalter müssen wir also die Geschäfte unseres Vaters kennen und ebenso, wie wir das uns Anvertraute einsetzen sollen. Doch das letzte und wichtigste Element der Weisheit im Verwalten der Herrlichkeit ist Treue. Paulus schreibt: *„Im Übrigen wird von einem Haushalter nur verlangt, dass er treu erfunden wird"* (1 Kor 4,2). Jesu Weisheit zeichnete sich nicht in erster Linie dadurch aus, dass er die himmlischen Angelegenheiten seines Vaters wie kein anderer verstand, noch durch seine wunderbaren Fähigkeiten, die Ressourcen des Himmels einzusetzen, sondern vor allem durch seine unerschütterliche Treue, zu tun, was dem Vater wichtig war. Aufgrund dieser Treue ist er nie unweise geworden, wie es bei so vielen anderen geschah.

Nehmen wir zum Beispiel Salomo und Luzifer. Beide hatten von Gott außerordentliche Gaben empfangen. Ihre *Kompetenzen* waren kaum zu übertreffen, ebenso wie ihr Maß an Offenbarung. Diese Gaben hatten sie erhalten, damit sie ihre göttliche Bestimmung erfüllen konnten. Beide waren als Lobpreisleiter eingesetzt. Luzifer sollte mit den Engeln des Himmels zusammenwirken, während sie Gottes Gegenwart genossen. Auf ähnliche Weise war Salomo dazu berufen, ein Haus der Anbetung in Israel zu bauen und eine landesweite Kultur zu etablieren, die auf der Anbetung Gottes gegründet war. Dennoch verließen beide den Pfad der Weisheit auf ähnliche Weise. Sie hörten nicht auf anzubeten. Sie benutzten weiterhin die Gaben und Fähigkeiten, die sie bekommen hatten. Allerdings fingen sie an, ihre Anbetung anderswohin zu richten – Luzifer richtete ihn auf sich selbst; Salomo begann andere Götter zu verehren. So wurden sie als Verwalter dem Geschäft ihres Meisters untreu, verließen die göttliche Berufung und benutzten ihre Herrlichkeit für ihre eigenen Ziele.

Man fühlt sich leicht zu Menschen hingezogen, die Gott außerordentlich befähigt und begabt hat, sei es mit Fertigkeiten, Erkenntnissen, Reichtümern oder einer besonderen Salbung, und die allem Anschein nach alle ihre Gaben einsetzen und im Leben erfolgreich sind. Wenn wir die Errungenschaften von Jesus mit denen von Salomo oder Luzifer vergleichen, können wir jedoch etwas Erstaunliches lernen: Jesus entschied sich dafür, jede seiner Gaben loyal und treu dem zu Füßen zu legen, der sie ihm gegeben hatte, und sie für seine Zwecke zur Verfügung zu stellen. Dies ist das wahre Herz der Weisheit, die Verwaltung der Herrlichkeit; denn nur so bleibt uns die Herrlichkeit, die wir empfangen haben, erhalten. Sobald wir unsere Herrlichkeit für etwas anderes als für Gottes Zwecke benutzen, hört diese Herrlichkeit auf uns zu gehören, weil wir ihr nicht gerecht wurden.

Der treue Verwalterdienst Jesu ist unser Maßstab und unsere Einladung. Mehr noch: Wie Jesaja prophezeite, ist *er* unser „*wunderbarer Ratgeber*" (Jes 9,6), die personifizierte Weisheit und unser Partner in der Verwaltung. Wir können uns darauf verlassen, dass Jesus uns helfen wird, weise zu leben, wie er es getan hat.

Die Herrlichkeit der Spannung

In seinem Leben und Dienst lebte uns Jesus vor, dass sich unsere Verwalterschaft der Herrlichkeit an der Grenze abspielt – der Grenze zwischen Himmel und Erde, zwischen Zeit und Ewigkeit, zwischen dem, was ist, und dem, was sein sollte. Unser Auftrag hier auf der Erde ist es, die Grenzen unseres Familienanwesens so lange zu erweitern, bis alles auf der Erde die Herrlichkeit und die Bestimmung ausstrahlt, zu der es erschaffen wurde. Dies erreichen wir, indem wir es den Erbauern der Stiftshütte gleichtun: Wir nehmen das Rohmaterial unseres Lebens und unserer Umgebung und *machen daraus* herrliche Werkzeuge der Anbetung.

Dieses Leben an der Grenze birgt natürlich viele Spannungen und Konflikte. Wir leben in zwei Wirklichkeiten, in denen es Widerstände gibt. Wenn wir lernen, diese Spannung zu überwinden, wird unsere Kompetenz, weise zu handeln, zunehmen, und einer der ersten Schritte dazu ist, einzusehen, dass wir Spannung brauchen. Ich weiß, dass Spannung für die meisten von uns Angst und Stress bedeuten, welche sich nachweislich zerstörerisch auf unseren Körper, unsere Gefühle und unseren Verstand auswirken. Wahr ist aber auch, dass wir ohne gesunde Spannungen in unserem Leben sterben würden. Die meisten körperlichen Grundfunktionen basieren auf Spannung. Unsere Muskeln sind zum Beispiel alle paarweise angelegt und erzeugen im Zusammenspiel Spannung. Auch wenn wir atmen, entziehen unsere Lungen den Sauerstoff aus der Luft mithilfe semipermeabler Membranen, die auf der Spannung zwischen den unterschiedlichen Konzentrationen auf jeder Seite beruhen und so den Gasaustausch forcieren. Ähnlich funktioniert auch unsere psychische Gesundheit. Ich kann mich gut an eine Vorlesung in meiner Ausbildung zum Fachkrankenpfleger für Psychiatrie erinnern. Von allen Vorlesungen, die ich gehört hatte, war diese für mich die einleuchtendste. Der Grundgedanke dabei war, dass sich seelische Gesundheit durch die Fähigkeit auszeichnet, im Spannungsfeld der vielen gegensätzlichen Gedanken und Erfahrungen zu leben, die das Leben mit sich bringt, und trotzdem verantwortlich zu handeln.

Aufgrund unserer Beschaffenheit (Leib, Seele und Geist) sollte es nicht verwunderlich sein, dass Spannungen auch für unsere geistliche Gesundheit und das geistliche Wachstum notwendig sind. Bei einer traurigen und dennoch von Herrlichkeit erfüllten Trauerfeier für einen mutigen jungen Evangelisten erinnerte Bill Johnson die Bethel-Familie an die Spannung, die uns auch der Apostel Paulus zumutet: *„Freut euch mit den Fröhlichen und weint mit den Weinenden!“* (Röm 12,15). Wenn einem persönlich nicht nach Freude zumute ist, und man sich trotzdem mit den andern freuen will, dann muss man lernen, die Spannung zwischen den eigenen Umständen und den anderen auszuhalten, auch wenn man sich unbehaglich dabei fühlt. Gleichermaßen weiß auch jeder, der schon einmal versucht hat, Trauernde zu trösten, um die Spannung, die es auszuhalten gilt, wenn man die Trauer mittragen möchte. Bill erklärte an diesem Tag so eindrücklich, dass durch das Weinen mit den Hinterbliebenen und das Freuen mit den Fröhlichen – auch wenn uns selbst nicht der Sinn danach steht – das Herz Jesu in uns Gestalt annimmt; denn auch er freut sich und weint gemeinsam mit uns in unseren Umständen. Jesus, der sich ganz mit uns identifiziert hat, kann uns sein Leben zuteilwerden lassen, während wir uns mit anderen identifizieren.

Jesus bezeichnete auch eine andere Art von Spannung, die für unser geistliches Wachstum wichtig ist, als Segen: *„Glückselig sind, die nach der Gerechtigkeit hungern und dürsten, denn sie sollen satt werden!"* (Mt 5,6). Je mehr wir von Jesus als unserem Maßstab für Gerechtigkeit lernen, desto mehr wird uns der Unterschied bewusst zwischen dem, wer wir einmal waren, und dem, wer wir sein werden. Viele Gläubige kämpfen mit Entmutigung, wenn sie an ihr Versagen denken, und glauben, dass das Ziel unerreichbar ist. Doch wenige unter uns haben mit Entmutigung zu kämpfen, wenn wir hungrig oder durstig sind. Wir stehen dann einfach auf und holen uns etwas zu essen oder zu trinken! Wir wären sogar besorgt, wenn wir nicht mehr hungrig werden würden – Appetitverlust ist gewöhnlich ein Zeichen davon, dass etwas nicht stimmt. Ähnlich unserem Appetit nach Essen oder Trinken ist die Spannung, die durch unsere Sehnsucht nach Gerechtigkeit erzeugt wird, etwas Gutes. Sie soll uns dazu anreizen, dem nachzujagen, was Gott für uns verfügbar gemacht hat.

Glaube selbst ist eine weitere Spannung, sogar die zentrale Spannung, mit der wir in unserem geistlichen Wachstumsprozess umgehen lernen müssen. Unser Glaubensvater Abraham verließ eine zivilisierte Stadt, um den Rest seines Lebens in einem Zelt zu verbringen. Und doch maß Gott ihn nicht daran, wie weit er sich von jener menschlichen Stadt entfernt hatte, sondern wie nahe er an die Stadt herankam, *„deren Baumeister und Schöpfer Gott ist"* (Hebr 11,10). Abraham lebte ständig in der Spannung zwischen dem sichtbaren Ist-Zustand und der wilden, übernatürlichen Lebensreise, zu der ihn ein unsichtbarer Gott berufen hatte. Deshalb bekam er den ersten Vorschuss des Segens, der einmal das geistliche Leben der ganzen Menschheit wiederherstellen sollte – Gerechtigkeit: *„Abraham aber glaubte Gott, und das wurde ihm als Gerechtigkeit angerechnet"* (Röm 4,3). Paulus erklärt am Ende seines Kapitels, dass er darüber *„nicht allein um seinetwillen geschrieben hat, dass es ihm angerechnet worden ist, sondern auch um unsertwillen, denen es angerechnet werden soll,* *wenn wir an den glauben, der unseren Herrn Jesus aus den Toten auferweckt hat"* (Röm 4,23-24).

Wir alle können Gerechtigkeit empfangen, wenn wir uns wie Abraham der Spannung des Glaubens stellen, und wie er zu unserer himmlischen Heimat pilgern.

Die Spannung des Glaubens ist auch die Spannung zwischen Verheißung und Erfüllung. Ich habe oft beobachtet, wie wichtig Weisheit dabei ist, diese Spannung zu meistern. Da ich in einem prophetischen Umfeld lebe, weiß ich, wie spannungsgeladen die Atmosphäre sein kann, wenn eine Verheißung nach der anderen ausgesprochen wird. Menschen erwachen zu neuem Leben, werden begeistert und voller Visionen, wenn ihre Träume und ihre Bestimmung so oft genannt und bestätigt werden. Allerdings weiß ich auch um die Spannung, die Menschen meist an die Grenzen ihrer Hoffnungen und ihres Glaubens führt, wenn sie an deren Erfüllung glauben und sich auf Gottes Verheißungen einlassen. Leute haben mir schon öfter gesagt, sie wünschten sich, dass die Spannung, die durch eine Prophetie erzeugt wurde, verschwinden würde. Sie wollten lieber keine prophetischen Worte über eine bestimmte Verheißung mehr hören, weil es nur den unangenehmen Widerspruch zwischen der Verheißung und ihren Umständen vergrößere.

Weisheit lehrt uns aber auch: Wenn Gott durch uns und in uns alles neu machen will, dann sollten wir erwarten, dass seine Verheißungen völlig anders sind als unsere Umstände. Petrus zufolge sind seine Verheißungen sogar Teil seiner Herrlichkeit, und wenn er sie uns gibt, gibt er uns damit etwas, was wir verwalten sollen. Je mehr wir lernen, Gottes Verheißungen zu verwalten, desto mehr bringt er seine göttliche Natur in uns hervor, die uns wiederum darauf vorbereitet, ihre Erfüllung zu verwalten (vgl. 2 Petr 1,3-4).

Die Geschichte von den vier Aussätzigen in 2. Könige 7 ist ein wunderbares Beispiel dafür, wie man mit der Spannung einer Verheißung umgehen kann. Ihre Situation war zum Verzweifeln. Sie hatten nicht nur eine unheilbare, infektiöse

Krankheit, sondern lebten auch zwischen einer Stadt, die unter Hungersnot litt, und dem Lager der feindlichen Armee. Der Hunger in der Stadt war dermaßen groß, dass Frauen ihre Kinder kochten und aßen. Eselsköpfe und Taubenmist wurden für ein kleines Vermögen verkauft. (Ich habe keine Ahnung und will mir auch nicht vorstellen, was man mit einem Eselskopf macht.) Als der König aber Elisa, den Mann Gottes, um Rat bat, prophezeite dieser, dass sich binnen eines Tages alles wenden würde. Damit erzeugte Elisa eine Spannung zwischen dem, was ihnen vor Augen war, und der Verheißung.

Besonders für die Aussätzigen hätte der Unterschied zwischen ihrer erlebten Wirklichkeit und der Prophetie nicht größer sein können. Und genau diese durch den Widerspruch erzeugte Spannung wurde für sie zur Quelle der Energie, etwas zu unternehmen. Sie hatten eines erkannt: „Wir können hier sitzen und einfach sterben oder in die Stadt gehen und sterben – oder wir können aufstehen und etwas tun!" Als sie sich durch Spannung zum Handeln entschlossen, anstatt zu verzweifeln, erlebten sie nicht nur, wie sich die Prophetie vor ihren Augen erfüllte; sie wurden zudem Mitwirkende bei der Erfüllung von Gottes Verheißung! Gott hatte seinen Teil erfüllt und den Feind davongejagt; doch sie selbst plünderten das Lager des Feindes.

Wenn auch Sie in einer Situation leben, die in direktem Gegensatz zu einer Verheißung steht, dann möchte ich Sie daran erinnern, dass Sie in die Lage versetzt werden, das Lager des Feindes zu plündern! Gott hat Ihren Feind besiegt und alles wieder zurückgewonnen, was Ihnen gestohlen wurde. Durch seine Verheißungen hat er es Ihnen als Verwalter übertragen, aufzustehen und es sich zu holen. Wenn Sie sich treu auf sein Wort verlassen, bevor die Dinge in Erfüllung gehen, werden Sie dazu vorbereitet, auch nach ihrer Erfüllung rechtschaffen mit ihnen umzugehen. Durch Treue, der zentralen Eigenschaft der Weisheit, können Sie zuversichtlich sein, dass die durch Gottes Verheißungen erzeugte Spannung nicht dazu bestimmt ist, Sie zu überwältigen, niederzudrücken oder zu enttäuschen.

Vielmehr sind Spannungen sein Schulungswerkzeug, um seine göttliche Natur in Ihnen zum Vorschein kommen zu lassen und Sie auszurüsten, die Reichtümer der Herrlichkeit zu entdecken, die Ihnen zugedacht sind, wenn Sie Ihre göttliche Bestimmung erfüllen.

Weisheit hilft uns außerdem dabei, uns die Spannung zwischen unserem Wissen und unserem Nichtwissen zunutze zu machen und mit Geheimnissen zu leben. „Die Wolke des Nichtwissens“, eine brillante Schrift eines unbekannten Autors aus dem 14. Jahrhundert, bietet uns einen einfachen Leitfaden. Sie beschreibt, dass wir alles, worauf wir keine Antwort haben bzw. was wir nicht verstehen, in eine (gedankliche) „Wolke des Nichtwissens“ neben unsere Sicht Gottes platzieren sollen, damit es uns nicht den Blick auf ihn versperrt. Dies erfordert, dass wir alles, was wir von Gott wissen, in einer Spannung gegenüber dem, was wir nicht wissen, belassen. Wenn wir jedoch weise mit dieser Spannung umgehen, wird es unser Vertrauen in das, was wir wissen, sogar stärken und uns dazu motivieren, Gott besser kennenzulernen. Ich habe festgestellt, dass wir dann auch erkennen, dass die Worte „Ich weiß es nicht“ zu den machtvollsten und am meisten befreienden Worten zählen, die wir aussprechen können.

Natürlich birgt auch das, was wir wissen, Geheimnisse und Spannungen. Jeder, der einmal eine Wahrheit entdeckt hat, ist sich bewusst, dass diese zumeist aus einem Spannungsfeld von mehreren Wahrheiten besteht. Weil Gott die Quelle der Wahrheit ist, wissen wir, dass in seinem Wesen auch die scheinbar gegensätzlichen Wahrheiten vereint sind. Wie kann er sonst den Schrei eines Missbrauchsopfers und gleichzeitig die Reue des Täters erhören? Und wie kommt es, dass er zerbrochene Menschen wie uns – egal, ob Opfer oder Täter – gebraucht, um seine Ziele zu erreichen? Dies sind wohl einige der größten Geheimnisse, die uns in Gott begegnen. Doch je mehr wir sie als für seine Weisheit charakteristisch anerkennen und selbst versuchen, dies nachzuahmen, indem wir mit Menschen so umgehen, wie Gott es tut, desto mehr werden wir zu Menschen geformt, die diese immense Liebe überallhin mitbringen. Wir tragen dann die Botschaft in uns, dass Jesus für Opfer und für Täter starb, dass er alle zu seiner Familie gemacht hat und dass er uns alle, ungeachtet unserer Vergangenheit, einlädt, unsere rechtmäßige Stellung als seine herrlichen Söhne und Töchter, Könige und Priester einzunehmen. Deshalb ist die Gemeinde, die Braut Christi, die einzige Organisation auf der Welt, welche in der Lage ist, das gesamte Spektrum an Menschen mit einzuschließen und die versteckte Herrlichkeit in ihnen zum Vorschein zu bringen.

Barnabas, der große Ermutiger, ist ein Beispiel für jemanden, der mit der Spannung in Gottes Liebe umgehen konnte. Er war fähig, die Sinneswandlung eines ehemaligen Terroristen zu erkennen und ihn zu den Aposteln zu bringen. Leicht hätte er in Saulus, dem Mörder, lediglich eine Bedrohung sehen können – und viele hätten es sogar für Weisheit gehalten. Doch heute wissen wir, dass wir damit der Welt die Herrlichkeit der 19 Briefe des bekehrten Saulus vorenthalten hätten. Barnabas bereitete den Weg dafür, dass Gott die ganze lebensverändernde Kraft seiner Liebe an einem Mann sichtbar machen konnte, der sich selbst „der Größte unter den Sündern" nannte und auf vollkommene Weise die ganze Tiefe, Höhe und Breite des Evangeliums erfahren hatte und zu dessen bedeutendstem Lehrer und Missionar wurde.

Es gibt noch viele andere Aspekte der Spannung, die wir an der Grenze zwischen Himmel und Erde erleben. In diesem Abschnitt wollte ich einfach verdeutlichen, dass wir als Verwalter von Gottes Herrlichkeit Spannungen nicht als Stolpersteine für Gottes Ziele mit uns betrachten sollen, sondern als genau die Mittel sehen können, durch die wir diese Ziele erreichen. Gerade die Weisheit des Kreuzes lehrt uns, dass Jesus, der treue Verwalter der Herrlichkeit, die durch unsere Sünde und den Wiederstand erzeugte Spannung auf sich nahm, um eine göttliche Absicht zu erfüllen: als die Gelegenheit, seine Gnade „überströmen" zu lassen (vgl. Röm 5,20). Deshalb scheut sich die Bibel in ihrer Erlösungsgeschichte nicht, über das gesamte

Ausmaß der Schwächen und Fehler der Menschen zu berichten, selbst über die Schwächen ihrer Glaubenshelden. Ihre an jede Generation gerichtete Botschaft ist, dass Gott Menschen wie Sie und mich liebt und gebraucht – nicht weil wir vollkommen wären, sondern weil er uns vollkommen machen will.

Die Herrlichkeit des Überwindens

Die logische Konsequenz der Herrlichkeit in der Spannung ist die Herrlichkeit des Überwindens. Um gesund sein und wachsen zu können, sei es körperlich, psychisch oder geistlich, ist ein Wechselspiel von Spannung und Entspannung nötig. Geistlich gesehen wachsen und reifen wir, indem wir verschiedene Prüfungen unserer Treue als Verwalter seiner Herrlichkeit erdulden und dann auch bestehen. Jede bestandene Prüfung ist Grundlage für eine Beförderung, eine Erweiterung unseres Verantwortungsbereichs, wo wir dann erneut geprüft werden. Mir ist bewusst, dass den meisten von uns das Wort *Prüfung* genauso wenig gefällt wie das Wort *Spannung*. Aber ohne Kampf kann es aber keinen Sieg geben; und ohne Sieg gibt es keine Herrschaft. Durch den Prozess der Prüfung, des Überwindens und der Beförderung erlangen wir stetig mehr Herrschaft, wozu wir ja auch beauftragt worden sind.

Weisheit ist wie ein Herrschaftsbereich, ein Gebiet der Autorität bzw. der Rechtssprechung. Lukas berichtet davon, dass Jesus in seinem Leben in diesem Herrschaftsbereich gewachsen ist: *„Und Jesus nahm zu an Weisheit und Alter und Gnade bei Gott und den Menschen."* (Lk 2,52). Es mag merkwürdig erscheinen, dass der Sohn Gottes an Weisheit zunehmen musste. Es musste aber so geschehen, weil er als der „letzte Adam" gekommen war, um dort erfolgreich zu sein, wo die Menschen als Verwalter versagt hatten, und um uns das Verwalteramt zurückzugeben. Dass Christus zu jeder Zeit ein treuer Verwalter war, qualifizierte ihn dafür, dass der Herrschaftsbereich seiner Weisheit erweitert wurde, was in seiner letzten Beförderung gipfelte, als Gott ihn schließlich *„über alle Maßen erhöhte“* (Phil 2,9) und er Schlüssel erhielt: die Schlüssel zum Tod und zum Totenreich (Hades) und die Schlüssel des Hauses Davids (vgl. Offb 1,18; Jes 22,22).

Schlüssel sind ein Symbol für Autorität, da es keine Autorität ohne den nötigen *Zugang* gibt. Dies ist mir aus meinen ersten beiden Berufen besonders in Erinnerung geblieben. Zu Beginn meiner Ausbildung als Krankenpfleger im London Hospital im Stadtteil Whitechapel durfte ich schon eine Uniform tragen und hatte dank meiner neuen Dienstkleidung plötzlich Zugang zu Türen, die mir vorher verschlossen waren. Auf ihnen stand: „Nur für Personal.“ Viele von ihnen waren gar nicht verschlossen, sodass ich schon vorher hätte durch sie hindurchgehen können. Ich hatte es aber nicht getan, weil ich weder die Erlaubnis noch die Autorität dazu hatte. Als ich später in den Gefängnisdienst wechselte und schließlich Gefängnisleiter wurde, war es ähnlich. In meinen ersten beiden Ausbildungswochen hatte ich noch keine Schlüssel bekommen. Das war eine demütigende Erfahrung für mich. Ich empfehle keinem, als Nichtinsasse ohne Schlüssel durch ein Gefängnis zu spazieren! Mit jeder Beförderung bekam ich mehr Autorität und auch mehr Schlüssel, und mehr Türen öffneten sich mir. Als Gefängnisleiter bekam ich schließlich den Generalschlüssel und damit unbegrenzten Zugang zu allen Türen.

Christus hat die Generalschlüssel für das Universum erhalten und damit ungehinderten Zugang zu allen Dingen. Doch bevor er selbst diesen Schlüssel entgegennahm, versprach er uns dieselbe Zugangsberechtigung:

> *Ich will dir die Schlüssel des Himmelreichs geben: Alles, was du auf Erden binden wirst, soll auch im Himmel gebunden sein, und alles, was du auf Erden lösen wirst, soll auch im Himmel gelöst sein* (Mt 16,19).

Als Verwalter an seiner Seite möchte Christus seine Autorität mit uns teilen, Zugang zum Himmel zu haben und diesen auf die Erde zu bringen. Zwar muss jeder von uns den gleichen Weg der Prüfungen und des Überwindens nehmen, um befördert zu werden, den Jesus gegangen ist, aber weil er diesen Weg bereits gegangen ist, kann er uns in jeder Phase des Weges beistehen. Einer der wesentlichen Arten, wie er uns hilft, besteht jedoch darin, dass er uns dazu auffordert, einander zu helfen. Er hat uns nicht nur dazu berufen, sein Vorbild als Verwalter nachzuahmen, indem wir überwinden, sondern auch indem wir unsere Erfolge und erweiterte Autorität nutzen, um anderen beim Überwinden zu helfen.

Im Januar 2008 wurde bei mir Prostatakrebs diagnostiziert. Im Frühjahr desselben Jahres wurde ich operiert und bin immer noch täglich dankbar, dass alles gut gegangen ist. Nach meiner Operation bin ich jedoch kollabiert und es ging mir im Krankenhaus aus verschiedenen anderen Gründen eine Zeit lang sehr schlecht. Das gesamte Leitungsteam von Bethel kam am Ostersonntag um die Mittagszeit zu mir und betete für mich. Ich scherzte mit ihnen herum und sagte, dass selbst Jesus zu Ostern schon in der Hölle war – dass er aber mit Schlüsseln zurückkam! Auch ich wollte meine Schlüssel!

Ein paar Monate nach meiner erfolgreichen Behandlung besuchte ich ein Geschäft, in dem etwas für mich angefertigt wurde. Der Besitzer erkannte mich gleich und fragte mich, wo ich denn gewesen sei, er hoffe, dass mich nichts Ernstes davon abgehalten habe, zu kommen. Ich erzählte ihm von meiner Prostata-Entfernung wegen Krebs. Ohne zu zögern, begann dieser fremde Mann sich mir zu öffnen und erzählte mir, er habe selbst vor zehn Jahren die gleiche Operation gehabt. Binnen weniger Sekunden befanden wir uns in einem ziemlich persönlichen Gespräch. Er erzählte mir von seinen Enttäuschungen und davon, dass er die Operation bereue. Ich konnte ihm einige Fragen stellen, ihm in die Augen schauen und ihm versichern, er habe sehr wohl die richtige Entscheidung getroffen, und ihm auch die Gründe dafür nennen. Mit meiner ruhigen Zusicherung begann sich die zehnjährige Last auf seinen Schultern langsam zu heben.

Diese Begegnung zeigte mir, dass ich tatsächlich meine Schlüssel erhalten hatte. Ich hatte größeren Zugang zum Leben dieses Mannes – nicht, dass ich mich freiwillig für diesen Weg entschieden hätte – aber dennoch hatte ich Zugang. Hier liegt der springende Punkt: Auf menschlicher Ebene war das Einzige, was zum Zugang nötig war, dass ich dieselbe Erfahrung gemacht hatte wie er. Und wenn dies alles gewesen wäre, hätten wir vermutlich lediglich Sympathien ausgetauscht. Doch es geschah mehr: Er hatte seine Prüfung nur überlebt, während ich sie überwunden und dadurch Weisheit erlangt habe. Somit hatte ich nicht nur Zugang zu ihm bekommen, sondern konnte diese Weisheit mit ihm teilen und meinen Sieg ihm zugute kommen lassen.

Ich vermute, dass uns alle regelmäßig Türen begegnen, zu denen wir aufgrund der Weisheit Zugang haben, die wir beim Überwinden von vielen Spannungen und Prüfungen erhalten haben. Ob Sie eine Mutter sind, die ein Kind erfolgreich durch die Trotzphase brachte, oder ob Ihr Sohn in den Krieg geschickt wurde und wieder heil zurückkam – Sie haben dadurch an Weisheit gewonnen, mit der Sie anderen helfen können, solch schwierige Zeiten erfolgreich durchzustehen. Ich glaube jedoch, dass viele von uns den Zugang, der uns zum Leben anderer gegeben ist, nicht in dem Maß nutzen, wie wir könnten, weil wir uns meist nicht als die großen Überwinder fühlen. Wir haben immer noch eher die Zeiten vor Augen, in denen wir versagt haben, als den Sieg, den Christus bereits für uns errungen hat. Doch dieser erinnert uns: *„… seid getrost, ich habe die Welt überwunden!“* (Joh 16,33).

Egal, wo wir auf unserem Weg als Überwinder von Schwächen und Versagen gerade stehen: Wenn wir in seiner Nähe bleiben, können wir sicher sein, dass wir seinen Sieg teilen und erleben werden, dass er jedes Versagen wieder gutmacht, damit unsere Weisheit zunimmt. Anstatt uns zu disqualifizieren, werden die Bereiche, in denen wir versagen und schwach sind, zu solchen, in denen wir Autorität haben. Wenn ich jemandem begegne, der von Drogensucht befreit wurde, dann überrascht es mich nicht, dass er Menschen mit genau diesem Problem helfen kann. Es ist sogar ein Zeichen dafür, dass er oder sie diese Sucht wirklich überwunden hat und auf diesem Gebiet nun Autorität hat. Überwinder haben die Autorität, anderen beim Überwinden zu helfen.

Genau dieses Prinzip liegt den Briefen von Paulus zugrunde. Ich kenne kaum jemanden, der von seinen Worten nicht tiefgründig gesegnet und gestärkt worden wäre:

> *Denn ich bin gewiss, dass weder Tod noch Leben, weder Engel noch Fürstentümer noch Gewalten, weder Gegenwärtiges noch Zukünftiges, weder Hohes noch Tiefes, noch irgend ein anderes Geschöpf uns zu scheiden vermag von der Liebe Gottes, die in Christus Jesus ist, unserem Herrn* (Röm 8,38-39).

Woher hatte Paulus die Autorität, dies so deutlich zu verkünden? Er hatte sie durch die vielen Prüfungen, die er ausgestanden hatte, gewonnen. In 2. Korinther 11,23-28 lesen wir, dass er eingesperrt, bedroht, geschlagen worden und schiffbrüchig war; er hatte schlaflose Nächte, Hunger und so ziemlich jedes nur vorstellbare Trauma erlitten. Paulus überlebte jede vorstellbare Bedrohung seines Lebens und fand dabei heraus, dass *ihn* nichts von der Liebe Gottes trennen konnte. In seinem Leben überwand er die extremsten Umstände, und als er das Zeugnis der Weisheit verkündete, die er als Überwinder gewonnen hatte, schenkte er uns damit die Wahrheiten, die zu unserer Theologie wurden und Generationen von Gläubigen geholfen haben, Überwinder zu sein.

In Offenbarung 12,11 steht: *„Und sie haben ihn überwunden um des Blutes des Lammes und um des Wortes ihres Zeugnisses willen."* Das Blut des Lammes ist der Sieg, den wir empfangen; unser Zeugnis ist der Sieg, den wir haben, um ihn weiterzuverschenken. Als ich noch im Krankenhaus lag und mich von der Operation erholte, habe ich überwunden, indem ich mich auf den Sieg stellte, den Jesus durch sein Blut errungen hatte. Als ich jedoch das Krankenhaus verließ, hatte ich noch etwas anderes – das Wort des Zeugnisses meines Überwindens. Und ich habe beschlossen, dass ich dieses Wort dazu benutzen werde, erneut zu überwinden, und auch anderen dabei zu helfen. Ich ermutige Sie dazu, dasselbe mit Ihrem Zeugnis zu tun! Wir dürfen unsere Siege nicht verschwenden. Mit jedem Sieg haben wir einen Schlüssel erhalten, um den Himmel aufzuschließen und ihn auf die Erde zu bringen – in unserem Leben und im Leben von anderen. Weise Verwalter tragen ihre Schlüssel nicht nur mit sich herum. Wo immer sie Zugang haben, kümmern sie sich um die Angelegenheiten ihres Meisters.

Kapitel 13

Herrlichkeit durch Perlen-Tore

Und die zwölf Tore waren zwölf Perlen ...

Offenbarung 21,21

Bestimmt kennen Sie den Spruch: „Du kannst nichts mitnehmen!" Das gilt normalerweise als Entschuldigung für einen verschwenderischen Umgang mit Geld. Wir können jedoch etwas mitnehmen. Der Himmel ist so beschaffen, dass wir unsere Herrlichkeit in den Himmel mitnehmen können. In der Offenbarung steht, dass die *„Könige der Erde"*, nämlich wir alle, die wir *„Könige und Priester"* (Offb 5,10) geworden sind, unsere Herrlichkeit durch die zwölf Tore aus zwölf Perlen mit in den Himmel nehmen werden.

> *Und die zwölf Tore waren zwölf Perlen, jedes der Tore aus einer Perle ... und die Könige der Erde werden ihre Herrlichkeit und Ehre in sie bringen* (Offb 21,21a.24b).

Dieser Abschnitt liegt zufälligerweise meiner Lieblingspredigt von meinem Vater zugrunde. Ich habe mich dazu entschlossen, eben diese Predigt hier einzufügen; nicht nur, weil sie eine wunderbare Erkenntnis über Herrlichkeit enthält, die mein eigenes Verständnis darüber geprägt hat, sondern weil sie – zusammen mit den Erfahrungen meiner Söhne James und Luke (siehe das Nachwort) – die Familiengeschichte der Manwarings über drei Generationen hinweg geprägt hat; diese Predigt ist ein Ausdruck unserer Familien-DNA und unseres Vermächtnisses.

Zwei dieser Generationen haben sich persönlich nie kennengelernt, aber ich kann als Verbindungsglied zwischen den beiden deutlich erkennen, dass meine Söhne die DNA ihres Großvaters in sich tragen, und dies sogar auf außerordentliche Art und Weise! Meine Söhne leben so, als hätten sie meinen Vater gekannt. Ich weiß, dass James' Leidenschaft für Musik und seine Fähigkeit, Bands, Chöre, Orchester und vor Kurzem sogar eine ganze Oper zu dirigieren, meinem Vater in der großen Schar der Zeugen Jubelrufe entlockt. Lukes Liebe zum Fußball erinnert mich daran, wie ich mit meinem Vater 1966 den Sieg der Engländer bei der Weltmeisterschaft auf unserem nagelneuen Schwarzweißfernseher mitverfolgt habe. Auch die Liebe meines Vaters zum Sport und zu Fotografie lebt in Luke weiter. Und wir alle teilen sein wertvollstes Erbe: seinen Glauben.

Nachdem mein Vater 1973 gestorben war, fand ich auf unserem Dachboden ein altes Notizheft von ihm. Es lag in einer Metalltruhe, die beinahe zusammen mit anderen scheinbar wertlosen Gegenständen wie Bleistiften, Notizhefte und ein paar alten Werkzeugen im Müll gelandet wäre. Glücklicherweise warf ich das Heft nicht weg; es zählt heute zu meinen liebsten und am meisten geschätzten Besitztümern. Ich glaube, dass es das Einzige wäre, das ich zusammen mit meiner Familie und ein paar Fotos im Notfall aus meinem Haus retten würde. Dieses Notizheft enthält einige Predigten meines Vaters sowie Details über Ort und Zeit, wann er diese gehalten hatte. Ich lernte dadurch Dinge über das Leben meines Vater kennen, die mir unbekannt waren, als er noch lebte. Dieses Notizheft ist für mich zu einer beständigen Erinnerung seines Glaubens und meiner Familien-DNA geworden.

Die folgende Predigt hielt mein Vater im Juni 1957 in Chadwell Heath in London in einer Gemeinde, in der mein Onkel Billy, der Bruder meines Vaters, Pastor war. Er war es, der mich an dem Tag, als mein Vater starb, aus der Schule abholte und mit mir am Bett meines verstorbenen Vaters betete. Als mein Vater die folgende Predigt hielt, saß meine Mutter mit mir schwanger unter den Reihen der Zuhörer.

Die zwölf Tore sind zwölf Perlen

Im 21. Kapitel der Offenbarung beschreibt uns Johannes auf wunderbare Weise den Ort, den Jesus für uns vorbereitet hat: nämlich den Himmel und all seine Herrlichkeit. Er erzählt von Wänden aus Jaspis, einer Stadt aus reinem Gold, und von ihren Grundmauern, die mit allerlei wertvollen Juwelen geschmückt sind. Und die zwölf Tore sind zwölf Perlen. Es wurde viel über die Bedeutung dieser Juwelen geschrieben und ich kann Ihnen bestimmt nicht ihre ganze theologische Bedeutung erklären. Ich möchte aber gemeinsam mit Ihnen ein wenig über diese Tore nachdenken und die Bedeutung des Eingangs in das Neue Jerusalem betrachten, denn wir werden – wie Johannes schreibt – einmal durch eine dieser Perlen in sie hineingehen. Die zwölf Tore sind zwölf Perlen. Es ist erwiesen, dass Perlen ein Produkt von Schmerzen sind. Manchmal wird dieser Schmerz durch einen Wurm oder Parasiten verursacht, oder dadurch, dass die Schale der Auster an einer Stelle einreißt oder aufplatzt, sodass ein Sandkorn ins Innere gelangt. Sofort eilen alle möglichen Ressourcen des winzigen Organismus zu dieser Einbruchsstelle. Der Fremdkörper wird von den unerwarteten Heilungskräften dieser kleinen Kreatur umzingelt. Angesichts der tödlichen Gefahr, und nur dann, scheidet die Auster ein kostbares Sekret aus, um den Riss zu schließen und ihr Leben zu retten. Überlebenskräfte, die ansonsten gänzlich inaktiv blieben, werden in dieser Notsituation zum Leben erweckt. Der Fremdkörper wird eingeschlossen und die Wunde geheilt – durch eine Perle.

Kein anderer Juwel hat eine solch faszinierende Geschichte. Die Perle ist ein Symbol der Strapazen im Überlebenskampf eines kleinen Lebewesens. Wir denken bei Perlen jedoch meist nicht an Schmerzen, sondern eher an einen Ballsaal. Perlen sind für die Stunden der Unterhaltung und des Vergnügens bestimmt, zum Tanzen zwischen Kronleuchtern. Wie wunderschön sie aussehen! Perlen teilen den Glanz und die Heiterkeit derer, die für eine Weile den Ernst des Lebens vergessen wollen. Jedoch entstehen sie auf gänzlich andere Art und Weise! Ihre Entstehungsgeschichte steht in starkem Gegensatz zu ihrem Gebrauch. Sie sind kein Produkt des Vergnügens, sondern des Schmerzes. Ohne einen Schaden in der Schale der Auster gäbe es keine Perle.

Die Schmerzen und Kämpfe unseres Lebens können unter Umständen göttliche Vermittler sein, die uns in unsere himmlische Stadt führen. Wie schreibt Sara Adams in ihrem berühmten Lied? „So führt mich mein Kummer, mein Gott, näher zu Dir."

Die Leidenden in der Welt sind oft die größten Menschenfreunde. Sie lassen uns nach etwas Besserem streben. Erst durch den tragischen Tod eines jungen Arztes, der an Herzversagen starb, wurde Sir James Mackenzie auf das Fachgebiet der Kardiologie aufmerksam. Diese schmerzhafte Erfahrung inspirierte ihn zu weiteren Studien, bis schließlich sein großartiges Werk über die Erkrankungen des Herzens dabei entstand.

Erst nach dem Verlust der Titanic wurde die *Atlantic Ice Patrouille* gegründet. In der Nähe der alten Stadt Conway im Norden von Wales gibt es eine berühmte und wunderschöne Hängebrücke, die über 100 Jahre alt ist. Warum wurde sie gebaut? War die Fähre veraltet? Wollte man schneller reisen? Nein, das war nicht der Grund. Zu ihrem Bau führte der Weihnachtstag von 1806, an dem ein Postschiff bei der Durchquerung gekentert war und dabei 13 Menschen ertrunken waren. Erst danach fühlten sich die Behörden veranlasst, den Bau einer Brücke in Erwägung zu ziehen. Aus dem gleichen Grund baut man Leuchttürme oder verbreitert Straßen – um weitere Tragödien zu vermeiden. Man könnte also sagen, dass sich niemand kümmert, wenn keiner leidet.

Ich glaube, dass wir uns dem Thema nähern können, indem wir darauf schauen, welche Kraft das Leid im Leben der Leidenden auslöst. Das Evangelium wurde den Heiden durch einen Apostel gepredigt, den ein Dorn im Fleisch plagte. Man kann seinen Erfolg nicht von seinem Leiden trennen. Der erblindete Milton sang *„Paradise Lost"*, ein eingesperrter Bunyan schrieb sein Meisterwerk *„Die Pilgerreise zur ewigen Herrlichkeit"*, und auch Beethoven war bereits taub, als er seine unsterbliche 9. Symphonie komponierte. Wer würde behaupten, dass ihre Bedrängnisse nichts mit ihrem Triumph zu tun hatten?

Vor einiger Zeit wurde in einem Krankenhaus in London eine Gedenktafel zur Erinnerung an Mandombi, den ehemaligen Stammesältesten Nigerias, enthüllt. Diese Tafel zeugt von einer bemerkenswerten Geschichte der Selbstaufopferung eines Mitglieds des so genannten „rückständigen" Volkes für die restliche Welt. Vor über 30 Jahren wurde Mandombi durch den Dienst von Dr. Grattan Guinness zu Christus geführt und erkrankte kurz darauf an einer unheilbaren Tropenkrankheit – der Schlafkrankheit. Im Wissen um sein düsteres Schicksal kam Mandombi auf die Idee, den Rest seines Lebens als ein Opfer für die Menschheit einzusetzen. Er teilte Dr. Guinness mit, er wolle sich als Versuchsperson für Experimente zum Wohle anderer zur Verfügung stellen. Er wurde dann in dieses Krankenhaus in London gebracht, wo sich einige hervorragende Ärzte um ihn kümmerten. Dies war in England der erste Fall dieser Krankheit und er wurde nur zu diesem Zweck in das Krankenhaus aufgenommen. Teil der Untersuchungen war, dass er sich zwei Monate lang alle vier Stunden Blut abnehmen lassen musste! Diese Versuchsarbeit wurde jedoch belohnt – man fand schließlich die Ursache der Krankheit. Mandombis Leben konnte man leider nicht retten; durch seine selbstlose Aufopferung konnten danach buchstäblich Millionen von Menschenleben auf der ganzen Welt gerettet werden. Durch die schreckliche Krankheit eines alten afrikanischen Häuptlings, der sich kurz zuvor bekehrt hatte, konnte Jesus, der nun in ihm wohnte, zulassen, dass eine großartige Perle heranwuchs.

Der Mensch ist ein zerbrechliches Wesen. Wir schrecken vor Enttäuschungen, Behinderungen, Krankheiten und nachlassenden Kräften zurück. Diese Dinge können jedoch denjenigen, die in Christus sind und in denen Christus lebt, dienen. Sie sind einmalige Gelegenheiten, um etwas Großartiges zu bewirken. Manche beschweren sich darüber, dass sie im Leben so viele Schwierigkeiten haben, während andere scheinbar gar keine haben. Das stimmt allerdings nicht! Das Leben in seiner Gesamtheit sucht alle heim. Die Menschen reagieren nur unterschiedlich darauf. Was dem einen schwer zusetzt, schütteln andere einfach ab. Die gleichen Leiden lassen den einen verbittern und den anderen liebevoller werden. Schwere Schicksalsschläge, die den einen Mann zynisch machen, werden für den anderen zum Sprungbrett in ein besseres Leben.

Hegen Sie einen Groll gegen das Leben und gegen Gott? Sind Sie bereit, etwas zu lernen und Ihre Schmerzen und Enttäuschungen in Perlen zu verwandeln?

Ein Gedicht aus der Tageszeitung blieb mir neulich hängen: „Gott und der Arzt sind uns wert gleicher Ehr, doch nur in Gefahr und nicht schon vorher. Ist die vorüber, wird ihnen gleich vergolten: Gott wird vergessen und der Doktor gescholten." Dieser Vers stammt von John Owen aus dem Jahr 1660 und ich befürchte, es hat sich seitdem wenig geändert.

Es ist unsere Not, die uns zu Gott führt. Ich würde behaupten, dass wir am meisten beten, wenn die Not am größten ist – wenn uns Krankheit, Sorge, Depression oder die dunklen Rätsel des Lebens im Griff haben. Die Gefahren, die wir am meisten fürchten, erweitern unseren geistlichen Horizont.

Ich möchte behaupten, dass die Schmerzen und Enttäuschungen unseres Lebens Wege zum Wachstum für uns sind. Sie geben uns die Möglichkeit, wie die Auster eine Perle zu produzieren, damit das Noble, das in unserem Charakter schlummert, hervorkommen kann. Müssen wir denn immer erst warten, damit Unheil in unser Leben eindringt, bevor wir einen solchen Juwel erschaffen? Kann es denn ohne Wunde keine Perle geben? Gott bewahre, dass Verzweiflung und Mutlosigkeit uns erst übermannen müssen, bevor wir die Tore zur himmlischen Stadt finden! Es gibt kein Leben, in dem Enttäuschungen, Schweres und Unangenehmes nicht eine Rolle spielen. Keiner wird von solchen Prüfungen verschont, und jede Prüfung ist eine Gelegenheit, eine Perle zu erschaffen!

Lassen Sie uns unsere Alltagssituation betrachten – sollte es doch jemand geben, der sich für eine Ausnahme hält und den angeblich nichts erschüttern kann. Selbst üble Nachrede über uns, die sich wie ein Lauffeuer verbreitet, kann uns bestürzen und verärgern. Das Unliebsame, Ungerechte und Unwahre kann sich in unserem Herzen festsetzen und Bitterkeit erzeugen. All dies ist eine Gelegenheit, eine Perle daraus zu machen! Solche Vorfälle können wir Wunden des Geistes nennen. Könnten Sie nicht die Blutung solcher Wunden einfach stillen, indem Sie dem Verursacher der Verleumdung vergeben? Könnten Sie denn nicht den Prozess der Heilung in Gang bringen, indem Sie für solche Menschen beten? Jesus Christus wird als die kostbare Perle bezeichnet. Das ist keine Überaschung, angesichts der Tatsache, dass der König von Golgatha, sterbend am Krauz und umgeben von seinen Mördern, sagt: „Vater, vergib ihnen, denn sie wissen nicht, was sie tun."

Vielleicht kam Ihre Chance ja durch eine Enttäuschung. Lassen Sie nicht zu, dass Enttäuschungen Sie sauer, verbittert oder zynisch werden lassen! Kennen Sie die Geschichte von Henry Martyn und seiner großen Enttäuschung? Er hatte Gott alles und besonders seine Begabung für Sprachen hingegeben und Gott hatte ihn daraufhin in die Mission gerufen. Kurze Zeit danach verliebte er sich. Kaum eine Entscheidung könnte schwieriger sein und er war in seinen Gedanken hin und her gerissen: seine Arbeit oder seine Liebe? Nach viel Überlegung entschied sich Martyn für den Dienst,

> zu dem Gott ihn berufen hatte, und nach langen Verabschiedungen und einer unvorhergesehenen Verzögerung der Abreise, bei der er seine geliebte Lydia ein letztes Mal besuchte, in der vagen Hoffnung, sie würde ihm doch noch auf seine Reise folgen, bestieg er in Portsmouth sein Schiff. Martyn vergrub sich daraufhin in seine Arbeit und seine Bücher; nichts interessierte ihn mehr, als nur seine Studien. Er sagte, er wünsche sich, dass seine ganze Seele im Willen Gottes verschlungen sei. Doch sehr bald wurde er krank und starb in Toact in Kleinasien, ohne auch nur einen einzigen Engländer in seiner Nähe zu haben, der seine letzten Worte hätte hören können. Er starb im Alter von 31 Jahren, doch er hatte sein Werk vollendet: die Übersetzung des Neuen Testaments ins Hindustanische, Persische und Arabische. Er war ein Mann, dessen Leben trotz vieler Enttäuschungen zu einer Perle geworden war. Wäre es nicht möglich – ich weiß, dass auch ich nicht alles genutzt habe –, dass wir selbst die kleinsten Ärgernisse unseres Lebens nehmen und zu einer Perle machen? Die kleinsten Perlen heißen Saatperlen; die größten, die die Größe einer Walnuss haben können, heißen Paragone. Möge die kostbare Perle und der Heilige Geist so in Ihnen wirken, dass Sie Paragone hervorbringen.

Mir wurde durch diese Predigt klar, dass mein Vater eine Offenbarung darüber hatte, wie wir in den Himmel eintreten werden. Viellicht hatte er nicht die Offenbarung, die ich heute haben darf, nämlich dass der Himmel eine Realität ist, die nicht erst nach dem Tod beginnt, sondern für alle Gläubigen bereits in diesem Leben verfügbar und erfahrbar ist. Ich glaube, dass die Perlen, die wir erzeugen, wenn wir unsere Schmerzen und Bedrängnisse am Fuß des Kreuzes ablegen, wo der Heilige Geist sie mit Auferstehungskraft umhüllt, uns später beim Hochzeitsmahl des Lammes und in alle Ewigkeit schmücken werden. Ich glaube aber auch, dass diese Perlen uns Tore öffnen, durch die wir hier und jetzt noch tiefer in diese Realität hineinkommen. Und nicht nur das – die Realität, in der wir lernen zu leben, ist die Realität, zu der wir auch andere einladen können, dass sie sie erfahren. Im letzten Kapitel habe ich gesagt, dass unsere Siege uns Schlüssel der Autorität geben, die uns Türen im Leben anderer Menschen öffnen. Man könnte es auch anders beschreiben: Die Erfahrungen, die in unserem Leben zu Perlen wurden, ermöglichen uns, zu *Perlen-Toren* zu werden, durch die andere Menschen hindurchgehen können. Ich weiß nicht, wie es Ihnen geht, aber mich motiviert das dazu, die „Perlen-Chancen" in meinem Leben zu ergreifen. Sie sind Einladungen, die Herrlichkeit kennenzulernen und auch andere zur Erkenntnis dieser Herrlichkeit zu führen, wie es der Apostel Paulus beschrieb:

> *Gelobt sei der Gott und Vater unseres Herrn Jesus Christus, der Vater der Barmherzigkeit und Gott alles Trostes, der uns tröstet in all unserer Bedrängnis, damit wir die trösten können, die in allerlei Bedrängnis sind, durch den Trost, mit dem wir selbst von Gott getröstet werden* (2 Kor 1,3-4).

Diese Botschaft ist Teil meiner DNA und wird auch weiterhin mein Verständnis vom Wesen und Sinn des Himmels formen. Der Himmel ist für die Herrlichkeit erschaffen! Kürzlich las ich Dantes berühmtes Gedicht, *„Die Göttliche Komödie"*, in dem eine Zeile das Tor zur Hölle beschreibt. Über dem Tor steht: „Lasst, die ihr eintretet, alle Hoffnung fahren!"[1] Über dem Eingang zum Himmel steht das genaue Gegenteil. Denn dort schreiten wir durch die Tore, die durch das Leiden des Einen für alle geschaffen worden sind, und werden den Ort finden, wo unsere tiefsten Hoffnungen letztendlich erfüllt werden. Während wir selbst in unserem Leben Perlen hervorbringen, werden wir anderen zu Türen der Hoffnung, die sie in die Herrlichkeit leiten.

---

[1] Dante Alighieri, die *Göttliche Komödie*, Inschrift auf dem Tor zur Hölle, dritter Gesang, Verse 1–9.

Papa, danke für deine großartige Botschaft. Sie hat mich durch die schwersten Zeiten hindurchgeführt und mich nun zu den besten Zeiten meines Lebens gebracht. Sie hat mich sogar darauf vorbereitet, Teil des Bethel-Teams zu werden. Dort sagt Pastor Bill Johnson gerne: „Auch wenn Gott nicht immer die Karten austeilt, gewinnt er doch mit jedem Blatt." Du hast mich durch deine Predigt gelehrt, dass Perlen ein Produkt der Schmerzen sind, die zum Fuße des Kreuzes Jesu gebracht worden sind – Schmerzen, die Gott nicht verursacht hat, die aber vom großen Tröster, dem Heiligen Geist, geformt wurden. Dieser Prozess bringt die Schönheit, die Perle, hervor. Deswegen ist Bethel auch mein Zuhause, und auch dir hätte es dort sicher gefallen!

KAPITEL 14

Die Herrlichkeit der Freiheit, des Bundes und der Gerechtigkeit

Man kann niemand für die Freiheit ausbilden, solange er in Gefangenschaft ist.

Sir Alex Paterson

Elf meiner neunzehn Jahre in der Gefängnisverwaltung habe ich in Jugendstrafanstalten verbracht. In jeder dieser Einrichtungen gehörte zum Programm, dass jeder Gefangene zeitweise Freigang hatte oder nach Hause durfte, damit sein Umgang in verschiedenen Situationen der Freiheit geprüft und er auf die Zeit nach der Entlassung vorbereitet werden konnte. Diese Praxis wurde von den Medien und der Öffentlichkeit oft falsch verstanden und scharf kritisiert, besonders wenn einer der jungen Straftäter nicht zurückgekehrt war oder während des Freigangs weitere Straftaten begangen hatte. Natürlich passierten auch Fehler; aber es gab genügend Gründe, um die Risiken dieser Methode zu rechtfertigten. Sie gründete auf einem Prinzip von Sir Alexander Paterson, einem der Begründer des modernen Jugendstrafsystems: „Man kann niemand für die Freiheit ausbilden, solange er in Gefangenschaft ist."

Paterson verstand etwas, womit sich Generation um Generation schwertut, sobald sie erkennen, dass wir in einer gefallenen Welt leben. Einerseits sehen sie, dass Menschen eine natürliche Sehnsucht nach Freiheit haben, andererseits aber beweisen wir ständig, dass wir damit nicht verantwortungsvoll umgehen können. Wie kann es sein, dass ein allmächtiger Gott, der behauptet gut zu sein, es zulässt, dass wir immer wieder so viel Chaos anrichten? Warum vertraute er uns die Freiheit überhaupt an? Der Film *Bruce Allmächtig* geht diesen Fragen auf umwerfend komische, aber tiefgründige Art und Weise nach. In dem Film verleiht Gott dem frustrierten Bruce all seine Macht, mit der einzigen Bedingung, dass er den Menschen ihren freien Willen lassen muss. Bruce stellt schnell fest, dass er zwar über Wasser laufen, Gebete erhören und jede Menge übernatürliche Streiche spielen kann; doch das Eine, was er wirklich will, kann er durch seine Kräfte nicht erzwingen: die Liebe seiner Freundin Grace. Liebe muss freiwillig sein, sonst ist sie keine echte Liebe. Am Ende lernt Bruce, dass er Grace nur gewinnen kann, wenn er seine eigene Freiheit dafür einsetzt, sie selbstlos und bedingungslos zu lieben.

Liebe ist genau das, was Gott, der selbst Liebe ist, mehr als alles andere von seinen Kindern will – so sehr sogar, dass er bereit war, uns Freiheit zu schenken, und das Risiko einging, dass wir sie missbrauchen. Er wusste, dass keine der Konsequenzen dieser Freiheit, sogar der Tod selbst, außerhalb seiner Erlösungskraft standen. Und er wusste, dass ihm unsere Fehler nur noch mehr Gelegenheit geben würden, seine große aufopfernde und bedingungslose Liebe für uns zu zeigen und uns dadurch einzuladen, uns zu revanchieren, indem wir lernen, so zu lieben, wie er liebt. Wenn Gott bereit war, so viel aufs Spiel zu setzen, um uns aus der Gefangenschaft der Sünde zu befreien, können wir davon ausgehen, dass er uns zutraut, dass wir lernen können, wie man mit Freiheit umgeht. Dieser göttliche Glaube daran, dass man Menschen Freiheit zutrauen kann und muss, hat führende Leute wie Sir Alex Paterson geleitet und jede große Freiheitsbewegung in der Geschichte motiviert.

In unserer westlichen Gesellschaft, die vorwiegend auf der Wertschätzung der Freiheit basiert, reden heute viele Menschen jedoch über Freiheit, als ginge es lediglich darum, Beschränkungen oder Hindernisse zu beseitigen. Jeder denkende

Mensch sollte aber erkennen, dass Beschränkungen sowohl guter als auch schlechter Natur sein können, und dass ihre Abschaffung allein nicht automatisch wahre Freiheit bedeutet. Einen Tyrannen zu stürzen, Sklaverei abzuschaffen oder unterdrückende Gesetze aufzuheben sind erste Schritte in die Freiheit, aber genauso wichtig ist, gerechte Gesetze und Leiter zu etablieren. Echte Freiheit besteht nicht darin, dass es keine Einschränkungen gibt, sondern dass der Einzelne sich entscheiden darf und sich für das Gute entscheiden kann.

Die fortschreitende Offenbarung in der Bibel, wie Gott den Menschen Schritt für Schritt anleitet, wie sie in Freiheit leben können, unterstützt diese These. Der Unterschied zwischen dem Alten und Neuen Bund liegt nicht darin, dass der erste unser Verhalten einschränkte und der zweite nicht. Beide enthielten einschränkende Gesetze, aber der erste war ein äußerliches und der zweite ein innerliches Gesetz. Der Alte Bund beschränkte uns äußerlich, weil uns vor Christus die geistliche Kraft fehlte, uns für das Gute zu entscheiden, da wir aufgrund der Sünde von Gott getrennt waren. Aber nun, da wir durch Christus mit Gott versöhnt und in ihm lebendig geworden sind und auch seinen Geist der Kraft, Liebe und Selbstbeherrschung erhalten haben (vgl. 2 Tim 1,7), haben wir diese Fähigkeit. Da in uns nun die Kraft zu entscheiden (Selbstbeherrschung) wiederhergestellt wurde, erkennen wir, dass diese von Natur aus zwei Seiten hat. Wenn wir zu einer Sache ja sagen, sagen wir zu allem anderen nein. Das Gute zu wählen heißt automatisch, dem Bösen zu widerstehen. So erzeugt jede freie Entscheidung Grenzen und Einschränkungen.

Freiheit hat Grenzen, weil sie einen Sinn und einen Zweck hat. Das Geheimnis der Freiheit liegt darin: Wenn wir sie so ausüben, wie sie gedacht war, werden ihre Grenzen sie nicht schmälern, sondern erblühen lassen. Freiheit wurde für die Liebe erschaffen und zu nichts anderem. Ich sagte bereits, dass Freiheit die Kraft ist, aber dass dies immer eine Entscheidung zur Liebe ist. Der Schriftgelehrte gab Jesus die richtige Antwort. Er sagte, dass die gesamte ethische Lehre des Gesetzes und der Propheten, die vielen Bücher darüber, wie man das Gute wählen und das Böse vermeiden kann, in einem Satz zusammengefasst ist: *„Du sollst den Herrn, deinen Gott, lieben mit deinem ganzen Herzen und mit deiner ganzen Seele und mit deiner ganzen Kraft und mit deinem ganzen Denken, und deinen Nächsten wie dich selbst!"* (Lk 10,27).

Galater 5,13-15 zeigt, dass Freiheit für die Liebe geschaffen wurde:

> *Ihr seid ja zur Freiheit berufen, liebe Geschwister! Nur benutzt die Freiheit nicht als Freibrief für eure eigenwillige Natur, sondern dient einander in Liebe. Denn das ganze Gesetz ist erfüllt, wenn ihr das eine Gebot haltet: „Liebe deinen Nächsten wie dich selbst!" Wenn ihr euch aber kratzt und beißt, dann passt nur auf, dass ihr euch nicht gegenseitig auffresst* (NEÜ).

Die Herrlichkeit der Freiheit leitet sich also einzig und allein aus der Herrlichkeit der Liebe ab, und das bedeutet, dass es keine Freiheit um ihrer selbst willen gibt. Nur wenn wir lernen zu lieben, können wir wirklich frei sein und die Herrlichkeit der Freiheit entdecken. Vielleicht kennen Sie die Geschichte von Bob Jones über seine himmlische Begegnung, in der jeder Person ein und dieselbe Frage gestellt wurde, bevor er oder sie in die Herrlichkeit eintreten durfte. Die Frage lautete: „Hast du gelernt zu lieben?" Dies fasst den Sinn der ganzen menschlichen Geschichte zusammen. Gott hat sich bereits entschieden – er hat uns zuerst erwählt, trotz all unserer Unvollkommenheit, und liebt uns. Damit lädt er uns ein, denselben Charakterzug zu entwickeln, den er hat: *„Wählt heute, wem ihr dienen wollt!"* (Jos 24,15).

Zu dieser Wahl gehört auch ein Lernprozess, wie die Frage „Hast du *gelernt* zu lieben?" ja bereits andeutet. Wir müssen zunächst lernen, kleinere Götter aufzugeben, um zu entdecken, dass nur Gott unsere tiefsten Sehnsüchte erfüllen kann. Wir werden uns entscheiden müssen zu vertrauen, dass er am besten weiß, wie wir uns entscheiden sollen und wie wir lernen, unseren Willen mit seinem in Einklang zu bringen. Aber wenn wir dies tun, werden wir feststellen, dass dies alles Handlungen der Freiheit sind. Christus, der seinen Willen vollkommen dem Willen des Vaters untergeordnet hat, war der freiste Mensch, der jemals gelebt hat. Seine Selbstbeherrschung und seine Kraft, sich in jeder Lage für die Liebe zu entscheiden, waren vollkommen. Er ist der Maßstab für alle Mitglieder der ewigen, königlichen Familie. Der Himmel ist mit Liebenden bevölkert, nicht mit Zwangsrekrutierten, und die haben sich alle frei entschieden dort zu sein – ohne Hintergedanken oder irgendwelche zweifelhaften Pläne oder Motive. Die Belohnung des Himmels gehört ausschließlich denen, die ihr Leben dem Erlernen der Liebe gewidmet haben und dadurch völlig und herrlich frei geworden sind!

Von außen betrachtet kann Liebe oft alles andere als frei aussehen. Liebende scheinen einander ständig Opfer zu bringen. Eltern opfern sich beispielsweise für ihre Kinder auf. Und solange wir es nicht verstehen, kann es uns erscheinen, als sei auch das Opfer Jesu ein zu grausamer Preis, den Gott für uns bezahlt hat. Die Risiken und der Preis der Liebe legen uns scheinbar hohe Forderungen und Verpflichtungen auf, die unsere Freiheit einschränken. Für den, der wirklich liebt, fühlt sich dies aber ganz anders an. Wer sich für die Liebe entscheidet, riskiert es natürlich, dass seine Zuneigung enttäuscht, abgelehnt oder sogar missbraucht wird. Liebe kann tatsächlich einen hohen Preis haben; vielleicht kostet sie uns sogar alles. Für diejenigen, die wirklich lieben, sind solche Risiken jedoch nicht abschreckend, sondern sogar anziehend, weil sie offenbaren, wie kostbar einem der Geliebte ist und dass er die Entscheidung wert war. Liebende sehen diese Risiken und den Preis nicht als Einschränkung ihrer Freiheit, denn sie wissen, dass gerade in den Momenten, wenn ihre Liebe nicht erwidert werden kann, ihre freie Entscheidung zu lieben am besten sichtbar wird. So wird Liebe in den Evangelien beschrieben. Der Preis der Liebe, den Gott für uns bezahlt hat, schränkte seine Freiheit nicht ein, sondern bewies die wahre Größe seiner Freiheit. Denn es gibt keinen größeren Akt der Freiheit als die Entscheidung eines vollkommenen Gottes, die unvollkommene Menschheit zu lieben. Gott hat uns dadurch offenbart, dass die Dinge, zu denen wahre Liebende einfach nein sagen müssen, nichts sind im Vergleich zu dem, was sie gewinnen. Es gibt eigentlich keinen Preis, sondern nur eine Belohnung.

Wenn wir lernen wollen, wie Gott zu lieben, müssen wir so frei wie möglich werden, um das ganze Potential unserer Willenskraft ausschöpfen zu können. In diesem Prozess werden wir alle damit konfrontiert, inwiefern die Beziehungsdynamiken, in denen wir aufgewachsen sind, uns entweder ausgerüstet haben oder verhindert haben, dass wir mit Freiheit gut umgehen können. Ein Kind, dem zu Hause viel Liebe entgegengebracht wurde, hat meist mehr oder weniger gelernt, sich selbst und andere zu schätzen und zu respektieren. Es ist in der Lage, sowohl selbst gute Entscheidungen zu treffen als auch die Entscheidungen der anderen zu respektieren. Leider wird aber vielen Kindern nicht die nötige Liebe entgegengebracht, und ich habe oft beobachtet, wie schwer es für Menschen ist, die selbst missbraucht oder vernachlässigt wurden, gute Entscheidungen zu treffen und gesunde Grenzen in ihrem Leben zu setzen. Weil sie sich selbst nicht wertschätzen, fällt es ihnen schwer, zu irgendetwas wirklich ja zu sagen bzw. zu Menschen oder Dingen, die sie kontrollieren wollen, nein zu sagen. Wenn ein solches Gefängnis alles ist, was man kennt, kann Freiheit ziemlich beängstigend sein. Für jemanden, der häufig Missbrauch erlebt hat, kann selbst so etwas Einfaches wie ein Gericht von einer Speisekarte zu bestellen eine große Herausforderung sein. Menschen stecken in diesen zerstörerischen Teufelskreisen des Lebens und der Beziehungen fest, weil sie einfach nicht wissen, wie sie aus ihnen ausbrechen sollen.

Die herrliche Botschaft des Kreuzes ist, dass niemand so kaputt, so gebunden oder so bankrott sein kann, als dass Gott ihn nicht in seiner Freiheit und Liebesfähigkeit wiederherstellen könnte. Die erstaunliche Geschichte des Gadareners zeigt uns, dass selbst ein Mensch, der von Tausenden von Dämonen besessen ist, noch immer die gottgegebene freie Wahl hat, sein Leben Gott zu übergeben. Die Bibel zeigt uns, dass, gleich nachdem der Mann diese Entscheidung getroffen hatte, Jesus die Persönlichkeit wiederherstellte, seinen Körper bekleidete und mit ihm wie mit einem freien Mann sprach. Und schließlich betraute er ihn sogar mit der Ehre und großen Verantwortung, Zeuge für ihn zu sein (vgl. Markus 5,1-20). Das ist, was Gott für uns tut. Gott hat uns zur Liebe und zur Freiheit erschaffen – für sich selbst – und wenn wir auch nur die kleinste Entscheidung treffen, ihm mit unserem Leben zu vertrauen, dann fängt er an, alle Bereiche zum Leben zu erwecken, die durch Missbrauch oder Vernachlässigung zerstört worden sind. Er stellt unsere Würde und unsere Wünsche wieder her und lehrt uns, als freie Männer und Frauen zu leben, die nichts anderem verpflichtet sind als der Liebe.

Die Herrlichkeit eines Bundes

Im Alte Testament finden wir ein wiederkehrendes Muster, wie Gott uns erwählt, und somit, wie er uns einlädt, dass wir im Gegenzug ihn erwählen. Von Noah über Abraham bis hin zu dessen Nachkommen, dem Volk Israel, lud Gott sein erwähltes Volk immer wieder ein, mit ihm in Form eines Bundes in Beziehung zu treten.

Ein Bund hat zwei Hauptelemente: eine detaillierte Darstellung, wozu sich die Bundespartner verpflichteten, und ein Versprechen, diese Verpflichtungen treu einzuhalten. Bei Gottes Bund mit uns ist es so, dass das erste Element, die Verpflichtungen, zu denen er uns aufruft, eigentlich Offenbarungen darüber sind, wie wir leben sollten. Wir haben bereits gesehen, wie Gott uns als seine Ebenbilder für die Beziehung mit ihm und miteinander geschaffen hat. Und seine Bünde, der Alte und der Neue zusammen, zeigen uns, wie diese Beziehung genau aussehen soll. Die Bibel lässt uns auch erkennen, dass alles, was Gott geschaffen hat, wächst und gedeiht, wenn es sich entsprechend seiner Schöpfungsabsicht verhält, jedoch vergeht, wenn es dies nicht tut. In unserem Fall ist diese Entscheidung, ob wir Gottes Plan für Beziehungen erfüllen oder nicht, buchstäblich eine Frage über Leben und Tod. Ein Teil seines Planes ist jedoch auch, dass wir eine freie Wahl in dieser Sache haben. Deswegen erklärte Mose den Israeliten Folgendes, nachdem er die Richtlinien von Gottes Bund wiederholt hatte:

> *Siehe, ich habe dir heute das Leben und das Gute vorgelegt, den Tod und das Böse. Was ich dir heute gebiete, ist, dass du den Herrn, deinen Gott, liebst und in seinen Wegen wandelst und seine Gebote, seine Satzungen und seine Rechtsbestimmungen hältst, damit du lebst und dich mehrst; und der Herr, dein Gott, wird dich segnen in dem Land, in das du ziehst, um es in Besitz zu nehmen. Wenn sich aber dein Herz abwendet und du nicht gehorchst, sondern dich verführen lässt, andere Götter anzubeten und ihnen zu dienen, so verkünde ich euch heute, dass ihr gewiss umkommen und nicht lange leben werdet in dem Land, in das du über den Jordan ziehst, damit du dorthin kommst und es in Besitz nimmst. Ich nehme heute Himmel und Erde gegen euch zu Zeugen: Ich habe euch Leben und Tod, Segen und Fluch vorgelegt; so erwähle nun das Leben, damit du lebst, du und dein Same, indem du den Herrn, deinen Gott, liebst, seiner Stimme gehorchst und ihm anhängst; denn das ist dein Leben und bedeutet Verlängerung deiner Tage, die du zubringen darfst in dem Land, das der Herr deinen Vätern, Abraham, Isaak und Jakob, zu geben geschworen hat* (5 Mose 30,15-20).

„*Erwähle nun das Leben … indem du den Herrn, deinen Gott, liebst.*“ Wir haben die Wahl, entweder unser Leben in Harmonie mit Gott zu bringen, indem wir mit ihm in Beziehung leben, oder diese Beziehung abzubrechen. Diese Entscheidung für oder gegen die Liebe ist eine Entscheidung über Leben und Tod. Diese ernsthafte Ja-oder-nein-Beschaffenheit eines Bundes ist der Grund für bestimmte Zeremonien, die mit dem zweiten Element des Bundes – dem Versprechen – einhergehen und uns anfangs merkwürdig oder sogar grausam vorkommen können. Das Wort *Bund* hat in seinem Wortursprung die Bedeutung: „durch Schneiden herstellen." Als Gott seinen ersten Bund mit Abraham schloss, zerteilte Abraham Tiere in zwei Hälften und Gottes Gegenwart ging zwischen ihnen hindurch. Damit wurde nichts anderes ausgedrückt, als: „Wenn ich den Bund mit dir breche, kannst du das, was ich mit den Tieren gemacht habe, auch mit mir machen." (vgl. 1 Mose 15). Gott fügte später ein weiteres „Schneiden" hinzu: das Ritual der Beschneidung zur Kennzeichnung jedes männlichen Nachkommens in der Linie Abrahams. Als am Sinai der Alte Bund geschlossen wurde, führte Gott die Tradition fort: er „schnitt" mit seinem Finger die Gebote in die Steintafeln und viele Tiere wurden zerteilt und geopfert. In jedem Fall konnte dieses „Schneiden" nicht mehr rückgängig gemacht werden. Diese physischen Realitäten sollten die Israeliten daran erinnern, dass ihr Bund mit Gott etwas geschaffen hatte, was nicht ohne ernsthafte Konsequenzen verändert werden konnte – Konsequenzen, die Leben oder Tod zur Folge hatten.

Durch einen Bund wird „ein Fleisch" geschaffen – eine Aussage, die biblisch gesehen insbesondere auf die Ehe zutrifft. Wie wir jedoch vom Apostel Paulus wissen, ist die Ehe ein Spiegelbild oder Abkömmling des größeren Bundes zwischen Christus und seiner Gemeinde. Er schrieb: *„Denn wir sind Glieder seines Leibes, von seinem Fleisch und von seinem Gebein"* (Eph. 5,30), und *„so sind auch wir, die vielen, ein Leib in Christus, und als einzelne untereinander Glieder ..."* (Röm 12,5). Dies ist die fundamentale Wahrheit unserer Existenz als Bundesvolk und sollte unser Denken und Handeln bestimmen, wenn wir so miteinander in Beziehung leben wollen, wie Gott es vorgesehen hat. Das ist die Realität hinter unserer Berufung, einander zu ehren und Christi Angesicht ineinander zu erkennen, damit wir lernen, einander so zu lieben, wie wir Christus lieben, und Christus so zu lieben, wie wir einander lieben.

Da wir *„untereinander Glieder“* sind, können wir die Goldene Regel noch erweitern oder zumindest besser verstehen, wie sie funktioniert. In einem Bund wissen wir nicht nur, dass wir einander lieben sollen, wie wir uns selbst lieben, sondern wir wissen auch, dass *wir uns selbst lieben, wenn wir die anderen lieben*. Genau dies schrieb Paulus über die Ehe:

> *Ebenso sind die Männer verpflichtet, ihre eigenen Frauen zu lieben wie ihre eigenen Leiber; wer seine Frau liebt, der liebt sich selbst. Denn niemand hat je sein eigenes Fleisch gehasst, sondern er nährt und pflegt es, gleichwie der Herr die Gemeinde. Denn wir sind Glieder seines Leibes* (Eph 5,28-30).

Ich habe die Herrlichkeit dieses Geheimnisses auch in meinem eigenen Leben entdeckt: Indem ich meine Frau liebe, liebe ich mich selbst, und wenn wir unseren Bund mit Gott und miteinander einhalten, wählen wir das Leben. Die größte Entscheidung meines Lebens – neben meiner Bekehrung – war, als ich mich entschied, der Sehnsucht meiner Frau zu folgen und unser Zuhause und unsere Arbeitsstellen in England hinter uns zu lassen, um nach Redding in Kalifornien zu ziehen. Obwohl es zunächst nicht mein Wunsch oder mein Plan war, hatte ich jedoch den Wunsch und die Absicht, meine Frau zu lieben. Mit dieser Priorität in meinem Herzen suchte ich nach der richtigen Entscheidung und fand dabei etwas heraus: Als meine Frau den Plan Gottes für ihr Leben mehr und mehr erkannte, sah ich die Hand Gottes auch deutlicher in meinem Leben. Gott hatte uns beide auf diese Sache vorbereitet, indem er ihres und mein Leben vereint hatte. Unser gemeinsamer Weg zur Bethel-Gemeinde in Redding offenbart mir immer wieder Gottes Liebe und seinen Plan für unser Leben. Schon lange vor dieser Entscheidung hatte er mich darauf vorbereitet –

nicht nur für die Entscheidung nach Redding zu gehen, sondern auch, dass ich in der Lage war, die Möglichkeiten, die dort auf mich warteten, zu ergreifen. In gewisser Weise war es bei mir ähnlich wie bei Mose, der im Haus des Pharao für eine „Gipfelerfahrung“ ausgebildet wurde, die schließlich viele Jahre später und weit davon entfernt stattfand!

Einen Bund zu verstehen, erweitert unser Verständnis sowohl für Gottes oberstes Gebot als auch für die Goldene Regel. Wir sollen Gott von ganzem Herzen, von ganzer Seele, mit unserem ganzen Verstand und mit unserm Körper lieben. Das bedeutet nach den Worten Jesu, dass wir tun, was er uns aufträgt: „*Wer mich liebt, wird meine Gebote halten*“ (Joh 14,15). Wenn wir die Zehn Gebote als Maßstab für das Ganze nehmen, geht es in mindestens 70 Prozent von ihnen darum, einander zu lieben. Gottes Bundesbestimmungen lassen Folgendes erkennen: Genau so, wie wir uns selbst lieben, indem wir einander lieben, lieben wir auch Gott, indem wir einander lieben. Aus diesem Grund lehrte Jesus, dass wir alles, was wir dem Geringsten seiner Brüder tun, auch ihm tun (vgl. Mt 25,41-45). Dies meinte er nicht nur sinnbildlich, sondern beschrieb damit das Wesen der Bundesrealität.

Christus sprach ebenso von der Wirklichkeit dieses Bundes, als er sagte:

> *Und ich habe die Herrlichkeit, die du mir gegeben hast, ihnen gegeben, auf dass sie eins seien, gleichwie wir eins sind, ich in ihnen und du in mir, damit sie zu vollendeter Einheit gelangen, und damit die Welt erkenne, dass du mich gesandt hast und sie liebst, gleichwie du mich liebst* (Joh 17,22-23).

Als „*wir mit ihm eins gemacht und ihm gleich geworden sind in seinem Tod*“ (Röm 6,5), „schnitt“ Gott durch den Leib seines Sohnes einen Bund mit uns und machte uns dadurch zu „einem Fleisch“, indem er uns an seinem Wesen Anteil gab. Dies fügt den vorher zitierten Versen von Petrus noch eine andere Dimension hinzu. Wir haben durch seine *„überaus großen und kostbaren Verheißungen“* (2 Petr 1,4) Anteil an seinem göttlichen Wesen, weil es Bundesverheißungen sind, Vereinbarungen, die wir teilen, weil wir mit Gott selbst eins geworden sind.

Die Herrlichkeit der Gerechtigkeit

Gott hat uns dazu erschaffen, in diesem unglaublichen, lebendigen und schönen Gewebe von Beziehungen zu leben, in dem Leben und Wohlergehen fließen, wenn wir ihn und einander lieben. Wir können die Schönheit und Herrlichkeit dieses Gewebes jedoch nur durch die fortschreitende Offenbarung Gottes durch seine Bünde im Lauf der Geschichte wertschätzen. Diese Abfolge begann allerdings nicht damit, dass wir das Leben so erfahren hätten, wie er es geplant hatte. Es begann damit, dass er uns durch seinen Bund mit Israel zeigte, wie weit wir uns von seiner Vorstellung für unser Leben entfernt hatten, und wie es dazu gekommen war. Zuerst offenbarte er uns die Sünde. Das Gesetz des Mose war keine willkürliche Vorschriftensammlung, die Gott sich ausgedacht hatte, um seine Macht auszuüben. Es war die Offenbarung seines Standards für Beziehungen, sodass wir erkennen konnten, was Sünde wirklich war, nämlich der Bruch von Beziehungen. Erst als uns bewusst wurde, dass wir für Beziehungen erschaffen worden waren und dass wir uns dazu entschlossen hatten, uns vom Leben abzuschneiden und den eigentlichen Sinn und Zweck unseres Lebens zu verneinen, konnten wir erkennen, wie Gott die Folgen der Sünde heilen und die Beziehungen wiederherstellen wollte, und dies annehmen. Dies war der ganze Sinn des Alten Bundes, wie Paulus es beschreibt: *„So ist also das Gesetz unser Lehrmeister geworden auf Christus hin ...“* (Gal 3,24).

Doch schon seit Anbeginn seines „Lehrplanes“, mit dem er uns seine Maßstäbe für Beziehung und das Wesen der Sünde nahebringen wollte, erkennen wir, dass Gott die Wiederherstellung unserer Beziehung zu ihm, entsprechend dem, wie er uns geschaffen hatte, versprach. Und wir finden diese Verheißung inmitten der Verkündigung auf dem Berg, als er Mose seine Herrlichkeit zeigte. Während Gott an Mose in der Felsspalte vorbeiging, versprach Er:

> *... der Tausenden Gnade bewahrt und Schuld, Übertretung und Sünde vergibt, aber keineswegs ungestraft lässt, sondern die Schuld der Väter heimsucht an den Kindern und Kindeskindern bis in das dritte und vierte Glied!* (2 Mose 34,7).

Das hebräische Wort, das hier mit *vergeben* übersetzt wird, bedeutet wörtlich „tragen" oder „davontragen".[1] Und das Wort *keineswegs* ist als nachdrückliche Verneinung zu verstehen, das im Endeffekt einen Schwur oder ein Versprechen bewirkt. Gott verspricht Mose hier, dass er selbst die Last der Sünde tragen und sich um ihre Bezahlung kümmern würde. Er würde sie selbst auf sich nehmen und sogar sicherstellen, dass in der Generationenfolge von „Kindern und Kindeskindern" der Eine kommen würde, der die Schuld Adams endgültig bezahlen würde.

Das ist die Gerechtigkeit Gottes, und sie gehört zu seiner Herrlichkeit. Er offenbart uns nicht nur seine Maßstäbe und seine Absicht für Beziehungen, sondern ermutigt uns auch, diese zu wählen. Gott übernimmt sogar persönlich Verantwortung dafür, dass dieser Maßstab eingehalten wird und dass er uns wiederherstellt, wenn wir ihn verfehlen. So weit reicht seine Bundesliebe: Da Gott uns liebt wie sich selbst, ist er sogar bereit und auch fähig, im Fall unseres Bundesbruchs unseren Teil zu übernehmen, auch wenn das bedeutet, dass er die Konsequenzen unseres Versagens selbst tragen muss. Dieses unfassbare Prinzip wurde von Paulus so ausgedrückt:

---

[1] Nach der englischen Strong-Konkordanz, http://www.blueletterbible.org/lang/lexicon/lexicon.cfm?Strongs=H5375&t=KJV

Denn er hat den, der von keiner Sünde wusste, für uns zur Sünde gemacht, damit wir in ihm zur Gerechtigkeit Gottes würden (2 Kor 5,21).

Es ist ein großes Rätsel, wie ein herrlicher und vollkommener Gott selbst *„zur Sünde"* werden kann. Ebenso groß ist das Geheimnis, dass der Sohn Gottes, der vollkommen eins mit dem Vater war, dennoch am Kreuz von ihm getrennt sein konnte, um unseren Beziehungsbruch auf sich zu nehmen. Aber das ist eben die Herrlichkeit seiner Gerechtigkeit; sie wurde Mose versprochen und durch Jesus erfüllt.

Dieses Verständnis der Herrlichkeit der Gerechtigkeit wirft auch ein großes Licht auf die Aussage des Psalmisten: *„Recht und Gerechtigkeit sind die Grundfeste deines Thrones ..."* (Ps 89,14). Viele denken beim Wort Gerechtigkeit an die Einhaltung der Regeln eines kontrollierenden Gottes, und bei Recht an das, was passiert, wenn man sich nicht an seine Regeln hält. Biblisch gesehen bedeutet Gerechtigkeit aber, dass wir unsere Beziehungen im Einklang mit dem Maßstab Gottes leben, und Recht bringt Wiederherstellung, wenn dieser Maßstab verfehlt wird. So wie wir den Text in einem Textverarbeitungsprogramm nach rechts, links oder mittig „ausrichten" können, so richtet auch Gott uns nach seinem Maßstab für Beziehungen aus. Wenn wir allein diesen Vers in Bezug auf Beziehungen richtig verstehen würden, würde er die Kultur der Welt, in der wir leben, radikal verändern. Zwei Jahrtausende nach dem Kreuz, muss die Welt immer noch lernen, dass der *Sinn und Zweck der Gerechtigkeit die Wiederherstellung von Beziehungen* ist.

Da ich das Privileg hatte, im Justizvollzugssystem ihrer königlichen Hoheit von England und Wales zu arbeiten, habe ich ein gutes Verständnis davon, was die meisten Menschen im Vereinigten Königreich und in den USA unter dem Begriff „Gerechtigkeit" verstehen. Ich bin mir ebenso bewusst, dass dieses Verständnis fälschlicherweise leicht auf die biblische „Gerechtigkeit" projiziert werden kann. Es handelt sich hierbei jedoch um zwei sehr unterschiedliche Konzepte. In Jeremia 9,23 steht, dass sich Gott an Gerechtigkeit freut. Wenn das so ist, dann muss es sich dabei um eine radikal andere Erfahrung von Gerechtigkeit handeln, als ich sie im Justizvollzugssystem erlebte.

Es gab jedoch immer wieder auch Denker und Führungspersonen wie Sir Alex Paterson, die gerne eine biblische Sicht von Gerechtigkeit in das bestehende Gefängnissystem integriert hätten. Einige von ihnen entwickelten ein sogenanntes „Gerechtigkeitsmodell", das ich zu Beginn meiner Laufbahn studieren musste. Der historische Hintergrund für dieses Gerechtigkeitsmodell ist folgender: Bis vor 200 Jahren war das Gefängnis ein Aufbewahrungsort für die, die auf ihren Prozess warteten. Die auf den Prozess folgende Strafe war entweder ein Bußgeld, eine Prügelstrafe oder der Tod. Die Todesstrafe ist in England nun seit 1965 abgeschafft, und erst seit Kurzem gibt es eine lebenslange Haft, die auch tatsächlich die Lebenslänge meint. Für die meisten Straftäter folgt heute nach einer Verurteilung eine Haftstrafe und irgendwann die Rückkehr in die Freiheit, ein Übergang, der für die Betroffenen manchmal genau so schwierig sein kann wie die Inhaftierung. Im „Gerechtigkeitsmodell" ist das Ziel der Inhaftierung nicht mehr die Strafe, sondern die Rehabilitation, welche die Gefangenen auf eine erfolgreiche Rückkehr ins Leben vorbereiten soll. Dies hat in vielerlei Hinsicht Parallelen zum biblischen Ziel der Wiederherstellung von Beziehungen. Dieses Ziel führt jedoch bei vielen Opfern zu Unzufriedenheit mit dem Justizsystem. Viele von ihnen wenden sich deshalb an den Rechtsstaat, damit die Täter für ihre Verbrechen auch wirklich büßen müssen. Solche Situationen tragen dazu bei, dass Gerechtigkeit sich den Anforderungen der Gesetzes oft unterordnen muss. Sogar unsere Sprache hat sich diesbezüglich geändert: Polizeibedienstete wurden früher Ordnungs- oder Friedenshüter genannt, heutzutage spricht man von „Vollzugsbeamten".

Als Gläubige dürfen wir die Definition für Gerechtigkeit nicht bei menschlichen Institutionen suchen, sondern wir sollten vielmehr die menschlichen Institutionen durch die Brille der biblischen Gerechtigkeit sehen und danach streben, sie mit oder ohne institutionelle Hilfe anzuwenden. Meine Frau half mir einmal dabei, biblische Gerechtigkeit in einer Situation in meiner Arbeitsstelle anzuwenden, für die ich keinerlei Anweisung hatte. Als ich meine Karriere als Gefängnisleiter begann, arbeitete ich im Gefängnis von Maidstone in Kent (England). Es war noch zu der Zeit, in der es für Insassen keine Münztelefone gab und sie erst um Erlaubnis bitten mussten, um einen Anruf zu tätigen. An einem Sonntagmorgen bat mich ein junger Mann Mitte zwanzig um Erlaubnis, am Nachmittag seinen Sohn anrufen zu dürfen, um ihm zum Geburtstag zu gratulieren. Diese Anfrage lag außerhalb der allgemeinen Regeln für Telefonanrufe – Telefonieren war nur für Notfälle und rechtliche Belange gedacht. Ich wohnte zu der Zeit nah genug am Gefängnis, dass ich mittags nach Hause gehen und mit meiner Frau essen konnte. Ungewöhnlicherweise unterhielten wir uns über diese Sache und ich bat sie um Rat. Ihre Antwort war schlicht, aber tiefgründig: Es war nicht sein Sohn, der eine Straftat begangen hatte – weshalb sollte er also nicht das Recht haben, an seinem Geburtstag mit seinem Vater zu sprechen? Diese neue Perspektive konnte ich später noch bei vielen Situationen anwenden. Sie basierte auf dem Geburtsrecht eines jeden Kindes, eine Beziehung zu seinen Eltern haben zu dürfen. In Beziehung zu einem Vater zu leben, ist rechtschaffenes Leben, und so wurde in diesem Fall Gerechtigkeit, wenn auch nur teilweise, wiederhergestellt.

Das beste Beispiel für biblische Gerechtigkeit findet sich in der Geschichte von Salomo und den zwei Müttern (vgl. 1 Kön 3). Zwei Frauen wurden zu Salomo gebracht, die eine hatte ein totes Kind und die andere ein lebendiges. Sie stritten sich darüber, wem das lebende Kind gehörte. Was für eine Herausforderung für Salomo! Diese Geschichte passierte Jahrtausende vor der Erfindung des DNA-Tests. Ohne Zeugenberichte und wissenschaftliche Nachweise hätten die beiden Frauen ewig über ihren Fall streiten können. Doch Salomos Verständnis von gottgewollten Beziehungen befähigte ihn zu der Einsicht, dass eine Mutter für ihr Kind kämpfen würde, egal, was es sie kosten möge. Dieser natürliche Mütterinstinkt weist auch auf eine Charaktereigenschaft Gottes hin, der bereit war, den größten Preis – seinen eigenen Sohn – für seine Kinder zu bezahlen. Und so gab Salomo den abscheulichen und doch zutiefst weisen Befehl, das Baby in zwei Teile zu teilen. Ich bin sicher, dass es allen Anwesenden den Atem verschlug. Vielleicht gab es eine kurze Stille, ich vermute jedoch, dass die echte Mutter aus ihrem Mutterinstinkt heraus sofort rief: „Lass sie das Kind haben!" Mehr musste Salomo nicht hören: Diejenige, die das Kind wirklich zur Welt gebracht hatte, würde lieber das Sorgerecht verlieren, als es sterben zu sehen. Seine Entscheidung war genial, weil sie dem Herzen Gottes entsprach. Auch er gab willentlich für eine Zeit lang die Fürsorge für seinen Sohn ab, damit seine anderen Kinder nicht sterben mussten.

Als die Wahrheit ans Licht kam, sprach Salomo das Urteil, und zwar *zugunsten* derjenigen, die bereit war, ihr Kind abzugeben. Er war ein Urteil für sie und für das Kind. Es entsprach dem Sinn und Ziel von Gerechtigkeit: die Wiederherstellung von Beziehungen. Es wurde keine Strafe festgelegt, man hört nichts weiter von der Intrigantin, die nach dem tragischen Verlust ihres Kindes versucht hatte, ein anderes zu stehlen. Die Geschichte endet nur mit der Information, dass Salomo aufgrund dieses Rechtsspruches als der weiseste Richter seiner Zeit angesehen wurde.

Genau so wie Salomo wird auch der Richter der ganzen Erde *für uns,* zu unseren Gunsten urteilen. Wir begrenzen den Begriff *„Urteil"* oft auf das Finden von Schuldigen und denken, dass sich ein Richter hauptsächlich damit beschäftigt. Zu der Zeit, als Gott jedoch Richter für sein Volk einsetzte, waren sie dazu da, um das Volk zu befreien: *„Doch erweckte der Herr Richter, die sie aus den Händen derer retteten, die sie beraubten"* (Ri 2,16). Der Richter des Himmels ist unser großer Befreier und seine endgültige Gerechtigkeit wird wiederhergestellt sein, wenn alles, wofür er starb, damit es befreit und heil gemacht werden kann, zum Vorschein kommt. Dies ist die wahre Bedeutung des letzten Gerichtstages in der Offenbarung. Es wird an diesem Tag auch Bestrafung geben, aber diese wird nicht das Hauptereignis sein. Die Herrlichkeit des Jüngsten Gerichts ist, dass Jesus das bekommt, wofür er einen so hohen Preis bezahlt hat: seine Braut und seine wiederhergestellte Familie aus Brüdern und Schwestern!

Wir gebrauchen das Wort Gericht oft auch fälschlicherweise, um zerstörerische Auswirkungen auf unserem Planeten zu beschreiben. Eigentlich handelt es sich dabei um die Folgen einer falschen „Ausrichtung" – um den Fluch, der durch Sünde in die Welt kam (vgl. 1 Mose 3,17-18). Durch das Kreuz hat Gott jedoch den Fluch gebrochen und die Voraussetzung geschaffen, dass alle Fehlausrichtungen korrigiert – gerichtet – werden können. Die Wiederherstellung von Beziehungen, die er für uns erkauft hat, beinhaltet auch die Wiederherstellung unserer Beziehung zum Planeten Erde. Somit wird das wahre „Gericht Gottes" nicht dann sichtbar, wenn die Erde Zerstörungserscheinungen zeigt, sondern wenn sie Harmonie und Gesundheit unter der Obhut der Söhne und Töchter Gottes zum Ausdruck bringt.

Gott hat uns beauftragt, seine Gerechtigkeit in die Welt zu tragen. Erinnern Sie sich daran: Schon allein die Verkündigung seiner Gerechtigkeit, als er seine Güte erklärte, brachte Moses Gesicht zum Leuchten. Durch die Herrlichkeit, die uns *„im Angesicht Jesu"* begegnet, leuchten wir nicht nur dadurch, dass er uns für gerecht erklärt hat, sondern wir sind die Manifestation dieser Gerechtigkeit. Wann immer wir vergeben, ein Versprechen geben und halten, Leben und Heilung für Körper und Seele bringen oder auf andere Weise Beziehungen heilen und stärken, wenden wir die Gerechtigkeit des Kreuzes an. Stellen Sie sich nur einmal eine Gesellschaft von völlig wiederhergestellten Beziehungen vor! Dies ist unser Endzeitprogramm. Keiner hat es besser formuliert als Dr. Martin Luther King in seiner berühmten Rede „I Have a Dream":

> Ich habe einen Traum, dass eines Tages in Alabama mit seinen bösartigen Rassisten, mit seinem Gouverneur, von dessen Lippen Worte wie „Intervention“ und „Annullierung der Rassenintegration“ triefen ... dass eines Tages genau dort in Alabama kleine schwarze Jungen und Mädchen kleinen weißen Jungen und Mädchen als Brüdern und Schwestern die Hände reichen.[2]

Außerhalb des Kontextes gottgemäßer Beziehungen verlieren Freiheit und Gerechtigkeit viel von ihrer eigentlichen Definition und Kraft, selbst wenn sie im Allgemeinen immer noch zu den höchsten kulturellen Werten gezählt werden. Mein Traum ist es, dass eine ganze Generation von Menschen, die den Bund lieben, herrliche Söhne und Töchter, in der wahren Freiheit der Liebe Christi aufsteht und seine wiederherstellende Gerechtigkeit in die Welt trägt. Ich kann mir nichts Herrlicheres vorstellen!

---

[2] Quelle: www.king-zentrum.de

Kapitel 15

Herrlichkeit und Herrschaft

Die Mehrung der Herrschaft und der Friede werden kein Ende haben ...

Jesaja 9,7

In der Bethel-Gemeinde verfolgen wir den Auftrag, den Jesus in seinem Gebet ausgedrückt hat: *„Dein Reich komme, dein Wille geschehe, wie im Himmel, so auf Erden"* (Mt 6,10). Dieses Gebet offenbart uns Gottes klare Absicht: Wenn es etwas im Himmel nicht gibt, sollte es das auf der Erde auch nicht geben, und umgekehrt sollte alles, was im Himmel ist, auch auf der Erde sein. Es ist wirklich ganz einfach: Nichts Schlechtes gehört auf diese Erde, dafür aber alles Gute! Jeder, der Bethel kennen lernt – egal ob durch Bücher, Podcasts, unsere Bibelschule oder Konferenzen –, weiß, wie leidenschaftlich wir im Bereich von Heilung den Himmel auf die Erde bringen wollen. Wir glauben daran, dass Wunder Teil unseres Alltags sein sollten, und im Speziellen streben wir ein ganz bestimmtes Ziel an: eine Stadt ohne Krebs. Im Himmel gibt es keinen Krebs, also sollte es auf der Erde auch keinen geben – genauso wenig wie alle anderen Krankheiten.

Der Auftrag „wie im Himmel, so auf Erden" erstreckt sich natürlich auf viel mehr als nur auf körperliche Gesundheit. Er hat Auswirkungen auf alle Bereiche unseres Lebens und unserer Gesellschaft. Neben einer krebsfreien Zone ist es unsere eigentliche Vision, dass die Wirklichkeit von Gottes Königreich jeden Bereich unserer Stadt, von den Schulen bis hin zu Unternehmen, Kunst, Medien und Verwaltung umgestaltet wird. Weil meine persönliche Leidenschaft und Begabung im Bereich der Verwaltung liegt, investiere ich mich vor allem in dieses letzte Gebiet, in die Verwaltung. Dabei frage ich mich, wie die Verwaltung bzw. Regierung des Himmels wohl aussieht und wie diese auf der Erde zum Ausdruck gebracht werden kann.

Das griechische Wort für „Verwaltung" bzw. „Regierung" in 1. Korinther 12,28 ist *kybernesis*, welches von „lenken" abgeleitet ist.[1] Eine Möglichkeit, *kybernesis* wiederzugeben, ist: „auf die Vision hinlenken". Ohne Vision kann man nicht regieren. Außerdem muss die Vision auch festlegen, auf welche Art und Weise die Vision erreicht werden soll, also die Art des Regierens oder Leitens. Wie John Adams in seinen „Gedanken über Regierung" weise anmerkt: „Wir sollten bedenken, was das Ziel der Regierung ist, bevor wir festlegen, welche Form die beste ist."[2] Was ist also die Vision der himmlischen Regierung?

Als ich vor einiger Zeit daran arbeitete, eine Leitungs- oder Verwaltungsstruktur für unser Gemeindenetzwerk zu entwickeln, machte Bill Johnson eine einfache Aussage. Er meinte, das beste Modell zum Verständnis himmlischer Leitungsstrukturen sei die Familie. Dieser Satz begleitet mich bis heute und ich denke oft darüber nach. Viele der Gründe dafür, dass die Leitungsstruktur oder Regierungsform des Himmels einer Familie gleicht, haben wir bereits betrachtet. Wir haben gesehen, dass Gott sagte: *„Lasst uns Menschen nach unserem Ebenbild schaffen"* (1 Mose 1,26). Darin offenbarte sich Gott selbst als Familie, und am Anfang aller Dinge erschuf er eine Familie. Wir sahen auch, wie Gott die Menschenfamilie damit beauftragte, fruchtbar zu sein, sich zu mehren, die Erde zu bevölkern und

---

[1] Nach der engl. Strong-Konkordanz, http://www.blueletterbible.org/lang/lexicon/lexicon.cfm?strongs=G2941.

[2] Nach Adams, John, *Thoughts on Government*, Hayes Barton Press, 2011, S. 2.

über sie zu herrschen (vgl. 1 Mose 1,28). Anders ausgedrückt, autorisierte die himmlische Regierung die Menschenfamilie dazu, Gott nachzuahmen, indem sie selbst *eine Familie schufen* und auch *als Familie herrschten*. Diese beiden Faktoren bilden also den innersten Kern der himmlischen Regierungsform.

Wir wissen auch, dass wir, nachdem Gott den Plan und Auftrag für die menschliche Familie dargelegt hatte, nur zwei Kapitel später durch den Sündenfall unter einen Fluch kamen, der die Beziehungen innerhalb unserer Familie und zur Erde, über die wir herrschen sollten, ruinierte. Wir müssen uns jedoch darüber im Klaren sein, dass unser Exil im Reich der Finsternis die Vision des Himmels nie aufgehoben hat. Es bereitete lediglich die Bühne, diese Vision auf noch grandiosere Weise zu erfüllen. Mitten hinein in Gottes zerbrochenes Bild der Menschheit sandte Gott seinen Sohn, der die *„Herrschaft auf seinen Schultern trägt"* (Jes 9,6). Entgegen der Erwartungen seiner Anhänger war Jesus jedoch nicht gekommen, um ihre menschlichen Unterdrücker zu stürzen und seine Herrschaft in Jerusalem aufzurichten. Stattdessen stürzte er durch die Revolution seines totalen Gehorsams und seines Opfertodes den *„Gott dieser Welt"* (vgl. 2 Kor 4,4) und *„setzte sich zur Rechten des Thrones Gottes"* (vgl. Hebr 12,2).

Doch auf rätselhafte Weise bestieg er seinen Thron nicht alleine, sondern *„[als er] im Triumphzug zur Höhe hinaufstieg, hat er Gefangene mit sich geführt"* und uns *„in die himmlische Herrschaft eingesetzt"* (Eph 4,8; 2,6). Und durch denselben Tod und dieselbe Auferstehung, durch die Christus uns in eine Herrschaftsposition versetzt hat, hat er uns auch als Familie wiederhergestellt. Christus wurde zum *„Erstgeborenen unter vielen Brüdern"* (Röm 8,29), zum Gründer eines neuen Menschengeschlechts, einer neuen Familie von herrlichen Söhnen und Töchtern. Indem Christus uns unseren ursprünglichen Auftrag wiedergegeben hatte, nämlich eine Familie zu gründen und als Familie zu herrschen, hat sich allerdings das Wesen, wie wir das tun, und die Position, von der aus wir dies tun, verändert. Von nun an werden wir durch die Wiedergeburt in eine Familie hineingeboren, die vom Himmel aus herrscht und alle Klassen, Generationen, Geschlechter und Rassen überwindet. Wir werden zu Nachfolgern unseres Königs und großen Bruders, der uns darauf vorbereitet, gemeinsam mit ihm zu herrschen und zu regieren, und durch unser Zeugnis ziehen wir auch andere in diese Wirklichkeit und diesen Prozess hinein.

Wer diese neue Geburt annimmt, empfängt auch die verborgene Weisheit von der Regentschaft des Himmels, die durch das Kreuz sichtbar wird. Diese Weisheit baut auf den Wahrheiten auf, über die wir bereits im vorigen Kapitel nachgedacht haben: Gott hat uns befreit, damit wir einander lieben können, und indem wir einander lieben, werden wir wirklich frei. Gott, der selbst beziehungsorientiert ist, verlieh uns deshalb von Anfang an die Autorität zu herrschen – insbesondere über uns selbst zu herrschen, indem wir uns dem Gesetz der Liebe beugen. Und deshalb zahlte auch sein eigener Sohn den höchsten Preis, um uns diese Autorität wiederzugeben, und nicht um einen politischen Staatsstreich durchzuführen. Selbst heute erscheint in den Nationen, die den Wert der Freiheit und Selbstbestimmung geerbt haben, diese Weisheit denen, die lediglich menschliche, politische, finanzielle und militärische Macht kennen, wie Dummheit. Die Regierung des Himmels herrscht jedoch von innen nach außen. Christus sagte: *„Das Reich Gottes ist in euch“* (Lk 17,21). Ein wirklicher Wandel in der Welt geschieht nur durch einzelne Männer und Frauen, die sich freiwillig für eine Revolution der Umkehr entscheiden und die Herrschaft Christi in ihren Herzen und ihrem Leben errichten.

Apostolisches Leiten und die Gabe der Leitung

Ich finde es bemerkenswert, dass die Bewegung, zu der sich Bethel zählt, zwei sehr ausgeprägte und klar definierte Bereiche miteinander verbindet: innere Heilung und apostolische Leitung. Auf den ersten Blick scheinen diese beiden Bestrebungen ziemlich unterschiedlich, sie sind jedoch durch ein biblisches Prinzip verknüpft: dem Prinzip, dass wir das Königreich um uns herum nur in dem Maße aufbauen können, wie es in uns selbst aufgerichtet ist. Wir können im Namen des Königs nur bis zu dem Maß Herrschaft ausüben, wie wir selbst unter seiner Herrschaft stehen. Der Weg der inneren Heilung zeichnet sich dadurch aus, dass Gottes Königreich in unserem Körper, unserer Seele, unseren Angewohnheiten und unserem Charakter zunehmend sichtbar wird, während apostolische Leitung das Königreich im Leib Christi und in der Welt aufrichtet. Im Kontext von Beziehungen ist innere Heilung der Prozess, dass unsere persönlichen Beziehungen zu Gott und anderen wiederhergestellt werden, da alle Bereiche von Zerbruch, in denen wir Heilung benötigen, auf Wunden oder Enttäuschungen in Beziehungen zurückverfolgt werden können. Indem wir wiederhergestellt werden, werden wir selbst zu Trägern dieser beziehungsorientierten Herrlichkeit, die für apostolische Leitung notwendig ist.

Apostolische Leitung ist das System, das sich für die *„Verwaltung der Fülle der Zeiten"* eignet, mit dem Christus seinen Leib zu seiner Vision hinlenkt, um *„alles unter einem Haupt zusammenzufassen ..., sowohl was im Himmel als auch was auf Erden ist"* (Eph 1,10). Man nennt dies auch den fünffältigen Dienst; jedoch ist an beiden Stellen, an denen Gott die Leitungsgaben in der Gemeinde beschreibt (Eph 4 und 1 Kor 12) an erster Stelle von Aposteln die Rede, weshalb wir es meistens auf „apostolische Leitung" verkürzen. Ich möchte die Dienstgaben in Paulus' Liste nicht im Einzelnen erklären, aber erwähnen, dass sie klar darauf hinweisen, dass Leitung in der Gemeinde nicht als *Ein-Mann-Show* gedacht ist. Sie ist als Team gedacht, genau genommen eine Familie. Paulus nennt sich selbst einen Vater (vgl. 1 Kor 4,15) und beschreibt in Epheser 4 die Rolle der Regierung und Verwaltung Christi als eine elterliche Rolle. Das hat zur Folge, dass der ganze Leib *„zur vollkommenen Mannesreife"* kommt, zum *„Maß der vollen Größe des Christus"*, damit die Gläubigen *„nicht mehr als* *unmündige Kinder"* leben (Eph 4,12-14). Wenn sich die in den fünffältigen Dienst Berufenen nicht in erster Linie als Väter und Mütter in Christi Familie sehen, können sie die mit ihrer Berufung zusammenhängende Verantwortung nicht in rechter Weise erfüllen.

Wir wollen zwei Aspekte von Vaterschaft der himmlischen Regierungsform gleich noch genauer betrachten, doch zuvor möchte ich kurz auf eine von Christus gegebene Gabe eingehen, die in 1. Korinther 12 erwähnt, aber in Epheser 4 nicht aufgelistet ist, die allerdings eindeutig einen Teil der Regierung Christi ausmacht. Es ist die Gabe der Leitung oder Verwaltung. Meinem Empfinden nach wird sie in der Gemeinde oft missverstanden. Ich kenne einige Leute, denen prophetisch die Gabe der Verwaltung zugesprochen wurde, die sie jedoch als Bürotätigkeit missverstanden und abgelehnt oder aufgeschoben haben. Ich habe auch Leute getroffen, denen ein Wort über Regieren zugesprochen wurde und die annahmen, es gehe dabei um den politischen Bereich. Vielfach ist diese Zuordnung auch richtig, man muss diese Gabe jedoch in ihrem biblischen Kontext verstehen:

> *Und Gott hat in der Gemeinde etliche eingesetzt, erstens als Apostel, zweitens als Propheten, drittens als Lehrer; sodann Wunderkräfte, dann Gnadengaben der Heilungen, der Hilfeleistung, der Leitung, verschiedene Sprachen* (1 Kor 12,28).

In dieser Liste geht es sowohl um Gaben als auch um Berufungen, und *„Leitung"* (oder Verwaltung) gehört zu den Gaben. Ich betrachte es als eine Notwendigkeit, dass jeder Leiter in der Gemeinde, zusätzlich zu anderen Gaben, die mit seiner Berufung zu tun haben, zu einem gewissen Maß die Gabe der Leitung oder Verwaltung besitzt; denn diese Gabe ermöglicht, dass alle anderen am Aufbau des Leibes zusammenwirken. Die Gabe der Leitung hilft Leitern, die verschiedenen Gaben und Berufungen in der Gemeinde zu unterscheiden und zu erkennen, wie sie am besten in Beziehung untereinander zum

Einsatz kommen, und durch diese Gabe können sie ihre Rolle so wahrnehmen, dass diese Beziehungen geehrt werden.

Die Gabe der Leitung bzw. Verwaltung verbindet im Leib Christi die folgenden drei Hauptfaktoren: den Faktor der Beziehungen, den Faktor der kreativen Zusammenarbeit und den Faktor der Organisation. Der Beziehungsfaktor steht an erster Stelle, da er das grundlegende Design für die Regierung bzw. Leitung des Himmels darstellt. Die höchste Priorität der Leitung ist es, eine Umgebung zu schaffen, in der gesunde Beziehungen wachsen können; und der Erfolg von Leitung wird an der Qualität der Beziehungen sichtbar, die sie hervorbringt. Die Gabe der Leitung hilft Leitern dabei, Konflikte, Konkurrenz, Spaltungen und andere Beziehungsprobleme zu lösen und starke Bindungen zwischen Menschen zu etablieren.

Zweitens gründet sich himmlische Leitung – eben weil sie beziehungsorientiert ist – auf Zusammenarbeit und Kreativität. Fruchtbarkeit ist immer ein Ergebnis von engen Beziehungen. Wenn Beziehungen gedeihen, gedeiht auch die Zusammenarbeit. Dies liegt nicht nur daran, dass Leute, die sich gut verstehen, auch gerne zusammenarbeiten, sondern ebenso an ihrem Wunsch, eine gemeinsame Vision und einen gemeinsamen Lebensweg zu teilen. Die Gabe der Leitung ermöglicht der Gemeinde, diese gemeinsame Vision zu entwickeln und auf kreative Weise darauf hinzuarbeiten.

Und schließlich findet himmlische Leitung – eben weil sie kreativ ist – Systeme und Strukturen, um die Kreativität und Zusammenarbeit in der Gemeinde zu fördern. Ich höre von Christen oft: „Wir müssen nicht planen, wir sind vom Geist geleitet." Mir ist klar, dass vielfach Planung fälschlicherweise die Leitung des Geistes ersetzt hat – sie sollte immer oberste Priorität haben. Dennoch schließen sich Planung und Geistesleitung nicht gegenseitig aus. Der Heilige Geist ist unser oberster Stratege und Organisator. Wir sollten aber den Heiligen Geist nie als Ausrede für mangelnde Organisation missbrauchen. Wenn wir das tun, leugnen wir die organisatorische Begabung der heiligen Dreieinigkeit. Um diese zu entdecken, müssen wir unsere geringere und begrenzte Version von planerischem und organisatorischem Können Gott übergeben, aber nicht, um aufzuhören zu planen und zu organisieren. Wir sollten Gott vielmehr bitten, uns zu trainieren und auszurüsten, wie wir seine Gabe der Leitung ausüben können.

Wenn wir weltliche Regierungsmodelle betrachten, finden wir auch hier ein gewisses Maß an Erfolg, wenn gesunde Beziehungen, Kreativität, Zusammenarbeit im Rahmen einer gemeinsamen Vision sowie effektive Strategien für Planung und Organisation gefördert werden. Dieser Erfolg kann beeindruckend sein. Wir müssen jedoch verstehen, dass diese Dinge nur deshalb beeindruckend *wirken*, weil wir noch nicht gänzlich erlebt haben, was passieren kann, wenn eine ganze Gemeinschaft von Menschen mit Gott vereint zusammenarbeitet und nach dem Plan des Heiligen Geistes eine gemeinsame himmlische Vision erfüllt. Leider haben viele christliche Leiter Menschen davon abgehalten, ihr beziehungsmäßiges, kreatives und organisatorisches Potential in Gott zu entwickeln, weil sie sich an weltlichen Modellen und Systemen orientiert haben, anstatt sich ihre Inspiration im Himmel zu holen. Irdische Leitungsmodelle driften unweigerlich in Management, Instandhaltung und Interessenpolitik ab, was für eine Gemeinde, die als Pionier an der Grenze zwischen Himmel und Erde fungiert, tödlich sein kann. Leiter in Gemeinden müssen mutig danach streben, nur die Herrlichkeit himmlischer Leiterschaft widerzuspiegeln, in der unerschütterlichen Überzeugung, dass der Leib Christi nicht dazu berufen ist, dem Vorbild der Welt zu folgen. Stattdessen sollten *wir* die Vorbilder, die Pädagogen, diejenigen sein, deren Leben und Beispiel direkt auf Gott verweist. Wir sind diejenigen, durch die die Welt verändert wird, bis *„die Königreiche der Welt ... unserem Herrn und seinem Christus ... zuteil werden“* (Offb 11,15).

Väter für Generationen sein

Wenn wir die Vision und die Prioritäten himmlischer Leitung anstreben, die ewig gelten, verändert sich zwangsläufig unsere Beziehung zu allem in Raum und Zeit. Wir identifizieren uns dann nicht länger mit Nationen, Klassen, Rassen, einem Geschlecht oder einem bestimmten Alter, sondern mit den ewigen Absichten Gottes und seiner Familie. Wir werden uns unserer Verbundenheit mit der ganzen Menschheitsfamilie und dem weltweiten Leib Christi durch alle Jahrhunderte hindurch bewusst. Wir beginnen dann generationenübergreifend und global zu denken.

Es ist die Aufgabe derer, die Gott als Leiter in seiner Gemeinde eingesetzt hat, der Mütter und Väter, den Leib Christi darin zu schulen, generationenübergreifend und global zu denken und vor allem den Grundwert der Ehre im Auge zu behalten. Bill Johnson stellte einmal eine provokante Frage: „Sind einer Leitung oder Regierung, die auf Ehre beruht, noch Grenzen gesetzt?“ Beim Nachdenken über diese Frage habe ich festgestellt, dass Ehre tatsächlich der Schlüssel ist, um eine ewige Regentschaft in Zeit und Raum hineinzubringen.

Im Kapitel über Ehre haben wir bereits gesehen, dass durch Ehre ein Lebensfluss zustande kommt und dass der Leib Christi von Herrlichkeit zu Herrlichkeit geht, wenn wir lernen, einander zu ehren (d. h. die Herrlichkeit in den anderen zu erkennen). Aus der Ewigkeitsperspektive des Himmels gesehen, gilt dieses Prinzip der Ehre auch für vergangene und zukünftige Generationen. Wie Bill Johnson betont, ist jede lebende Generation wie ein Läufer in einem Staffellauf. Jeder von uns gehört zu einer mittleren Generation, die dafür verantwortlich ist, den Stab der Herrlichkeit von der vorangegangenen Generation zu übernehmen, damit so weit und schnell zu rennen, wie sie nur kann, und ihn dann an die nächste weiterzugeben. Auch dies drückt bildhaft aus, wie wir von Herrlichkeit zu Herrlichkeit gehen können.

Wie ich bereits sagte, bin ich mir besonders bewusst, dass ich in meiner eigenen Familie Generationen verbinde, da meine Söhne nie die Chance hatten, meinen Vater kennenzulernen. Obwohl ich meinen Vater nie willentlich entehrt hatte, konnte ich viele Aspekte der Herrlichkeit nicht erkennen, die er an mich weiterzugeben hatte, bevor mein Denken nicht durch die himmlische Perspektive korrigiert worden war. Erst dadurch kam ich in Übereinstimmung mit der himmlischen Realität unserer Beziehung und konnte diese Beziehung wieder richtig ehren. Folglich konnte durch die „Arterie" der Sohnschaft wieder Leben fließen – Leben, das ich heute an meine Söhne weitergeben kann.

Die Geschichte von Elia und Elisa lehrt uns viel darüber, wie man ein geistliches Erbe empfangen kann, und was passiert, wenn es nicht weitergegeben wird. Elisa ehrte seinen geistlichen Vater leidenschaftlich und tat alles, was in seiner Macht stand, um dessen „Stab" zu empfangen, als dieser die Erde verließ. Sobald er ihn hatte, rannte er damit los (vgl. 2 Kön 2). Als Elisa allerdings starb, folgten seine geistlichen Söhne seinem Beispiel nicht, sodass er seinen Stab und seine prophetische, wunderwirkende Salbung mit ins Grab nahm:

> *Und Elisa starb und wurde begraben. Im folgenden Jahr aber fielen die Streifscharen der Moabiter ins Land. Und es geschah, als man einen Mann begrub, da sahen sie plötzlich die Streifschar kommen; und sie warfen den Mann in das Grab Elisas. Und sobald der Mann hinabkam und die Gebeine Elisas berührte, wurde er lebendig und stellte sich aufrecht auf seine Füße* (2 Kön 13,20-21).

Wenn ein geistliches Erbe nicht weitergegeben wird, ist es nicht zerstört, aber zukünftige Generationen werden ihres Vermächtnisses beraubt. Ich glaube jedoch fest daran, dass Gott das Erbe seiner Heiligen schützt und nicht zulässt, dass Mäntel der Salbung und Brunnen der Erweckung einfach vergessen werden und für immer unbenutzt bleiben. Viele im Leib

Christi haben mittlerweile wieder angefangen in Generationen zu denken und besuchen die Gräber der Heiligen und Stätten geistlicher Erneuerungen, um dafür zu beten, dass wir als Leib Christi an diesem Erbe Anteil haben können. Dies sehe ich als ein Zeichen, glaube aber auch, dass manche dieser Vermächtnisse zu falschen Zwecken missbraucht werden. Gott wird sich aber darum kümmern, dass sie seinen Absichten gemäß wiederhergestellt werden. So erklärte Mose bereits: „... *was aber geoffenbart ist, das ist ewiglich für uns und unsere Kinder bestimmt*“ (5 Mose 29,29).

Jede Wissensvermehrung, jede Entdeckung und jeder Durchbruch ist eigentlich das Erbteil der Familie Gottes und hat den Zweck, dass wir unseren Auftrag als Verwalter der Erde erfüllen können. Seit es das Christentum gibt, sind wir Zeugen von mindestens vier wichtigen Durchbrüchen als Voraussetzung für eine weltweite Erweckung geworden: die Veränderung des Weltbildes von einer flachen Scheibe hin zu einer Kugel, die Erfindung des Buchdruckes, der Einzug elektronischer Kommunikationsmedien (Fernsehen, Radio, Telefon) und das Internet. Diese Durchbrüche wurden vielfach gegen Gottes Willen verwendet, aber es ist die Verantwortung seiner herrlichen Söhne und Töchter, sich dieses Erbe anzueignen und es mithilfe geistgeleiteter Strategien zu nutzen, damit die Vision der auf Beziehung beruhenden Regierung des Himmels erfüllt wird. In meiner Rolle als Leiter eines weltweiten Gemeindenetzwerks ist in mir eine Sehnsucht gewachsen, aus diesem Leben nicht mit einem verstopften Brunnen oder einer in einem Grab hinterlassenen Salbung abzutreten, sondern mit einem fließenden Strom, der noch weit in die Zukunft hineinreicht. Um dies zu erreichen, muss ich die Vergangenheit studieren, sodass ich verlorene Erbschaften wiederfinde. Immer wenn wir uns mit der Vergangenheit beschäftigen – das gilt für jedes menschliche Leben –, werden wir sowohl die Herrlichkeit Gottes finden als auch Bereiche, in denen sie verfehlt wurde. Nur durch den Grundwert der Ehre können wir vermeiden, dass wir die Herrlichkeit einer Person trotz ihrer

Verfehlungen erkennen. Als gefallene Menschen tendieren wir dazu, Vergangenes schlecht zu machen oder abzuwerten. Wir schauen eher auf die Fehler eines Menschen oder einer Bewegung, als dass wir ihre Herrlichkeit von damals erkennen und diese für die heutige Generation verfügbar machen. Dies weist aber nur darauf hin, dass wir die Kultur der Ehre noch nicht pflegen, durch die wir den großen Wert jener Herrlichkeit wahrnehmen können. Die Kultur der Ehre schult uns darin, den unvergänglichen Wert des Lebens unserer Mütter und Väter zu erkennen, weil es – wenn auch oft unscharf – auf das Wesen, den Charakter und die Eigenschaften Gottes hinweist. Wenn wir dabei dann eine Herrlichkeit finden, die zu unserem Erbe gehört, sind wir gleichzeitig verpflichtet, es zu nutzen, denn wer die Erfolge und die Größe seiner Vorfahren nur in einem Schrein verwahrt, ohne es ihnen gleichzutun, ehrt sie nicht wirklich. Wir müssen lernen, wie wir an unser Erbe gelangen und es dazu einsetzen, die Herrlichkeit der nachfolgenden Generation zu vergrößern, damit diese mit unserem Stab noch schneller und weiter rennen kann.

Wie schon erwähnt, wird Christus sowohl der Sohn Gottes als auch der Ewige Vater genannt; dies sehen wir daran, wie er seine Position zwischen zwei Generationen einnahm und den Alten und Neuen Bund verband. Er verwarf das Gesetz nicht, er erfüllte es und verherrlichte es und gab eben diese Herrlichkeit – die Erkenntnis über die Macht der Sünde und unser Bedürfnis nach Errettung – an uns weiter. Dann, als ein Vater, prophezeite er, wir würden nehmen, was er uns gegeben hatte, und noch *„größere Taten“* damit vollbringen (Joh 14,12). Christus legte damit ein Fundament, wie seine Gemeinde von Generation zu Generation voranschreiten soll: die vergangene Herrlichkeit ehren, sie nutzen, um gegenwärtige Herrlichkeit aufzubauen, und sie an unsere Kinder weitergeben, damit diese sie weiter vergrößern. Nur nach diesem Vorbild können wir in unserem Auftrag zur Regierung und zur Herrschaft erfolgreich sein. Eine Anwendung davon findet sich bei Paulus in 1. Korinther 3,10-11:

> *Gemäß der Gnade Gottes, die mir gegeben ist, habe ich als ein weiser Baumeister den Grund gelegt; ein anderer aber baut darauf. Jeder aber gebe acht, wie er darauf aufbaut. Denn einen anderen Grund kann niemand legen außer dem, der gelegt ist, welcher ist Jesus Christus.*

Als Leiter und Verwalter im Leib Christi sind wir dazu berufen, sein generationenübergreifendes Herz zu tragen und es in die Herzen seines Leibes einzupflanzen, damit wir auch weiterhin auf seinem Fundament bauen.

Väter für Nationen

Im Gleichnis von den Schafen und den Böcken verriet Jesus seinen Jüngern, auf welche Weise er zurückkommen würde: *„Wenn aber der Sohn des Menschen in seiner Herrlichkeit kommen wird und alle heiligen Engel mit ihm, dann wird er auf dem Thron seiner Herrlichkeit sitzen“* (Mt 25,31). Was für ein Bild! Alle Facetten von Gott, sein Wesen, seine Eigenschaften und seine Macht werden in ihrer ganzen Fülle sichtbar sein! Nichts wird mehr verborgen sein. Der Glaube und die Hoffnung, die wir benötigt haben, um Herrlichkeit auf der Erde erkennen, werden dann nicht länger nötig sein. An diesem Tag wird Jesus die Völker nach diesen einfachen Kriterien aufteilen und richten:

> *Denn ich bin hungrig gewesen, und ihr habt mich gespeist; ich bin durstig gewesen, und ihr habt mir zu trinken gegeben; ich bin ein Fremdling gewesen, und ihr habt mich beherbergt; ich bin ohne Kleidung gewesen, und ihr habt mich bekleidet; ich bin krank gewesen, und ihr habt mich besucht; ich bin gefangen gewesen, und ihr seid zu mir gekommen. Und der König wird ihnen antworten und sagen: Wahrlich, ich sage euch: Was ihr einem dieser meiner geringsten Brüder getan habt, das habt ihr mir getan!* (Mt 23,23-36.40).

Hier geht es darum, wie die Völker die Jünger Jesu behandelt haben und dass sie danach beurteilt werden, wie sie auf die Botschafter des Evangeliums reagiert haben. Man beachte aber, dass Jesus dieses Gleichnis nicht den Völkern erzählte, sondern seinen Jüngern, die er später damit beauftragte, alle Völker der Erde zu seinen Jüngern zu machen. Jesus vertraute uns ein gewaltiges, prophetisches Bild an, das uns zeigt, was er von den Völkern in Bezug auf den Umgang mit seiner wertvollsten Ressource – den Menschen – erwartet hat. Wird bei den einzelnen Nationen sichtbar, dass sie die Herrlichkeit Gottes in ihrem Volk, also ineinander, sehen? Und kümmern sie sich insbesondere ganz praktisch um die menschlichen Grundbedürfnisse – einschließlich Nahrung, Wasser, Wärme, Gesundheit und Freiheit? Wird Ehre und Wertschätzung auch dem Geringsten unter ihnen auf konkrete Weise entgegengebracht?

Wenn der Menschensohn zurückkehrt, dann hofft er, Nationen zu finden, die von Gemeinde in der Güte Gottes trainiert worden sind. Dies wird sich darin zeigen, ob sie sich um ihre Mitbürger kümmern, ganz besonders um die Hilfsbedürftigsten und um die, die viele ihrer Rechte verloren haben (die Gefangenen). Es ist, als würde Jesus zu uns, seinen Jüngern, sagen: „Sie wissen es noch nicht; aber alles, was sie für ihre Bürger tun, tun sie auch für mich. An diesem letzten Tag wird völlig sichtbar werden, ob sie gut für ihre Armen, Kranken, Hungrigen, Gefangenen und entwürdigten Mitmenschen gesorgt haben oder nicht. Es ist eure Aufgabe als meine Jünger, die Nationen *zu Jüngern zu machen* und sie auf diese letzte Prüfung vorzubereiten. Als meine Brüder müsst ihr ihnen beibringen, in jedem Menschen die Herrlichkeit Gottes zu entdecken!"

In den westlichen Kirchen ging es in den vergangenen hundert Jahren in Sachen Jüngerschaft mehr um „Lebensentscheidungen für Jesus". Das persönliche Bekenntnis des Glaubens zu Jesus ist ein klares biblisches Prinzip, das ich an dieser Stelle nicht mindern möchte. Wir dürfen aber nicht übersehen, an welchem eindeutigen Maßstab Christus die Völker messen wird, die wir zu Jüngern machen sollen. Was immer wir sonst noch tun, wir *machen* die Nationen nicht *zu Jüngern,* wenn wir sie nicht lehren, die Gegenwart Christi in allen Menschen, besonders in den „Geringsten", anzuerkennen, indem wir ihre Grundbedürfnisse stillen. Christus hat seine Leiter dazu berufen, die Nationen mit dem himmlischen Wertesystem vertraut zu machen, indem sie sie darin schulen, den Hilflosen zu helfen.

Wie überall müssen wir auch hier mit unserem Beispiel vorangehen. Wenn wir den Nationen beibringen wollen, Christus in dem Geringsten zu sehen und zu lieben, müssen zunächst auch wir lernen, ihn im Geringsten zu erkennen und zu lieben. Wenn wir zu Vätern werden wollen, welche die Nationen lehren können, Menschen wie Brüder und Schwestern Christi zu behandeln, müssen wir zuerst sie als solche behandeln. Wir müssen uns zuerst selbst der Prüfung unterziehen, die den Nationen am Ende bevorsteht: „Kann ich Christus in einem Bedürftigen erkennen? Kann ich die Verlorenen, die Zerbrochenen, die Armen und die Kriminellen als Teil von Gottes Familie sehen? Kann ich, im Glauben und im Gehorsam, Gottes Herrlichkeit im Geringsten erkennen und ehren, lange bevor Gott sie für alle sichtbar macht?" Derselbe Test der Ehre, den wir in Bezug auf die Generationen bestehen müssen, müssen wir auch im Blick auf die Nationen bestehen – wir müssen lernen, das verborgene Gold im Leben der Menschen zu entdecken. Doch während Leben *zu* uns fließt, wenn wir unsere Väter und Mütter ehren, fließt es *durch uns hindurch,* wenn wir die Geringsten ehren.

Dort, wo wir Leben spenden, spenden wir Hoffnung – und Hoffnung gehört zu den stärksten Kräften des Universums. Im Buch Hiob lesen wir: *„Gott hilft dem Armen aus der Gewalt der Mächtigen und rettet ihn vor ihren mörderischen Plänen. Er gibt den Armen wieder Hoffnung und bringt die Ungerechtigkeit zum Schweigen"* (Hi 5,15-16 HFA). Es bereitet mir ein fast kindliches Vergnügen, wenn ich hier in der Bibel lese, dass jemand den Mund halten soll. Viel wichtiger ist aber, dass dieser Vers Ursache und Wirkung von etwas beschreibt. Die hilflosen Menschen sind Opfer der Ungerechtigkeit. Wenn solche Menschen aber Hoffnung bekommen, wird die Ungerechtigkeit, die sie in ihre Misere gebracht hat, durch diese Hoffnung zum Schweigen gebracht. Olivia Shupe, eine der Mütter in der Bethel-Gemeinde, gab Kris Vallotton einmal einen starken Satz mit: „Wer am meisten Hoffnung schenkt, hat den größten Einfluss." Wenn wir den Kontext dieses Verses aus Hiob ansehen, wird deutlich, warum dies wahr ist. Wenn unsere Hoffnung den Einfluss der Ungerechtigkeit zum Schweigen bringt, bleibt mehr Raum für den Einfluss der Gerechtigkeit. Und wie im Buch der Sprüche geschrieben steht: *„Wenn es den Gerechten wohl geht, so freut sich die ganze Stadt ...“*, und: *„Gerechtigkeit erhöht ein Volk ...“* (Spr 11,10; 14,34). Hoffnung zu schenken ist ein starker Schlüssel, um ganze Städte und Nationen zu verändern, da sie Raum für den Ausdruck von Gerechtigkeit schafft.

Ich schätze die Erkenntnis von Bill Johnson, dass Christus uns in unserem Auftrag, die Völker zu Jüngern zu machen, erfolgreich machen will. Er erinnert uns oft daran, dass einer der prophetischen Namen für Christus „das Ersehnte der Nationen" ist: *„... und ich werde auch alle Heidenvölker erschüttern, und das Ersehnte aller Nationen wird kommen; und ich werde dieses Haus mit Herrlichkeit erfüllen, spricht der Herr der Heerscharen“* (Hag 2,7). Dann erinnert er uns daran, dass wir der Tempel sind, in dem Christus – die Hoffnung der Herrlichkeit – wohnt, und bringt dies mit dem Missionsbefehl in Verbindung. Es ist Christus, nach dem die Nationen sich sehnen, und wir, die wir dazu berufen sind, sie zu lehren, ihn als das wahre Ziel ihrer Sehnsucht zu erkennen und anzunehmen (auch wenn er versteckt ist, so wie in den Ärmsten der Armen), tragen ihn mit uns, wo auch immer wir hingehen. Somit haben wir eine Kraft, sie zu demjenigen hinzuziehen, der sie in ein ewiges Königreich bringt; auch wenn dies für sie nicht sofort attraktiv erscheint. Dieser außergewöhnliche Gedanke sollte uns zuversichtlich machen, dass, wenn wir uns um die Armen und Bedürftigen kümmern statt um die Reichen und Mächtigen (diese revolutionäre Weisheit des Königreichs), sich das als unwiderstehlich erweisen wird.

Eine der wichtigen Lektionen, die wir aus dem Gleichnis von den Schafen und den Böcken lernen können, ist, dass Menschen dem Plan Christi dienen und ihm Ehre geben können, ohne sich dessen bewusst zu sein. Wir leben in einer Kultur, die in so vielfältiger Weise von christlichen Werten geprägt ist, dass uns das oft überhaupt nicht bewusst ist. Sir Winston Churchill, Großbritanniens großartiger Premierminister zur Zeit des Zweiten Weltkriegs, machte einmal folgende Aussage: „Man kann den Zustand einer Zivilisation danach beurteilen, wie sie mit ihren Gefangenen umgeht."[3] Er sprach genau vom Maßstab Christi. Es ist natürlich nicht ausgeschlossen, dass Churchill dies auch wusste. Es kann aber auch sein, dass er dieses Prinzip einfach als Erbe einer Wahrheit kannte, die in Großbritannien eine lange Geschichte hat: der Ehrenkodex, der verlangt, dass wir sogar unsere Feinde menschlich behandeln. Es gibt Tausende solcher Beispiele um uns herum, wir müssen nur nach ihnen Ausschau halten. Viele der Gebote Christi, die wir den Nationen beibringen sollen, setzen gar nicht voraus, dass jemand Christus persönlich nachfolgt, um sie einzuhalten. Diese Gebote sind in unserer Kultur sogar vielfach akzeptiert. Wir müssen diese Übereinstimmungen herausfinden und sie als Basis nutzen, um die Grundlagen der himmlischen Regierung in den Nationen weiter aufzubauen. Vielleicht würde es mehr bringen, wenn wir unsere Aufmerksamkeit auf die Bereiche richten, wo Menschen zum Beispiel bereits den Armen dienen und sich für Gerechtigkeit einsetzen, und diese ermutigen, anstatt uns darauf zu konzentrieren, wie populär der Name Christus in politischen Umfragen ist.

---

[3] Nach Churchill, Winston S., *The Second World War*, Band 5: *Closing the Ring*, Mariner Books, San Diego 1986, S. 635.

Erst kürzlich traf ich eine Frau, die es sich zu ihrem Lebensziel gemacht hat, die Armut in der Welt zu beenden. Als ich sie sprechen hörte, wurde mir bewusst, dass sie vielleicht eine der wenigen ist, die das volle Ausmaß des Missionsbefehls verstanden hat. Ihre Arbeit bereitet die Nationen darauf vor, dass Jesus kommen und prüfen wird, wie gut sie sich um die Grundbedürfnisse der Menschen gesorgt haben. Ich selbst bin gerade in einem radikalen Lernprozess, zum einen, was soziale Fürsorge angeht, und zum anderen, welches Modell von Leitung dem biblischen Modell am besten entspricht. In Gottes Ökonomie sollte jeder gesegnet sein. Er hat uns dazu befähigt, Wohlstand zu schaffen (vgl. 5 Mose 8,18), sodass für alle gesorgt ist und nicht, dass es eine Scheidung zwischen Arm und Reich gibt.

Dritte-Welt-Länder sind nicht Gottes Idee! Seine Idee ist es, dass wir eine Familie sind, und deshalb ist es unsere Aufgabe, den Armen und Zerbrochenen zu zeigen, dass ihre Hoffnung und ihre Sehnsucht endlich gekommen ist. Gott wird auch weiterhin ein Gott sein, der die Armen aus der Hand der Mächtigen rettet, doch will er es durch uns – seine Familie und seine eingesetzte Regierung hier auf der Erde – tun. Gott hat *das Ersehnte der Nationen* in uns hineingelegt und wird durch uns alle Nationen zu sich ziehen, wenn wir seine Herrlichkeit in den Geringsten ehren und sie wie Brüder und Schwestern behandeln.

Wir haben ein seit über 2000 Jahren anwachsendes Erbe in Bezug auf Herrlichkeit und Jüngerschaftsdynamik, mit dem wir in unserer Generation arbeiten können. Diese Wahrheiten haben uns in Bethel überzeugt, dass wir in unserem Auftrag nicht versagen dürfen. Deshalb gehen wir mit Leidenschaft voran, um unserer Stadt und Nation Hoffnung zu geben. Denn wer weiß? – Wenn wir einer Nation beibringen können, sich um die Schwächsten zu kümmern, vielleicht erledigt sich der Rest dann von selbst.

Kapitel 16

Wie wir Herrlichkeit zum Ausdruck bringen können

Das wird euch aber Gelegenheit zum Zeugnis geben

Lukas 21,13

Als Jesus hörte, dass Lazarus krank ist, sagte er: *„Diese Krankheit ist nicht zum Tode, sondern zur Verherrlichung Gottes, damit der Sohn Gottes dadurch verherrlicht wird!“* (Joh 11,4). Was sollte das heißen? Eines hatte Jesus jedenfalls nicht gesagt, nämlich dass Gott Lazarus krank gemacht hatte. Wenn es im Himmel keine Krankheit gibt, kann er auch keine zu uns senden! Gott ist nicht der Urheber von Zerbrochenheit in dieser Welt. Er ist Urheber der Wiederherstellung, und wann immer er in einen Bereich der Zerbrochenheit hineinkommt, stellt er ihn wieder zu seiner ursprünglichen Ordnung und Bestimmung her. Genau dies hatte Christus in seinem Dienst immer wieder offenbart, bevor er diese Aussage machte. Er hatte systematisch jede Definition, jeden Begriff und jede Grenze auf den Kopf gestellt, indem er die dramatische Umkehrung der Dinge demonstriert, die Gottes Wiederherstellung bewirkt. Wo er hinkam, war Wasser nicht mehr Wasser, sondern Wein; fünf Brote waren nicht fünf Brote, sondern fünftausend, Stürme hörten auf, Blinde, Lahme und Aussätzige wurden geheilt und Sünder sündigten nicht mehr. Als Christus nun sagte, dass *„diese Krankheit nicht zum Tode“* ist, bereitete er seine Jünger auf eine ebenso dramatische Wende vor, denn Lazarus – der tatsächlich gestorben war – sollte schon bald erleben, dass bei Christus selbst der Tod nicht unabänderlich bleibt.

Christus erwählte sich das Volk Israel als Zeugen für all diese Zeichen, da ihre Geschichte sie darin unterwiesen hatte, die Herrlichkeit Gottes zu erkennen – nämlich die Art und Weise, wie Gott sich ihnen mitteilte. Wer die Wunder Christi miterlebte – zum Beispiel wie ein Blindgeborener geheilt wurde –, der wusste sofort, dass er Dinge tat, zu denen nur Gott in der Lage war:

> *Von Ewigkeit her hat man nicht gehört, dass jemand einem Blindgeborenen die Augen geöffnet hat. Wenn dieser nicht von Gott wäre, so könnte er nichts tun!* (Joh 9,32-33).

Auf diesen Zusammenhang machte Jesus sie aufmerksam, als er sagte, dies sei *„zur Verherrlichung Gottes, damit der Sohn Gottes dadurch verherrlicht wird!"* (Joh 11,4). Indem der Sohn Gottes die Gelegenheit ergriff, die Herrlichkeit Gottes zum Ausdruck zu bringen, wurde er selbst verherrlicht. Denn dadurch wurde immer deutlicher, dass die Herrlichkeit des Vaters auch seine eigene war, dass er *„das Ebenbild des unsichtbaren Gottes"* und *„die Ausstrahlung seiner Herrlichkeit und der unverfälschte Ausdruck seines Wesens"* war (Kol 1,15; Hebr 1,3).

Diese Ähnlichkeit zwischen Vater und Sohn schafft gleichsam ein Paradoxon: Jesus war er selbst, indem er wie der Vater war. Genau dies wollte Jesus uns über das Wesen der Herrlichkeit offenbaren, besonders über jene Herrlichkeit, die er den Menschen geben wollte. Alles, was Gott schuf, besitzt seine eigene Herrlichkeit, die es offenbart, indem es einfach es selbst ist – und damit seinem Schöpfer gleicht. Das ganze Universum wurde geschaffen, um dieses Muster der Widerspiegelung, das wir zwischen Vater, Sohn und Geist finden, zu teilen. Doch allein die Menschen hat Gott dazu erwählt, sowohl seine Ebenbilder als auch seine Söhne und Töchter in

Christus zu sein: *„... sein Leib ... die Fülle dessen, der alles in allen erfüllt“* (Eph 1,23). Somit offenbarte sich Christus – durch sein Kommen als der Sohn Gottes und indem er die Herrlichkeit des Vaters darstellte – nicht nur als Gott, sondern auch, dass er Mensch war. Die größte Umkehrung, die er bewirkte, dass er für immer neu definierte, was es für die Menschheit bedeutet „sie selbst“ zu sein. So wie Jesus einfach er selbst war, indem er wie der Vater war; so werden wir wahrhaftig ganz wir selbst, wenn wir wie Jesus werden. Auch wir werden verherrlicht – zeigen unsere Herrlichkeit –, wenn wir seine Herrlichkeit widerspiegeln. Im ersten Kapitel habe ich davon gesprochen, dass Herrlichkeit die Wesensäußerung Gottes ist. Wenn Christus uns jedoch vollkommen wiedergehergestellt hat, können auch wir von uns sagen, dass Herrlichkeit unser Wesen widerspiegelt. Dieser Vollendung gehen wir entgegen, indem wir lernen, es Jesus gleichzutun, so, wie er es seinem Vater gleichgetan hat – indem wir lernen zu sagen, was er sagt, und zu tun, was er tut.

Einer der hauptsächlichen Gründe für dieses Buch ist, dass ich das Wesen von Herrlichkeit genauer definieren möchte. Gleichzeitig möchte ich Herrlichkeit aber auch von unseren Begrenzungen auf Kirchengebäude, auf unsere Zukunft im Himmel oder anderen Einschränkungen befreien. Besonders in Erweckungsbewegungen wird „Herrlichkeit“ oft dadurch definiert, dass sich irgendetwas innerhalb einer Gemeindeveranstaltung „zeigt“. (Verstehen Sie mich nicht falsch, ich will unbedingt dabei sein, wenn so etwas passiert!) Christus aber offenbarte seine Herrlichkeit jedoch überhaupt nicht vage. Er beschränkte seine Gelegenheiten, sie zu offenbaren, bei weitem nicht nur auf den Tempel oder die Synagoge. Überall, wo Jesus hinging, egal ob auf Hochzeiten oder Beerdigungen, zu Fischzügen oder zu feierlichen Abendessen, in Städte oder Häuser, auf Marktplätze oder aufs Land – überall fand er Gelegenheiten, seine wahre Identität und Herrlichkeit zu offenbaren. Auf dieselbe Weise bietet uns jeder Aspekt und Bereich unseres Lebens Gelegenheiten, Herrlichkeit zu entdecken und zu offenbaren – Gelegenheiten, ganz wir selbst zu sein und durch die Art und Weise, wie wir ihn widerspiegeln, Gott zu offenbaren.

Um diese Gelegenheiten zu erkennen und zu ergreifen, müssen wir jedoch bereit sein, unsere begrenzte Vorstellung davon, wer wir sind, aufzugeben und auf Christus zu schauen, damit er uns zeigt, wer wir wirklich sind. Dazu gab er uns folgenden Leitsatz: *„Wer sein Leben retten will, der wird es verlieren; wer aber sein Leben verliert um meinetwillen, der wird es finden"* (Mt 16,25). Dies ist sein Versprechen: Wenn wir bereit sind, das Leben, das er uns ohnehin geschenkt hat, aufzugeben, dann wird er uns zeigen, wie wir unser Leben gestalten sollen. Der Weg des Glaubens besteht darin, seinem Wort mehr als dem unseren zu vertrauen, wenn es darum geht, wer wir sind und wie wir leben sollen. Das ist zunächst schwierig, wenn wir hauptsächlich das sehen, was wir aufgeben müssen. Wenn wir aber anfangen, wirklich zu glauben, was Christus über uns sagt, und es auch ausleben, werden wir immer mehr das Leben erfahren, wie es für uns gemeint war und wozu wir erschaffen wurden. Der Gedanke, an unseren alten Ängsten und kleinen Träumen festzuhalten, wird uns dann absurd vorkommen. Das Leben, das Jesus uns anbietet, und das Leben, zu dem wir erschaffen wurden, ist wirklich überfließend.

Die Bergpredigt ist das Manifest Jesu. Sie ruft uns auf, unser wahres Selbst in ihm zu finden. Seine Worte sind wie eine Hochwassermarke, an der wir messen können, wo wir in Bezug auf „unser Leben um seinetwillen verlieren" stehen und inwiefern wir es in ihm finden. Beachten Sie einmal das Ende des Abschnitts in Matthäus 5:

> *Ich aber sage euch: Liebt eure Feinde, segnet, die euch fluchen, tut wohl denen, die euch hassen, und bittet für die, welche euch beleidigen und verfolgen, damit ihr Söhne eures Vaters im Himmel seid. Denn er lässt seine Sonne aufgehen über Böse und Gute und lässt es regnen über Gerechte und Ungerechte. Denn wenn ihr die liebt, die euch lieben,*

> *was habt ihr für einen Lohn? Tun nicht auch die Zöllner dasselbe? Und wenn ihr nur eure Brüder grüßt, was tut ihr Besonderes? Machen es nicht auch die Zöllner ebenso? Darum sollt ihr vollkommen sein, gleichwie euer Vater im Himmel vollkommen ist!* (Mt 5,44-48).

Was geht Ihnen durch den Sinn und durchs Herz, wenn Sie dieses Gebot hören? Klingt das Wort „vollkommen" für Sie unerreichbar oder unmöglich? Oder sind Sie zuversichtlich, dass Christus Sie vollkommen machen wird, indem er Sie lehrt und befähigt zu lieben wie eine echte Tochter oder ein echter Sohn des Vaters, also wie er es tut? Wenn Sie Letzteres glauben, sind Sie auf einem guten Weg dahin, in Christus Ihr Leben zu finden. C.S. Lewis erklärt das gut:

> Das Gebot „seid vollkommen" ist keine idealistische Phrase. Es ist auch kein Befehl, das Unmögliche zu tun. Gott selbst wird nämlich aus uns Geschöpfe machen, die diesem Gebot Folge leisten können. In der Bibel sagt er, dass wir „Götter" sind, und er wird seine Worte wahr machen. Wenn wir uns ihm nicht widersetzen, wird er auch die Schwächsten und Scheußlichsten unter uns in einen Gott oder eine Göttin verwandeln; in ein blendendes, strahlendes, unsterbliches Geschöpf, in dessen Adern solche Kraft und Freude, Weisheit und Liebe pulsieren, wie wir es uns jetzt überhaupt nicht vorstellen können. Wir werden ein leuchtender, fleckenloser Spiegel sein, der Gottes unbegrenzte Macht, Freude und Güte vollkommen zurückwirft, wenn auch natürlich in kleinerem Umfang. Dieser Prozess ist langwierig und wird teilweise schmerzhaft sein. Aber damit müssen wir rechnen. Unter dem tut er es nicht. Er meint, was er sagt. Stellen Sie sich nur einmal vor, wie das sein wird, wenn Sie und ich und der ganze Leib Christi in unseren Worten, Gedanken, Charakterzügen und Beziehungen perfekte Widerspiegelungen Gottes sind. Es ist unbegreiflich, aber es wird

passieren, und jeder Moment unseres Lebens bietet die Möglichkeit, dass wir uns dazu hin bewegen.[1]

Ganz wir selbst sein

Ich bin so dankbar dafür, in einer Generation zu leben, in der die Gemeinde erkennt, dass die Kanzel nicht die einzige geistliche Berufung ist. Als wir zu Christus kamen, teilte er unser Leben nicht in geistlich und weltlich ein. Er hat uns nicht nur dazu beauftragt, Veranstaltungen und Gottesdienste abzuhalten, sondern den Himmel auf die Erde zu bringen, an *„jeden Ort, auf den [unsere] Fußsohlen treten"* (Jos 1,3). Wenn wir zu Christus gehören, ist alles an uns heilig bzw. geistlich, jeder Aspekt unseres Lebens dient dazu, Herrlichkeit auszudrücken, und unser höchster Ruf ist es, seine Herrlichkeit in jeglichem Bereich zu manifestieren, in dem wir berufen sind zu dienen. Manche von uns tun dies auf der Kanzel, andere aber vielleicht auf dem Laufsteg einer Modenschau, in einem Kunst- oder Musikstudio, in einem Hörsaal oder in einem medizinischen Labor, in dem nach einem Heilmittel für Krebs geforscht wird. Tatsächlich werden es die meisten unter uns überall, nur nicht auf der Kanzel tun!

Diese Offenbarung, dass im Reich Gottes jeder Aspekt unseres Lebens dazu gedacht ist, Herrlichkeit widerzuspiegeln und auszudrücken, ist unheimlich befreiend. Sie öffnet unseren Horizont weit und lässt uns gemeinsam mit Gott träumen und glauben, dass, obwohl wir alle als ein Leib mit einem gemeinsamen Ziel erschaffen worden sind, doch jeder auf kreative Weise etwas Einzigartiges und Wichtiges dazu beizutragen hat. Wir wurden ja schließlich als Ebenbild des Schöpfers geschaffen, um kreativ zu sein! Wir müssen nicht in ein bestimmtes Schema passen, sondern dürfen frei herausfinden, wozu er uns bestimmt hat. Dies geschieht in der Beziehung zu ihm, durch die er unsere Herzen und Wünsche für die Absichten

---

[1] Lewis, C. S., Pardon, ich bin Christ, Brunnen, Gießen 2006, S. 181 f.

erweckt, die er für uns hat. Und wenn wir unsere Aufgaben aus dieser Partnerschaft und Leidenschaft heraus tun, fühlen sie sich keineswegs wie Pflichten oder schwere Lasten an. Nichts kann uns mehr Zufriedenheit, Freude und Kraft verleihen, als das auszuleben und auszuführen, was Gott sich für uns erträumt hat.

Im Kapitel über Schönheit habe ich beschrieben, wie die Dinge, die wir schön und attraktiv finden, zum Vorschein kommen lassen, wie einzigartig Gott uns gemacht hat und wozu er uns berufen hat. In einem Kurs für Fotografie hielt ich vor Kurzem ein Referat über Schönheit. Am Tag darauf bekam ich folgendes Zeugnis:

> Ich wollte Ihnen nur sagen, wie sehr mich Ihr Vortrag heute gesegnet und beeinflusst hat. Es ist nicht übertrieben, wenn ich sage, dass dieser Tag ein echter Meilenstein für mich war, an den ich mich für den Rest meines Lebens erinnern werde. Was für ein Wort zur rechten Zeit, und wie kraftvoll oder besser gesagt „schön" es zum Ausdruck kam!
>
> Darf ich Ihnen etwas über meinen Hintergrund erzählen? Seit ich denken konnte, gab es für mich nur einen Wunsch, was ich beruflich machen wollte. Als ich zehn war, wurde ich bei einer Familienweihnachtsfeier von meinem Onkel gefragt, was ich einmal werden wolle. „Ich möchte Kameramann werden", antwortete ich. Dieses Gespräch habe ich noch heute auf einem Video.
>
> Meine Lehrer und Pastoren haben mich immer wieder dazu angespornt, auch mal in andere Richtungen zu denken, weil ich so eine fixierte Vorstellung von meiner Zukunft hatte. Doch egal, was sie vorschlugen und wie sehr ich auch versuchte, mir etwas anderes vorzustellen, es ging einfach nicht. Ich glaubte damals wie heute, dass ich dazu geboren bin, das zu tun, was ich heute tue. Würde ich etwas anderes tun, würde ich verleugnen, wer ich bin.
>
> Ich habe meinen Traum, Kameramann zu werden, wahr gemacht und nehme zurzeit ein Sabbatjahr von meiner

Arbeit bei einem großen Filmstudio. Besser konnte ich es in der Welt des Fernsehens nicht treffen! Seit drei oder vier Jahren wächst aber der ebenso tiefe Wunsch in mir, in den vollzeitlichen Dienst zu gehen, und ich habe mir überlegt, wie das wohl aussehen könnte. Ich bin seit mehreren Jahren im Leitungsteam meiner Gemeinde und habe viele Bereiche ausprobiert und dort gedient. Meine große Freude und Begabung für den Film konnte ich jedoch nie einbringen. Es ist mir einfach nie in den Sinn gekommen, dass Gott alle diese verschiedenen Leidenschaften verknüpfen könnte!

Heute ist bei mir der Groschen gefallen. Ich habe so lange versucht, in irgendeinen Dienst hineinzupassen. Ein bisschen ist es mir auch gelungen, aber nie so wie heute. Als Sie gesprochen haben, zeigte mir Gott, dass mein Dienst und meine Herzenswünsche ein und dieselbe Sache sind! Für einen Außenstehenden mag das vielleicht sehr offensichtlich sein, aber ich konnte es einfach nicht sehen, weil ich niemanden kenne, der so einen Dienst hat. Heute spürte ich die Erlaubnis und den Ruf des Himmels, das konkret werden zu lassen, was ich „schön" finde.

Was für eine Befreiung! Ich danke Ihnen sehr, dass Sie uns die Augen dafür geöffnet haben, die Gaben weiter zu verfolgen, die Gott in unser Leben gelegt hat, mit der Vision, die Welt zu verändern. Dies ist kein Ersatz für den fünffältigen Dienst, sondern der einzig wahre Ruf Gottes auf unserem Leben. Ich habe schon lange in der Medienabteilung gearbeitet und jede Minute genossen, aber heimlich immer auf den Moment gewartet, an dem ich in einen „richtigen" Dienst einsteigen würde. Nein! Was jetzt vor mir liegt, ist, den Rest meines Lebens auszuarbeiten. Ob ich in Bethel bin oder nicht (abhängig von meinem Visum) – ich werde immer für Jesus brennen, und das durch Filmen!

Ich habe das Gefühl, als sei heute der erste Tag vom Rest meines Lebens. Ich werde Ihnen für immer dankbar sein für Ihre befreienden Worte. Wir waren im Unterricht vielleicht eher still, aber meine Welt wurde heute auf den Kopf gestellt!

Ich weiß, dass es viele Gläubige gibt, die wie dieser junge Mann damit kämpften, ihren Herzenswunsch, eine bestimmte Karriere oder ein Projekt zu verfolgen, mit ihrem Wunsch zu vereinen, Gott zu dienen und ihn zu verherrlichen. Viele denken, dass sie Gott nur verherrlichen können, wenn sie ihre einzigartigen und ganz persönlichen Gaben und Fähigkeiten opfern oder zurückstellen. So funktioniert Gottes Herrlichkeit jedoch nicht. Wenn wir seine Herrlichkeit wirklich widerspiegeln wollen und uns ihm ausliefern, dann wird er in jedem von uns das Einzigartige, das er in uns hingelegt hat, um ihn widerzuspiegeln, zum Vorschein bringen. Ich hoffe und bete, dass jeder Gläubige auf dieser Welt wie dieser junge Mann die Erlaubnis des Himmels bekommt, den Dingen nachzujagen, die Gott in sein Herz gelegt hat, und nicht länger auf einen „echten“ Dienst wartet oder sein Leben in Dienst, Karriere, Familie usw. unterteilt. Solches Zögern und Trennen nehmen uns nur unsere Freiheit und den Schwung im Leben und verhindern, dass die Welt mit dem vollen Potential unserer Gaben bereichert wird. Außerdem berauben sie auch uns der vollen Freude, die Gott uns schenken will, wenn wir das tun, wozu wir erschaffen worden sind.

Sein wie er

Ich möchte Sie noch einmal an die Verbindung zwischen Herrlichkeit und Freude erinnern, welche so gut im Westminster Katechismus formuliert ist: „Das höchste Ziel des Menschen ist, Gott zu verherrlichen und sich für immer an ihm zu erfreuen.“ Diese beiden Dinge sind nicht getrennt. Die tiefste Freude, die uns Gott schenken kann, ist die Freude, die wir erleben, wenn wir ihn verherrlichen, indem wir in Beziehung mit ihm die sind, die er sich gedacht hat. Diese Freude zu erleben, fühlt sich – wie wir in dem Zeugnis eben gelesen haben – an, wie nach Hause zu kommen. Wir beginnen zu spüren, dass wir hierher gehören, wenn wir erleben, dass Gott die scheinbar grundverschiedenen Fäden unseres Lebens zu einem herrlichen Muster verwebt. Niemand von uns wird diese Freude in diesem Leben völlig erleben, weil unser wahres Nach-Hause-Kommen noch aussteht. Doch können wir bereits die Freude spüren, diesem näherzukommen.

Wenn wir die Freude, unser wahres Selbst in Gott zu finden, genauer betrachten, stellen wir jedoch fest, dass es in Wirklichkeit die Freude Gottes ist, denn wenn wir ihn widerspiegeln, gefallen wir ihm, und es gibt keine größere Freude als das Wohlgefallen und die überschwängliche Freude Gottes. Genau diese Freude empfand der schottische Athlet und Missionar Eric Lidell. In dem Film „Die Stunde des Siegers" von 1981 sagt Lidell: „Ich glaube, dass Gott etwas Bestimmtes mit mir vorhat; er hat mich aber auch schnell gemacht. Wenn ich laufe, spüre ich seine Freude an mir." Diese Freude beschrieb C. S. Lewis als die Erfüllung der „Verheißung der Herrlichkeit":

> Niemand kann in den Himmel kommen, außer er wird wie ein Kind. Nichts macht ein Kind mehr aus – ich meine kein freches, sondern ein liebes Kind –, als seine große und unverblümte Freude, wenn man es lobt. Die Verheißung der Herrlichkeit ist es, dass einige von uns, nein alle, die sich dafür entscheiden, auf unglaubliche Weise durch das Werk Christi Gefallen bei Gott finden. Ihm zu gefallen, Teil seiner himmlischen Freude zu sein, und sich von ihm geliebt, und nicht nur bemitleidet zu wissen, so wie ein Künstler sich an seinem Kunstwerk freut – es scheint fast unmöglich, ein Gewicht und eine Last der Herrlichkeit, die unser Denken kaum tragen kann. Aber so ist es.[2]

Die Evangelien berichten von einem der großartigsten Momente dieser Freude, als die Jünger Jesu von ihrer ersten

---

[2] Lewis, C. S., Das Gewicht der Herrlichkeit und andere Essays, Brunnen, Gießen 2005, S. 98.

Aussendung zurückkehrten. Jesus hatte sie als seine geistlichen Söhne ausgesandt, sie gesalbt und autorisiert, ihn durch Predigten und Wundertaten vollkommen zu repräsentieren. Zum ersten Mal konnten sie ein Stück weit erleben, wie es war, wie er zu sein. Sie waren außer sich vor Freude:

> *Die zweiundsiebzig Jünger kehrten voller Freude zurück. „Herr", sagten sie, „sogar die Dämonen müssen uns gehorchen, wenn wir uns auf deinen Namen berufen!" Nun begann Jesus im Heiligen Geist vor Freude zu jubeln; er rief: „Ich preise dich, Vater, du Herr über Himmel und Erde, dass du das alles den Weisen und Klugen verborgen, den Unmündigen aber offenbart hast. Ja, Vater, so hast du es gewollt, und dafür preise ich dich"* (Lk 10,17.21).

Ich hätte nur zu gern gesehen, wie Jesus „im Geist vor Freude jubelte". Er hatte die doppelte Freude – die eines Vaters und die eines Sohnes. Als Vater freute er sich über seine geistlichen Söhne, die ihrer Berufung und Identität immer mehr auf die Spur kamen; und weil er auch ein Sohn war, freute er sich, weil sie nun seine unbeschreibliche Freude teilten, die er als Sohn kannte, indem sie den Willen des Vaters getan hatten. Diese vervielfachte Freude Gottes sollen wir mit ihm teilen, wenn wir immer mehr lernen ihn widerzuspiegeln.

Im Sommer 2005 schenkte mir mein Sohn James eine der großartigsten Offenbarungen, eine Offenbarung, die mir bis dahin unbekannt war. Es ging um die Freude, die wir als Söhne und Töchter unseres Vaters erleben dürfen. Dies war für mich besonders bedeutsam, weil ich erst wenige Wochen vorher begonnen hatte, meine eigene Sohnschaft wiederzuentdecken. Ich weiß, dass jeder Prediger Anschauungsbeispiele aus seiner Familie verwendet, um etwas zu erläutern; doch diesmal war es nicht nur persönlich, sondern es war ein ganz neuer Gedanke für mich. Weil diese Erfahrung so tiefgreifend für mich war, bat ich meinen Sohn James, für dieses Buch selbst darüber zu schreiben. (Ich will es nicht nur deshalb mit einbinden, sondern auch damit drei Generationen der Manwarings zu diesem Buch beitragen!)

Es war ein Donnerstag im Juli, als James mich anrief. Er war so begeistert, wie ich ihn seit langem nicht erlebt hatte. Obwohl wir weit entfernt voneinander leben, führen wir oft lange Gespräche über das Leben, über Filme, Apple-Computer, Kameras und unseren Weg mit Gott. Wir sind sehr dankbar für die moderne Kommunikationstechnologie, die uns dies ermöglicht. Aber dieses Gespräch war anders. Er wollte mir von einigen Ereignissen an der Musikschule in der Heilsarmee erzählen, die er mitleitete. James ist ein Musiker mit einer Leidenschaft für Menschen. Ich beschreibe ihn oft als eine Mischung aus den drei Hauptcharakteren seiner Lieblingsfilme: „Mr. Holland's Opus", „Good Will Hunting" und „Der Club der toten Dichter". Wo auch immer James ist, gibt es Menschen und Musik. Folgendes hat er mir erzählt und später niedergeschrieben:

> Ich weiß nicht wie es Ihnen geht, aber ich habe eine ganze Reihe von Helden, Menschen, zu denen ich aufschaue, die ich genau beobachte. Helden kommen aus ganz unterschiedlichen Hintergründen und verdanken ihren Status verschiedenen Ursachen. Ich bin mit Helden wie dem Pianisten Jools Holland, dem Komponisten Rachmaninoff oder dem Evangelisten und Autor Billy Graham aufgewachsen, um nur einige wenige zu nennen. Wenn man älter wird, verändern sich allerdings die Dinge. Manch alte Helden müssen weichen, um Platz für neue zu machen.
>
> Einer meiner Helden ist ein fiktiver Charakter aus dem Film „Mr. Holland's Opus". Mr. Holland ist der bekannteste und inspirierendste Musiklehrer, den ich jedoch nie persönlich getroffen habe. Als ich den Film zum ersten Mal sah, machte es bei mir „klick" und ich wollte ihn von da an nachahmen. Heute habe ich das Privileg, jeden Tag Musik zu unterrichten. Es ist großartig, den Traum auszuleben, der in mir durch diesen Film entstand, und ich danke Gott so sehr für

seine Gnade und seine Fürsorge für mich und meine Karriere.

Ein weiterer Held ist natürlich mein Vater. Als ich aufwuchs, habe ich vor allem eines gelernt: dass es keine größeren Vorbilder gibt als Väter – und ich habe sogar zwei! Welches Gefühl könnte schöner sein, als in die Fußstapfen seines größten Helden zu treten? Das muss sicher das Ziel sein: das Gefühl zu haben, selbst etwas Heldenhaftes zu tun, das zu dem passt, was unsere Helden verkörpern. Im Sommer 2005 kam ich nämlich in eine neue Phase meines geistlichen Lebens, in der ich diese lebensverändernde Offenbarung über Vaterschaft empfing, und ein Gefühl bekam, das ich in den folgenden Zeilen zu erklären versuche.

Ich nahm an einem Jugend-Sommercamp teil, auf dem Gottes Gegenwart sich mächtig offenbarte. Er wirkte auf kraftvolle Weise und ich konnte richtig spüren, wie Gottes Gegenwart das Leben der Menschen dort berührte. Die jungen Leute wurden verändert und durch Gottes Kraft erneuert, und ich war mitten drin und durfte sie in neue Träume und Visionen hineinführen. In einem dieser krafterfüllten und erstaunlichen Momente fing ich an, ihnen wirklich geistlich zu dienen. Ich begann, in das Leben dieser jungen Leute hineinzusprechen und das über ihrem Leben auszusprechen, was ich glaubte, dass Gott mit jedem von ihnen vorhatte. Es war intensiv, aufregend und nichts anderes als Gott und gut. Ich fühlte mich vom Heiligen Geist bevollmächtigt und war begeistert darüber, was der Herr für die jungen Leute dort gerade tat.

In diesem Moment fühlte ich mich ganz wie mein Vater. Ich spürte, dass ich genau das tat, was er in dieser Situation auch getan hätte. Ich hatte das Gefühl, ich sei er. Danach rief ich meinen Vater von Großbritannien aus an und konnte gar nicht viel anderes sagen, als nur: „Ich fühlte mich, als wäre ich du, Papa!“ In diesem Augenblick wurde dieser einfache Satz in unserer Familie geboren. Er klingt vielleicht wie etwas Nettes, das jemand auf eine Postkarte nach Hause schreiben würde. Es ist aber in Wahrheit eine tiefgehende Botschaft, die ich seither auszuleben versuche: Wie ist es, sich wirklich wie unser himmlischer Vater zu fühlen? Können wir die gleichen Empfindungen haben wie Jesus, als er hier auf der Erde lebte? Wenn er ein iPhone gehabt hätte, bin ich mir sicher, hätte er Gott oft angerufen und gesagt: „Hey, Papa, ich hab mich gefühlt wie Du, als der Blinde im Dorf heute sein Augenlicht zurückbekam."

Seit diesem Tag bemühe ich mich, diese Botschaft auszuleben. Wenn wir danach streben, uns wie unser Vater im Himmel zu fühlen und sein Leben auf der Erde wie das eines unserer größten Helden zu leben, dann kann Gott anfangen Menschenleben zu verändern. Ein anderer Teil der Botschaft war, dass es wichtig war, dass ich einen Papa hatte, und es war so wichtig, dass ich mich wie er fühlte, mir ihn zum Vorbild nahm und erkannte, wann ich in seine Fußstapfen trat. Und damit komme ich zu den Helden zurück. Wenn dein Held ein berühmter Sänger ist, dann willst du doch nichts sehnlicher, als genau so zu singen wie er und dich auch so zu fühlen, wie er sich fühlt, wenn er singt. Meine größten Helden sind nun mal meine beiden Väter – mein irdischer und mein himmlischer Vater. Ich will lernen, mich so zu fühlen wie sie, weil ich so leben will, wie sie es mir vorleben. Einen Helden zu haben ist gut – zumindest wenn es die richtige Art von Held ist – Sie verstehen, was ich meine. Das Beste ist es, Gott Vater zu seinem Helden zu machen; und danach zu streben, sich so zu fühlen wie Jesus es tat, als er hier auf der Erde die wahre Botschaft von Gottes Liebe auslebte, ist dasselbe, wie danach zu streben, sich so zu fühlen wie unser Vater im Himmel. So fühlte ich mich also wie du, Papa. Und sogar jetzt, während ich an meinem *Macbook* sitze und diese Zeilen schreibe, fühle ich mich wie mein Papa ... bestimmt hat er diese Woche etwas Ähnliches getan.

Fast 9000 Kilometer entfernt habe ich mich riesig über das Zeugnis meines Sohnes gefreut, der begonnen hatte, seinen Dienst für Gott auszuüben. Als er zum Ende hin sagte, dass er sich so fühle wie ich, füllten sich meine Augen mit Tränen – Tränen des Stolzes und der Freude über meinen Sohn, aber auch Tränen des Staunens über diese neue Offenbarung. Es machte wirklich Sinn, dass Jesus von demselben Gefühl motiviert worden war. Was hätte sonst hinter seiner Hingabe stehen können – nur das zu tun, was er den Vater tun sah – als diese großartige Freude, sich wie sein Vater zu fühlen?! Er sagte, dass es seine „Speise" sei, wie der Vater zu sein und zu handeln; und dass diese Speise ihn ernährte und stärkte (vgl. Joh 4,34). Aber es war einfach erstaunlich, zu sehen, dass Jesus, als er dieses unglaubliche Gefühl empfunden hatte, wie sein Vater zu sein, dieselbe Nahrung, dieselbe Begeisterung und dieselbe Freude sogar auch uns versprochen hat. Auf unserer Reise von Herrlichkeit zu Herrlichkeit haben wir einen Vater im Himmel, der auf uns wartet, während wir den Kranken die Hände auflegen, die Hungrigen speisen, uns kreativ betätigen oder auf andere Weise das tun, was er uns sagt und ihm dann berichten können: „Als ich dies tat, da habe ich mich gefühlt wie du, Papa. Ich war selbst ein Spiegel deiner Herrlichkeit hier auf der Erde."

Der Schlüssel zu dieser Verheißung ist, wie James sagte, dass wir lernen, unseren himmlischen Vater und auch Christus als Helden zu sehen, denen wir mehr als allen anderen nacheifern wollen. Deswegen ist es für uns so wichtig, dass wir für alle Wunden, die mit Vätern zu tun haben, und alle fehlgeschlagenen Beziehungen Heilung empfangen und uns das Herz und die Gesinnung der Sohnschaft schenken lassen. Erst dann können wir die Anweisung des Vaters, so wie er zu sein, vollkommen erfassen – seine Einladung, die größtmögliche Freude und Erfüllung zu erfahren, die er uns schenken kann.

Die höheren Wirklichkeiten

Hier in Bethel erkennen wir dankbar unser geistliches Erbe an, das wir von mutigen Männern und Frauen empfangen haben, die sich dafür eingesetzt haben, dass jeder Sohn und jede Tochter Gottes das Geburtsrecht haben, die Herrlichkeit ihres Vaters so zu reflektieren und zum Ausdruck zu bringen, wie ihr großer Bruder Jesus es getan hat – und dies ganz besonders im Bereich des übernatürlichen Dienstes. Es ist für jede Generation revolutionär, zu beteuern, dass Christus uns gezeigt hat, wie wir zu echten Menschen werden, als er mit übernatürlicher Kraft diente. Wir glauben, dass er diese Revolution begonnen hat, und wollen uns an denen orientieren, die diese Botschaft weitergetragen haben. John Wimber war einer dieser geistlichen Väter – er sagte immer, es sei unsere Aufgabe, „die Dinge zu tun, die Jesus tat", also diese übernatürlichen Dinge. Ich bin verblüfft, zu sehen, welche Früchte dies noch heute trägt und wie die Männer und Frauen in unserer *School of Ministry* diese Botschaft leidenschaftlich weitertragen. Sie finden Gelegenheiten, in allen Geschäften und Straßen der Stadt die Herrlichkeit eines übernatürlichen Gottes zum Ausdruck zu bringen, und ihre Zeugnisse, wie mächtig er wirkt, haben eine so überwältigende Welle von Beweisen hervorgebracht, dass Gottes Versprechen noch heute gilt: Zeichen und Wunder werden wirklich denen folgen, die glauben (vgl. Mk 16,17).

Zeichen sind aber, wie Bill Johnson oft betont, keine endgültigen Realitäten. Sie weisen auf die endgültige Wirklichkeit hin, und wenn wir den Zeichen nicht bis zu dieser endgültigen Wirklichkeit folgen, dann verpassen wir den vollen Segen des Zeichens. Was ist zum Beispiel der volle Segen der Gabe der Heilung? Ich bin mir bewusst, dass es eines der größten Privilegien überhaupt ist, den Kranken die Hände aufzulegen und dann zu erleben, dass sie geheilt werden. Als Krankenpfleger habe ich oft hilflos zugesehen, wenn Patienten gesagt wurde, dass man nichts mehr für sie tun könne. Und später, als Pastor, habe ich oft den dramatischen Unterschied gesehen, der kommt, wenn wir die Gegenwart des Einen mit in den Raum gebracht haben, *„der alle [unsere] Gebrechen heilt“* (Ps 103,3). Der offensichtliche Segen ist natürlich, dass jemand die Wiederherstellung seines oder ihres Körper erfährt, und jeder, der eine solche Wiederherstellung erlebt hat, weiß, wie unglaublich dies ist! Heilung hat aber einen noch weitaus größeren Nutzen, nämlich die Offenbarung des Gottes, der heilt. Diese Offenbarung lädt die betroffene Person ein, ihn als Heiler kennenzulernen und selbst zum Träger dieser Offenbarung für die Welt zu werden. Dies ist die Herrlichkeit der Heilung.

Das Gleiche gilt auch für die anderen Gaben des Geistes. Einmal leitete ich eine Veranstaltung in Texas. Zu Beginn des Treffens sah ich vor meinem inneren Auge ein Stoppschild und eine Violine. Ich stand auf, beschrieb meine Vision und fragte. „Kann irgendjemand in diesem Raum etwas damit anfangen?“ Sofort meldete sich eine Frau: „Vor zehn Jahren hatte ich einen Autounfall, bei dem ich eine schwere Verletzung im Genick erlitt. Vor dem Unfall spielte ich in einem Lobpreisteam Violine, doch seither kann ich das nicht mehr.“ An diesem Abend wurde sie zu 75 Prozent geheilt. Wir dienten ihr noch weiter, aber aus irgendeinem Grund stoppte die Heilung bei 75 Prozent. Schließlich sah ich sie an und sagte zu ihr: „Ich habe so das Gefühl, dass du ganz geheilt werden wirst, wenn du deine Violine holst und wieder spielst.“ Sie fuhr nach Hause und nahm ihre Violine zur Hand. Am nächsten Abend kam sie wieder zur Veranstaltung und spielte dann an zwei Abenden Violine!

Dieses Wort der Erkenntnis hatte den offensichtlichen Nutzen, dass diese Frau geheilt wurde. Aber es geschah noch viel mehr: Gott offenbarte ihr durch die Heilung seine tiefe Zuneigung zu ihr und sein Interesse an ihr und zugleich seinen Plan und seine Ziele für ihr Leben. Und er lud sie auch ein, Schritte in diese Richtung zu unternehmen. Interessanterweise konnte sie den ganzen Nutzen ihrer Heilung aber erst in Anspruch nehmen, als sie selbst seiner Aufforderung Folge leistete. Und weil sie dies tat, wird die Herrlichkeit dieses Geschenks nun jedes Mal offenbar, wenn sie im Lobpreisteam Violine spielt und dabei andere dazu einlädt, den Gott kennenzulernen, der sie liebt und sich danach sehnt, auch ihre Herrlichkeit wiederherzustellen.

Gottes Taten lassen uns seine Wege erkennen und führen uns zu ihm, wenn wir seinen Zeichen zu diesen endgültigen Realitäten folgen. Nur wenn wir ihn kennenlernen, wenn wir *yada* erhalten, können wir seinen Charakter durch unsere eigenen Taten widerspiegeln und offenbaren. Genauso war es bei Mose. Erinnern Sie sich daran: Israel kannte die großen Taten Gottes, Mose aber kannte seine Wege (vgl. Ps 103,27). Nur Mose strebte nach dem *yada* der Herrlichkeit Gottes, und deshalb erwählte ihn Gott zu seinem Repräsentanten. Gott hat uns so geschaffen, dass wir aus dieser beziehungsbezogenen Erkenntnis, aus dieser Offenbarung seiner Herrlichkeit leben. Deshalb fordert die Bibel uns nicht nur auf: *„Vergebt anderen, damit auch euch vergeben wird!"* (Lk 6,37). Sie lehrt uns auch: *„Die Einsicht eines Menschen macht ihn langmütig, und sein Ruhm* [seine Herrlichkeit] *ist es, an der Übertretung vorüberzugehen"* (Spr 19,11). Und schließlich erzählt uns das Wort die Geschichte des Menschen, der verherrlicht wurde, indem er die Sünden der ganzen Welt vergab, des Menschen, der sich dann an diejenigen wandte, denen er vergeben hatte, und sie aufforderte: *„Wenn ihr jemandem die Sünden vergebt, dem sind sie vergeben"* (Joh 20,23).

Vergebung ist das Vorrecht und der Auftrag der königlichen Familie des Himmels. Ich weiß ja nicht, wie es Ihnen geht, aber ich glaube, dass unsere Vergebungsbereitschaft stark zunimmt, wenn wir eines wissen: Jedes Mal, wenn wir durch Vergeben die Sünden eines anderen zudecken, handeln wir als wahre Söhne unseres Vaters, weil wir das Familiengeschäft „Vergebung" ausüben. Wir erkennen dann, dass in einer Kultur, die Spaß daran hat, die Fehler und das Versagen anderer Leute aufzudecken, das Vergehen einer anderen Person eine Chance ist, uns mit Christus zusammenzutun und eine weitere dramatische himmlische Umkehrung zu schaffen.

Ich teile die Leidenschaft meiner Brüder und Schwestern in Bethel, dem Übernatürlichen nachzujagen; bei mir kommt diese Leidenschaft von meiner Sehnsucht, dass der Leib Christi in jeder Hinsicht zu einem echten Ausdruck von Christus und zum Spiegelbild des Vaters wird. Ich glaube sogar, dass nicht nur die Wunder, sondern all unser Tun – vom Spielen mit unseren Kindern bis zum Bezahlen von Rechnungen, vom Liederschreiben bis zum Geschäfte-Abschließen, vom Wehrdienst bis zu einem Telefongespräch mit einem Freund – übernatürlich sein kann, denn alle diese Dinge haben das Potenzial, Aspekte von Gottes Wesen widerzuspiegeln. Ich bin der festen Überzeugung, dass, wenn wir die Herrlichkeit in all diesen Dingen suchen und finden, wir sie nicht mehr so tun werden, wie wir sie schon immer getan haben. Wir werden sie dann voller Entschlusskraft und Hingabe, mit Leidenschaft und Freude tun, und daraus erwächst immer Vortrefflichkeit. Wenn wir die Gelegenheiten für Herrlichkeit um uns herum finden und beim Schopf packen, dann werden wir, wie Christus es getan hat, das menschliche Leben so leben, wie es gedacht war, und es wird für alle sichtbar sein. Und wir werden dann wie Christus mit voller Überzeugung sagen können: „Wenn ihr uns seht, habt ihr den Vater gesehen."

Kapitel 17

Nichts als Herrlichkeit

Und die Stadt bedarf nicht der Sonne noch des Mondes, dass sie in ihr scheinen; denn die Herrlichkeit Gottes erleuchtet sie, und ihre Leuchte ist das Lamm.

Offenbarung 21,23

Die Welt und alle, die sie bewohnen, warten darauf, dass die Erde mit der Erkenntnis der Herrlichkeit Gottes erfüllt wird. Sie warten darauf, dass der Himmel auf die Erde kommt. Wie ich es schon mehrmals in diesem Buch betont habe, verändert sich unser Denken drastisch, wenn wir verstehen, dass der Himmel nicht nur eine zukünftige Wirklichkeit ist, sondern eine ewige, welche die Gegenwart mit einschließt. Auf diese ewige Wirklichkeit sollen wir Paulus zufolge unser Denken ausrichten, nach ihr sinnen oder trachten (vgl. Kol 3,2). Wir sollen unsere Sehnsucht darauf richten, diese höhere Wirklichkeit des Himmels zu lieben und zu ersehnen. Denn es ist unsere Sehnsucht, die uns dazu antreibt, zu den „Gewalttätigen" zu werden, welche das Königreich der Himmel an sich reißen und es auf die Erde bringen (Mt 11,12).

Unser Denken und unsere Neigungen auf den Himmel auszurichten bedeutet auch, unsere Vorstellungskraft auszubilden. Dies ist keine einfache Aufgabe, da es eigentlich über unser Vorstellungsvermögen hinausgeht. Es ist so ähnlich, wie wenn sich ein Fötus das Leben nach der Geburt vorstellen soll. So sagt die Bibel: *„Geliebte, wir sind jetzt Kinder Gottes, und es* *ist noch nicht offenbar geworden, was wir sein werden*" (1 Joh 3,2). Sich vorzustellen, wie unvorstellbar der Himmel ist, ist so wie zu versuchen, einem Höhlenmenschen moderne Transportmittel zu erklären oder Anselm Adams die Welt der digitalen Fotografie begreiflich zu machen. Ich selbst finde die religiöse Auslegung der Offenbarung, die den Himmel als eine Kathedrale in den Wolken beschreibt, wenig einladend. Als ich anfing, das Wesen der Herrlichkeit tiefer zu ergründen, wurde meine Vorstellung davon befreit. Wenn ich mir nun die Beschreibungen des Himmels in der Bibel anschaue in dem Wissen, dass alles, was ich über Herrlichkeit gelernt habe, sich von dieser Wirklichkeit ableitet, erschließen sich mir diese Abschnitte ganz neu.

So beschreibt Johannes den Himmel unter anderem als eine Stadt aus Kristallen, Gold und Edelsteinen (vgl. Offb 4,6; 21.18). Nachdem ich die widerspiegelnde Natur der Herrlichkeit erkannt hatte, ergab dieses Bild für mich endlich Sinn, denn alle die dort beschriebenen Materialien haben die Eigenschaft, dass sie (Licht) entweder reflektieren (so wie Kristalle und Gold) oder brechen (wie Edelsteine). Das ist ein wunderschönes Sinnbild für das Prinzip, das wir im vorigen Kapitel erörtert haben: Alles im Universum, besonders die Menschheit als Gottes Ebenbild, ist dazu erschaffen, Gott zu reflektieren. Die Brechung (des Lichts) ist nichts anderes als eine vervielfältigte Reflexion, wie wir sie überall in der Schöpfung sehen – besonders aber im Menschen, der den Auftrag erhalten hat, fruchtbar zu sein und sich zu vermehren, um die Erde mit dem herrlichen Abbild Gottes zu bevölkern.

Als die Bilder von Gold, Juwelen und Kristallen für mich Sinn ergaben, konnte ich auch ein anderes Bild besser verstehen: die Darstellung der vier lebendigen Kreaturen voller Augen, die vor dem Thron Gottes anbeten und rufen: „Heilig, heilig, heilig!" (vgl. Offb 4,8). Früher sah ich darin nur stupide Wiederholung. Doch dann begann ich mir vorzustellen, wie es wäre, wenn all die herrlichen Dinge, die ich in diesem Buch zu beschreiben versucht habe, in einer Wirklichkeit existieren, in der alles so beschaffen ist, dass es diese Herrlichkeit, von der wir hier auf der Erde nur eine winzige Vorstellung haben, widerspiegelt und bricht, unendlich vergrößert und vermehrt – die Liebe, Beziehungen, Güte, Freude, Schönheit, Kreativität und Weisheit. In jeder Nanosekunde gibt es eine neue Entdeckung von purer Herrlichkeit; kein Wunder, dass alles „Heilig, heilig, heilig!" ruft! Allen, die dieses Schauspiel betrachten, wird sicher der Atem stocken und sie werden sich verneigen, wenn wieder eine neue Szene enthüllt wird. Es ist also kein Wunder, dass die lebendigen Wesen überall Augen haben. Sie brauchen sie, um alles, was sich äußerlich und innerlich entfaltet, mitzubekommen.

Das gewaltigste Bild des Himmels ist wahrscheinlich das Bild des Hochzeitsfestes, der großen Familienzusammenführung bei der Wiederherstellung aller Dinge. Dieses Bild ist bedeutsam, denn nun, da ich die Herrlichkeit in dem besten sehen kann, was ich hier auf Erden gesehen und geschmeckt habe, weiß ich, dass dies nur ein winziger Vorgeschmack dessen ist, was wir im Himmel erleben werden. Es war während eines Familientreffens, dass ich die glücklichsten Worte hörte, die ich bis dahin in meinem Hause gehört hatte. Sie kamen an einem Samstagmorgen um 6.30 Uhr aus dem Mund meines Sohnes Luke, als er aus voller Kehle rief: „Das gibt's doch gar nicht!" (Ich sagte „bis dahin", weil diese wohl später von unserer Schwiegertochter Amy für sich in Anspruch genommen wurden, als sie ankündigte, sie sei schwanger.)

Um den Grund für diesen überschwänglichen Ausruf zu erklären, muss ich vier Jahre zurückgehen, als Sue, Luke und ich dabei waren, England zu verlassen und unser ältester Sohn James dort zurückblieb. Es war vier Tage nach den schrecklichen Ereignissen am 11. September 2001. Wir hätten am 13. September fliegen sollen, doch nach dem Angriff auf das World Trade Center wurden alle Flüge gestrichen. Unsere Tickets waren für einen Flug drei Wochen später umgebucht worden. Wir hatten schon unsere einjährigen Visa für die USA, unser Haus war verkauft und ich hatte meine Stelle als Gefängnisdirektor für eine fünfjährige Berufspause verlassen. Wir waren startklar und wollten endlich los, wussten aber auch, dass andere dringendere oder familiäre Gründe hatten, um die ersten Flüge nach Amerika zu bekommen. Trotzdem rief Sue im fast stündlichen Takt die Fluglinie an, um auf dem neuesten Stand zu bleiben.

Am 15. September erreichte uns plötzlich die Information, dass die geschlossene Fluglinie zwischen London und San Francisco wieder für eine kurze Zeit geöffnet sei. Ohne zu wissen, ob wir tatsächlich Plätze in einem der Flieger bekommen würden, oder womöglich tagelang am Flughafen festsäßen, quetschten wir uns in das Auto meines Sohnes James und fuhren eilig zum Flughafen London Heathrow. Bis zum heutigen Tag wissen wir nicht, wie wir es geschafft haben, uns in aller Eile am Straßenrand von James zu verabschieden, oder woher er den Mut nahm, seine Zukunft dort weiterzuverfolgen, während seine Eltern und sein Bruder einem Ruf nach Amerika folgten. (James, ich danke dir von ganzem Herzen, dass du das Opfer gebracht hast, uns ziehen zu lassen, und uns sogar immer wieder dazu ermutigt hast!) Dies war wahrhaftig eine Erfahrung von Gottes *bevollmächtigender Gegenwart*, was für lange Zeit meine bevorzugte Beschreibung von Gnade war. Wie durch ein Wunder bekamen wir an diesem Tag doch noch Plätze in dem einzigen Flug nach San Francisco und begannen so unser neues Leben in den USA.

Wir haben seitdem gelernt, mehrere tausend Meilen von unserem Sohn, seiner Frau und unserem ersten Enkelsohn entfernt zu leben. Jeden Tag sind wir dankbar für die modernen Wunder von E-Mails und Kurznachrichten, weil sie uns daran erinnern, dass wir nur getrennt wohnen, jedoch unseren Sohn nicht verloren haben, wie es anderen guten Freunden von uns passiert ist. Trotzdem fehlt bei uns zu Hause jemand, und diese Trennung verdeutlicht uns immer wieder den Preis, den wir für Gottes Berufung zahlen müssen. Ich bejahte diesen Ruf für mein Leben zum ersten Mal mit 18 Jahren mit den Worten von Dr. David Livingstone:

> Herr, sende mich, wohin Du willst, aber geh' mit mir; leg mir eine Last auf, egal wie schwer, aber trage mich hindurch; löse jede Beziehung, aber nicht das Band, das mich mit Deinem Dienst und Herzen verbindet.[1]

Ich konnte damals kaum ahnen, wie sehr sich dieses Gebet in meinem Leben bewahrheiten würde. Mit Sicherheit kann ich jedoch sagen, dass Gott seinen Teil des Gebetes eingehalten hat.

James hat uns seitdem oft in Redding besucht. Im Mai 2005 hatte ich allerdings die Gelegenheit, mit ihm zusammen einen Überraschungsbesuch zu planen. Ich hatte unglaublich viel Spaß daran, als er in Heathrow bereits im Flugzeug saß und seiner Mutter erzählte, er wolle während der Schulferien London besuchen. Unter einem raffinierten Vorwand brachte ich Sue dazu, James nichtsahnend am Flughafen in Sacramento zu treffen – was für eine wunderbare Überraschung für sie! Noch mehr Spaß machte es allerdings, Luke auf James treffen zu lassen. Er war an diesem Abend als Gast bei der Abschlussfeier eines Freundes, was ich nicht geplant hatte. Er war die ganze Nacht aus und kam erst in den frühen Morgenstunden zurück. Um 6.30 Uhr hörten wir das Garagentor und einen müden jungen Mann in sein Schlafzimmer schlürfen. Als er sich erschöpft ins Bett legen wollte, staunte er nicht schlecht, als darin schon sein Bruder lag! Seine Begeisterung war für alle unüberhörbar – vielleicht auch für die Nachbarn. Überwältigt von der Freude des Augenblicks, rief er laut: „Das gibt's doch gar nicht!"

Mir wurde dadurch klar, wie Gott der Vater von der Ewigkeit her geplant hatte, seine Familie wieder zusammenzuführen. Wenn ich als sündiger, irdischer Vater so riesige Freude dabei hatte, unser Wiedersehen zu planen, wie viel mehr freut sich dann unser himmlischer Vater? Man kann die Geschichte des Sündenfalls leicht so verstehen, dass Adam und Eva im Garten

---

[1] Nach http://missionfuerdiewelt.blogspot.de/p/zum-nachdenken.html

Eden ihre Beziehung zu Gott verloren haben. Wenn wir uns aber anschauen, wie sehr Gott dem Adam nachgegangen ist, erkennen wir, dass auch Gott etwas verloren hatte, als der Mensch erstmals sündigte. Wenn wir ein Verständnis davon bekommen, was Gott verloren hat, dann beginnen wir auch zu verstehen, warum er bereit war, so weit zu gehen, um seine Familie wiederherzustellen. Der Höhepunkt dieser Bemühungen gipfelte in der Sendung seines Sohnes und dem Opfer, das Gott brachte, als er am Kreuz von ihm getrennt war. Aus dem großen Gebet in Johannes 17 wird deutlich, dass Jesus schon vor der Erschaffung der Welt mit Gott im Himmel war. Ich stelle mir vor, wie es für den Vater wohl gewesen sein musste, sich von seinem Sohn zu verabschieden. Meine wiederkehrende Erfahrung, James am Flughafen von San Francisco verabschieden zu müssen, hat mir einen winzigen Eindruck davon gegeben, wie sich Gott wohl gefühlt haben musste, als er durch das Kreuz von seinem Sohn getrennt wurde und hörte: *„Mein Gott, mein Gott, warum hast du mich verlassen?“* (Mt 27,46). Die Antwort auf diesen Schrei ist: Gott will seine Kinder zurückhaben. Er wusste, dass diese Trennung den Preis wert war, um eine große, herrliche Wiedervereinigung im Himmel zu ermöglichen, eine Hochzeitsfeier für seinen Sohn. Der Himmel ist für dieses herrliche Wiedersehen geschaffen. Dort werden wir für immer rufen: „Heilig, heilig, heilig!“ – oder vielleicht: „Das gibt's doch gar nicht!“

Schüler der Herrlichkeit

Wenn wir unserer Vorstellung erlauben, durch diese himmlischen Bilder zu wandern, können wir uns leicht fragen, ob es sich dabei lediglich um Fantasien oder Tagträume handelt. Die Wahrheit ist aber, dass die Schulung unserer Vorstellungskraft und unser Verlangen, den Himmel zu sehen und zu ersehnen, mit das Beste ist, was wir praktisch tun können. Denn die Realität, der unser Herz zugeneigt ist, ist die Realität, die wir um uns herum schaffen werden. So schrieb C. S. Lewis:

> Die stetige Erwartung einer jenseitigen Welt ist nicht, wie manche Menschen meinen, eine Art Weltflucht oder gar Wunschdenken, sondern sie gehört zum Wesen des christlichen Glaubens. Das heißt jedoch nicht, dass uns die gegenwärtige Welt nichts angeht. Aus der Geschichte wissen wir, dass gerade die Christen am meisten für das Diesseits taten, die sich auch am eingehendsten mit dem Jenseits befassten. Die Apostel, die mit der Bekehrung des römischen Imperiums begannen, die vielen bedeutenden Männer des Mittelalters, die englischen Protestanten, denen es gelang, den Sklavenhandel abzuschaffen – sie alle drückten dieser Welt ihren Stempel auf, gerade weil ihr Sinnen und Trachten auf das Jenseits gerichtet war. Erst seitdem die Christen weithin aufgehört haben, an das Jenseits zu denken, sind sie in dieser Welt ohne Wirkung. Wer nach dem Himmel strebt, dem wir die Erde „in den Schoß fallen"; wer nach der Erde strebt, dem geht beides verloren.[2]

Dieses Buch stellt meinen Weg dar, meine Gedanken mit dem Himmel zu füllen und mein Herz in der Wirklichkeit und im Wesen der Herrlichkeit zu verankern, um in diesem Leben und in der Ewigkeit möglichst effektiv zu sein. Interessanterweise habe ich mir diesen Weg nicht ausgesucht. Das Thema Herrlichkeit war nicht meine Idee. Es ist mir zugefallen, hat mich verfolgt, und bevor ich mich versah, befand ich mich auf einem großen Abenteuer. Bestimmte Hinweise lockten mich und verlangten nach Antworten, und andere Menschen unterstützten meine Suche mit ihren eigenen Geschichten und Offenbarungen.

Mein Lieblingsmoment beim Schreiben dieses Buches war, als ich eines Morgens all die Wanderungen von Mose – auf den Berg und wieder hinunter – durchlas. In meinem Forschungsdrang zeichnete ich eine Karte davon. Ich hatte immer gedacht, die physische Gegenwart Gottes hätte Moses Gesicht

[2] Lewis, C. S., *Pardon, ich bin Christ*, Brunnen, Gießen 2006, S. 123f.

zum Leuchten gebracht. Sie können sich mein Erstaunen kaum vorstellen, als ich feststellte, dass es dann passierte, als Mose in der Felsspalte versteckt war und hörte, wie Gott ihm beschrieb, wie gut er ist. Ich las noch weiter bis zu Moses viertem Aufstieg, als er diejenigen segnete, die in das verheißene Land einziehen sollten. Mose hatte mir bis dahin immer leidgetan; nach all seiner Tapferkeit, seinem Glauben und seiner Treue durfte er wegen eines kleinen Ungehorsams seinen Zielort nicht erreichen. Dennoch stand er mutig auf und gab den Stab der Erweckung an die nächste Generation weiter. Er verkündete ihnen, sie würden noch viel weiter gehen und größere Siege feiern als er. Und dann sah ich zum ersten Mal (da bin ich bestimmt nicht der Einzige), dass Mose es ja doch bis ins Gelobte Land geschafft hatte.

Auf dem Berg der Verklärung stand er neben Elia für das Alte Testament und traf dort auf Jesus, der erfüllen würde, was sie begonnen hatten, und den Neuen Bund einführen würde. Dies war sein fünftes Mal auf dem Berg. Wer sich mit Zahlen und ihrer Bedeutung beschäftigt, weiß, dass fünf oft als die Zahl der Gnade bezeichnet wird. Genau dies traf für Moses fünfte Reise auf den Berg zu – es war ein Gnadenerweis Gottes. Mose hatte nicht nur das Privileg, in das Gelobte Land zu kommen, sondern durfte buchstäblich einen der Höhepunkte des Neuen Testaments miterleben. Er sah Christus verherrlicht – die endgültige Antwort auf seine kühne Bitte! Was für eine Ermutigung birgt dies für uns alle – besonders für diejenigen unter uns, die der Meinung sind, dass sie schon zu oft um den gleichen Berg gewandert sind! Auf Gott kann man sich absolut verlassen, dass er das herrliche Werk, das er in jedem von uns begonnen hat, zu Ende bringen wird. Er wird erfüllen, was er in unsere Herzen gelegt hat, und es zu einem Segen für die Generationen nach uns und vor uns machen, egal, wie lange es dauert.

Vor Kurzem betete ein Mann für mich und verwendete das Wort „resignieren", betonte es jedoch anders, sodass es zu „re-signieren" wurde. Als er diese prophetischen Sätze über mir aussprach – auch er hatte wie ich den Krebs überwunden –, wurde mir klar, wie gewaltig dieses Wort ist, wenn man es so ausspricht. Wir alle sind dazu eingeladen – nicht zu resignieren oder aufzugeben, sondern zu „re-signieren", uns also in jeder Situation erneut als Schüler und Suchende in der Schule seiner Herrlichkeit einzuschreiben, egal, wie schwierig oder entmutigend die Umstände sein mögen. Es gibt tatsächlich immer mehr, als uns bewusst ist. Meine Mutter ist ein großartiges Beispiel für diese Lebenseinstellung. Mit 87 Jahren ist sie heute Krankenhausseelsorgerin und Vorsitzende eines Gefängnisdienstes, der Frauen in Hochsicherheitsgefängnissen in England besucht und ihnen geistlich dient. Sie hätte mehr als genug Gelegenheiten zum Resignieren gehabt. Ihre eigene Mutter starb an Tuberkulose, als sie erst vier war, als junge Frau musste sie im Zweiten Weltkrieg in der Landarmee aushelfen und sah dann ihren Mann nach gerade mal 21 Ehejahren an Krebs sterben. Aber sie hat nie resigniert. Zu allen Zeiten und in jeder Herausforderung entschied sie sich dafür, wieder bei Christus zu „re-signieren" und seiner Herrlichkeit nachzujagen.

Moses Lebensweg auf der Erde führte ihn von Herrlichkeit zu Herrlichkeit. Und dieser Weg endete nicht mit seinem Tod, sondern setzte sich in die Ewigkeit hinein fort. Ich selbst habe mich entschieden, seinen Fußstapfen zu folgen und mich als lebenslanger Schüler der Herrlichkeit einzuschreiben – bis ich für den Master-Studiengang (d. h. den Studiengang des Meisters) zugelassen werde, wo es nichts anderes als Herrlichkeit mehr gibt! Je mehr ich mich leidenschaftlich mit dem Thema Herrlichkeit beschäftigt habe, desto mehr ist auch mein Verlangen gewachsen, andere davon zu begeistern, denn Herrlichkeit ist da, um geteilt zu werden. Ich bin von den Worten von C. S. Lewis am Ende seiner Predigt in „Das Gewicht der Herrlichkeit" überzeugt:

> Es wäre möglich, dass wir ... zu viel an unsere eigene mögliche Herrlichkeit denken; es ist sicher kaum möglich, dass

> wir zu oft oder zu intensiv an die unseres Nächsten denken. Die Last, das Gewicht oder die Bürde der Herrlichkeit meines Nächsten sollte sich täglich auf meinen Rücken legen, eine Last, so schwer, dass nur Demut sie tragen kann und der Nacken der Stolzen darunter bricht. Es ist eine ernste Angelegenheit, in der Welt von möglichen Göttern und Göttinnen zu leben und sich ständig vor Augen zu halten, dass auch der langweiligste und uninteressanteste Mensch, mit dem wir es zu tun haben, eines Tages ein Geschöpf sein kann, das wir, wenn wir es jetzt schon wüssten, ernsthaft versucht wären zu verehren, oder aber ein Schrecken und Verderben, wie er uns jetzt höchstens in einem Alptraum begegnet. Jeden Tag verhelfen wir einander in gewisser Weise zu der einen oder anderen Bestimmung. Im Licht dieser überwältigenden Möglichkeiten, mit der ihnen gebührenden Ehrfurcht und Umsicht, sollten wir unsere Kontakte miteinander, unsere Freundschaften, unser Lieben, unser Spiel und unsere Politik pflegen. Es gibt keine *gewöhnlichen* Menschen. Wir haben nie mit bloßen Sterblichen gesprochen. Nationen, Kulturen, Künste und Zivilisationen sind sterblich – ihr Leben ist gegenüber dem unseren wie das Leben einer Mücke. Aber es sind Unsterbliche, mit denen wir scherzen, arbeiten, verheiratet sind, die wir kurz abfertigen und ausbeuten – unsterbliche Schrecken oder ewigwährender Glanz.[3]

„Es gibt keine gewöhnlichen Menschen." Wir alle sind zu einer ewigen Reise von Herrlichkeit zu Herrlichkeit berufen, bis wir schließlich Teil der großen Wolke von Zeugen werden, von wo aus wir jene beobachten werden, die uns folgen und unser Werk, die Erde mit der Herrlichkeit Gottes zu füllen, vollenden. Dies wird schließlich mit der herrlichsten Hochzeit und Familienvereinigung aller Zeiten seinen Höhepunkt erreichen, welche

[3] Lewis, C. S., Das Gewicht der Herrlichkeit und andere Essays, Brunnen, Gießen 2005, S. 107 f.

in alle Ewigkeit andauert. Als Mitglieder der ewigen Königsfamilie Gottes haben wir in jeder Generation die Ehre, uns auf dieses Ereignis vorzubereiten, indem wir die Dinge, die Gott für uns versteckt hat, suchen und einander helfen, die „unvergänglichen Herrlichkeitsträger“ zu werden, für die wir geschaffen sind. Was wartet noch darauf, entdeckt zu werden? Was wartet noch darauf, erschaffen zu werden? Welche Wege, die unsere Vorväter begonnen haben, wollen noch zu Ende gegangen werden? Wenn Sie dieses Buch zu solchen Fragen angeregt hat, wenn ich Sie irgendwie überzeugen konnte, dass auch Sie sich als Schüler der Herrlichkeit einschreiben, dann hat es seinen Zweck erfüllt.

Nachwort

Wir, James und Luke, fanden, dass in diesem Buch so viel über unsere Familie geschrieben steht, dass wir das letzte Wort haben sollten ... hier ist es also!

Als Brüder könnten wir unterschiedlicher nicht sein. Der eine liebt die Oper, liest gerne und arbeitet als Lehrer; der andere mag Fußball, liest nicht gerne und arbeitet lieber hinter der Videokamera. Wenn Sie uns kennenlernen, werden Sie jedoch schnell feststellen, dass wir uns unglaublich nahe stehen und uns ziemlich ähnlich sind. So schreiben wir nun dieses Nachwort und können, trotz unseres ganz unterschiedlichen Bezugs zu Büchern, eine andere Sicht über das Buch bieten, das Sie gerade gelesen haben, nämlich einen Blick auf den Mann hinter dem Buch: unseren Vater.

Unser Vater hat bis zum heutigen Tag einen immensen Einfluss auf unser Leben. Er ist und bleibt unser Held. Als Krankenpfleger hat er Leben gerettet, als Gefängnisdirektor hat er Leben wiederhergestellt, und als Pastor verändert er nun Leben. Aber vor allem war und ist er unser fortwährender Rückhalt und hat die letzten 27 Jahre seines Lebens dem gewidmet, unser Papa zu sein. Egal, ob er lange arbeiten musste, um uns gut zu versorgen, oder ob er uns zu Musikstunden oder ins Fußballtraining gefahren hat – für ihn kamen seine Söhne immer an erster Stelle. Wenn wir als seine Söhne wichtige lebensverändernde Entscheidungen treffen mussten, hat er uns stets den Rücken gestärkt. Wenn wir etwas vermasselt oder versagt haben, half er uns wieder auf die Beine.

Dieses Buch entstand aus einem Erlebnis heraus, das wir beide nie vergessen werden. Stellen Sie sich diese Szene einmal vor: einer (Luke) lebt in Amerika und der andere (James) stattet ihm aus England einen Überraschungsbesuch ab. Das war und bleibt für uns einer der glücklichsten Momente unseres Lebens und eine der besten Erinnerungen.

Die überwältigende Liebe, die unser Vater für uns hat, spiegelt auf wunderbare Weise die Liebe Gottes für seine Kinder wider. Die wohl beste Entscheidung unseres Vaters war es, unsere Mutter zu heiraten. Sie ist die stärkste und mutigste Frau, die wir kennen, und wir haben das Privileg, ihre Söhne zu sein. Es ist nicht einfach, auf verschiedenen Kontinenten zu leben, aber unsere Eltern haben immer dafür gesorgt, dass wir uns so oft wie möglich sehen können. Gemeinsam kann uns nichts aufhalten – wir sind die Manwarings!

Papa, wenn du stolz auf uns bist, ist das lediglich darauf zurückzuführen, dass wir von einem so unglaublichen Mann, wie Du es bist, erzogen worden sind.

James und Luke Manwaring

Über Paul Manwaring

Paul Manwaring ist einer der Pastoren und Mitglied des Leitungsteams der Bethel-Gemeinde. Seine Hauptverantwortung liegt in der Leitung von *Global Legacy*, einem apostolischen Netzwerk von Erweckungsleitern. Daneben ist er für das dritte Jahr der *Bethel School of Supernatural Ministry* (Schule des übernatürlichen Dienstes, BSSM) zuständig, wo er Leute, deren Herz für Erweckung schlägt, zurüstet und aussendet.

Paul hat unverkennbar die Gabe der Verwaltung/Leitung und gibt diese Kraft und Weisheit in seinen Workshops zum Thema geistlich-strategische Planung in seinem Reisedienst und als Lehrer an der BSSM weiter. Er setzt sich leidenschaftlich dafür ein, dass die Braut Christi vorbereitet wird, dass herrliche Söhne und Töchter Gottes offenbar werden, dass Krebs vernichtet und Städte verwandelt werden, indem die Herrschaft des Himmels auf der Erde aufgerichtet wird.

Nach seiner Karriere als Gefängnisdirektor in England kam Paul im Jahr 2001 zur Bethel-Gemeinde. Er besitzt einen Master in Management von der Cambridge University und ist allgemeiner Krankenpfleger und examinierter Fachkrankenpfleger für Psychiatrie.

Die Website der Bethel-Gemeinde ist: *www.ibethel.org*

Weitere Bücher aus der Bethel Church

bei GloryWorld-Medien erschienen

Bill Johnson / Randy Clark, Berufen zu heilen I

Grundlagen und Praxis des Gebets für Kranke, 240 S., Pb.

Jeder Christ kann von Gott gebraucht werden, um anderen Heilung zukommen zu lassen. Das ist das Anliegen der beiden Autoren. Dazu berichten Sie, wie Gott sie in den Heilungsdienst hineinführte, und legen anschließend klare biblische Grundlagen für das Heilungsgebet. Im umfangreichsten Teil gehen sie auf verschiedene Aspekte ein, die für eine Heilung förderlich sind, erläutern, wie seelische und körperliche Krankheiten zusammenhängen und stellen dann ein in der Praxis bewährtes Modell für das Gebet um Heilung vor, das für alle Christen leicht anwendbar ist.

Bill Johnson / Randy Clark, Berufen zu heilen II

Die Autoren im Gespräch über ihre Erfahrungen und Erkenntnisse aus der Praxis, 180 S., Pb.

Dieses inspirierende, informative, einzigartige und sehr ehrliche Buch enthält viele Geschichten, praktische Erfahrungen und Erkenntnisse, über die die Autoren bisher noch nicht gesprochen oder gelehrt haben. Dazu haben sich die Autoren gegenseitig interviewt. Themen sind u. a.:
Warum und wie sie in den Heilungsdienst geführt wurden | Ihre Erfolge und Misserfolge | Die Durchbruchserlebnisse, die sie vorangebracht haben | Die erstaunlichsten Wunder, die sie erlebt haben | Die wichtigsten Erfahrungen und Erkenntnisse | Bewährte Tipps für einen effektiveren Dienst.

Beni Johnson, Der glückliche Fürbitter

Mit Gott die Welt bewegen, ohne die Freude zu verlieren

Vorwort von Bill Johnson; 180 S., Paperback

Beni Johnson (die Frau von Bill Johnson) nimmt uns mit auf ihre Reise von einer schüchternen Person zu einer kühnen, aber glücklichen Fürbitterin. Gott offenbarte ihr einen Weg, wie sie aus seiner Gegenwart und seiner Liebe heraus in Einklang mit seinem Herzen effektiv beten kann.

Dieser Weg steht jedem Menschen offen. Fürbitte muss nicht dazu führen, dass uns die Anliegen und Probleme, für die wir eine Last haben, unter Druck bringen oder emotional beeinträchtigen. Den Himmel auf die Erde zu holen, kann sogar regelrecht Spaß machen. Unmögliches wird plötzlich möglich – ob es dabei um „kleine" Dinge in unserem persönlichen Umfeld geht oder um die Veränderung des geistlichen Klimas über unseren Städten und Nationen.

Barry & Lori Byrne, Liebe in der Ehe

Eine tiefere geistliche, emotionale und körperliche Einheit erleben; Vorwort von Bill Johnson; 334 S., Klappenbroschur

Gott möchte, dass die Ehe ein Ort echter Liebe und Vertrautheit ist. Dafür brauchen wir die Hilfe des Heiligen Geistes. Mit ihm können wir die Ursachen unserer Konflikte erkennen und überwinden. Unsere Ehe kann Heilung und Wiederherstellung erfahren, egal, wie der momentane Zustand ist.

Mit klarer biblischer Lehre und vielen praktischen Hilfen packen die Autoren die wichtigsten heißen Eisen an. Viele ermutigende Erfahrungsberichte verdeutlichen die dramatische Heilung und Intimität, die mit Gottes Hilfe möglich ist.

Danny Silk, Erziehung mit Liebe und Vision

Herzensbeziehungen eingehen statt Machtkämpfe austragen

Vorwort von Bill Johnson; 170 S., Pb.

Danny Silk fordert uns in unserem bisherigen Denken über Liebe, Disziplin und Respekt, ja in unserer generellen Vorstellung von Kindererziehung heraus. Er stellt eine Denk- und Lebensweise vor, die eine Leichtigkeit und Frieden in unsere familiären und sonstigen Beziehungen bringt.

Unser Herz spielt dabei die zentrale Rolle. Das Herz der Eltern und das Herz der Kinder. Wenn beide Seiten verstehen, wie sich ihr jeweiliges Verhalten auf das Herz des anderen auswirkt, werden die Herzen geschützt und Beziehungen können gedeihen.

Judy Franklin / Beni Johnson, Den Himmel erleben

Wie wir in Gottes Dimension eintreten können

Vorwort von Bill Johnson; 200 S., Pb.

Judy Franklin, die Sekretärin von Bill Johnson, versteht es meisterhaft, die christliche Gemeinde zu ihrem ursprünglichen Auftrag, im Geist zu leben, zurückzuführen. Ihr Buch liest sich wie eine Schatzkarte, die einen vom Chaos dieser Welt zu übernatürlichen Erfahrungen führt.

Aufgrund ihrer Kindheitserlebnisse hatte Judy Franklin lange Zeit gedacht, sie sei dumm und könne nicht geliebt werden. In diesem Buch berichtet sie, wie Gott sie in die himmlische Welt sehen ließ und ihr persönlich begegnete, sodass sie diese Erfahrungen überwinden konnte.

Die praktischen Tipps und Anleitungen helfen Ihnen, den Vater sehr persönlich kennenzulernen. Die Autorin berichtet, wie sie Hindernisse zu dieser Erfahrung überwand, und bezeugt dadurch Gottes Kraft zu heilen und seine liebevolle Freundlichkeit und Güte gegenüber allen, die sich danach sehnen, ihn zu kennen und eine tiefere Vertrautheit mit Christus zu erleben.

Chris Overstreet, Übernatürlich evangelisieren

Ein Handbuch für die Praxis; 160 S., Paperback;
Vorwort von Bill Johnson

Übernatürlich evangelisieren hat das Potenzial, in uns das Feuer der Liebe Gottes zu entzünden, um Menschen, die Gott nicht kennen, mit seinem Herzen und seiner Kraft in Berührung zu bringen. Wir lernen uns ganz praktisch in das einzuklinken, was Gott mit den Menschen vorhat, denen wir im Alltag begegnen – wie es auch Jesus getan hat.

Zu den behandelten Themen gehören: Eine Reich-Gottes-Mentalität pflegen | Grundwerte des Evangelisierens | Wie wir Menschen zum Herrn führen können | In der Öffentlichkeit für Kranke beten | Prophetisches Evangelisieren | Angst und Ablehnung überwinden. Jedes Kapitel schließt mit einem Anwendungsteil, um das Gelernte zu reflektieren, in der Gruppe zu besprechen und im Alltag anzuwenden.

Chris Gore, In Gottes Heilungskraft leben

Wenn Zeichen und Wunder ganz natürlich von uns ausgehen
160 S.; Paperback

In Gottes Heilungskraft zu leben und zu wirken, ist einfacher als wir denken. Chris Gore, der Leiter der Heilungsdienste der Bethel Church, zeigt auf, wie jeder Christ effektiv für einen Lebensstil der Heilungen und Wunder zugerüstet und aktiviert werden kann. Wirklich den Charakter Gottes zu kennen, Hindernisse für einen solchen Lebensstil zu überwinden und lernen, darauf zu vertrauen, dass Gott das Übernatürliche tut, sind nur einige der Themen, die angesprochen werden.

Heidi Gneiting, Ich mache dir eine Tür auf

Unterwegs zu den Quellen Gottes. Mein Jahr in der Bethel Church in Redding; 160 S.; Paperback

Wie die Sicht der Autorin von Gott und seinem Reich in einem Umfeld von Erweckung entscheidend verändert wurde und was es bedeutet, „vom Himmel her zu leben", wird dem Leser in Form eines sehr persönlichen Reiseberichts vermittelt.

Viele Wunder begleiten die Autorin auf ihrem Weg zu den Quellen Gottes und malen dem Leser die Größe und Genialität Gottes vor Augen. Leben in einer „Kultur der Ehre", der Wertschätzung und Ermutigung, wie es in der Bethel-Gemeinde Lebensstil ist, rückt plötzlich in greifbare Nähe.

Das ermutigende Fazit: Das alles kann man auch in Europa (er)leben. Gott hat schon alles vorbereitet.

Weitere Produkte von GloryWorld-Medien

„Kirche nach dem Herzen Gottes"

Milt Rodriguez, Dreieinig

Gottes gemeinschaftliches Leben – Vorbild für die Gemeinde und alle Beziehungen; 180 Seiten, Paperback

Die trinitarische Gemeinschaft von Gott Vater, Sohn und Heiligem Geist bildet die eigentliche Lebensquelle der Gemeinde. Dies hat viele unmittelbar praktische Konsequenzen.

Das gemeinschaftliche Leben innerhalb der Gottheit ist nämlich dasselbe göttliche Leben, aus dem die Glieder am Leib Jesu ihr ewiges Leben und ihre Liebe zueinander schöpfen. Rodriguez stellt seine biblisch fundierten, aber auch überraschenden Einsichten in den heilsgeschichtlichen Rahmen, der sich von 1. Mose bis zur Offenbarung spannt.

Larry Kreider

Authentisches geistliches Mentoring

Anderen helfen, im Glauben zu reifen; 240 Seiten, Pb.

Es ist kein Geheimnis, dass es einen großen Bedarf an geistlichen Vätern und Müttern gibt, die Mentoren für jüngere Christen sein können, um diese für ihr Leben und ihre Berufung zuzurüsten. Der Autor stellt insbesondere das Mentoring-Modell Jesu vor und zeigt auf, wie wir dieses in unserer geistlichen Familie anwenden können. Ob Sie einen geistlichen Mentor suchen oder einer werden wollen – dieses Buch ist gleichermaßen für Sie geeignet!

Marco Gmür, Väter und Mütter, die die Welt prägen

Reihe: Ein apostolisches Volk steht auf; 208 S., Pb.

Wie kann Gemeinde zu einem Ort werden, an dem Menschen die Liebe des Vaters wirklich erleben und ganzheitlich heil und in ihre Berufung freigesetzt werden? Vaterlosigkeit ist heute nicht nur ein Thema in der Gesellschaft, sondern oft auch in den Gemeinden. Es gibt viele „geistliche Waisen" – Menschen, die sich irgendwann bekehrt haben und jahrelang dabei sind, ohne wirklich geistlich zu wachsen und in ihre Berufung hineinzufinden.

Gott, der Vater aller Vaterschaft, sucht geistliche Väter und Mütter, die bereit sind, sich an Einzelne hinzugeben, bis diese selbst fähig sind, geistliche Familien zu gründen. In der Folge entstehen apostolische Großfamilien, die durch Herzensbeziehungen miteinander verbunden sind und in denen sich das Vaterherz Gottes fortpflanzen kann. Das Buch ist direkt aus der Praxis entstanden und ein Meilenstein hin zum Verständnis, was Gemeinde wirklich ist.